创造爱的依恋

Creating Loving Attachments

【英】吉姆·S.戈尔丁 【美】丹尼尔·A.休斯 著
Kim S. Golding　Dan A. Hughs
付荣华　王梦慧 译

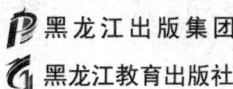

黑龙江教育出版社

版权登记号：08-2016-064

图书在版编目（CIP）数据

创造爱的依恋 /（英）吉姆·S. 戈尔丁（Kim S. Golding），
（美）丹尼尔·A. 休斯（Dan A. Hughs）著；付荣华，王梦慧译.
--哈尔滨：黑龙江教育出版社，2016.7
ISBN 978-7-5316-8812-9

Ⅰ.①创… Ⅱ.①吉… ②丹… ③付… ④王… Ⅲ.①家庭教育 Ⅳ.①G78

中国版本图书馆CIP数据核字（2016）第165983号

CREATING LOVING ATTACHMENTS:PARENTING WITH PACE TO
NURTURE CONFIDENCE AND SECURITY IN THE TROUBLED CHILD

Copyright © Kim S. Golding 2012 and Daniel A. Hughes 2012 .

Chinese simplified translation © 2016 by Heilongjiang Educational Press Co.
Ltd.

First published in the UK in 2012 by Jessica Kingsley Publishers Ltd 73
Collier Street, London, N1 9BE, UK

www.jkp.com

ALL RIGHTS RESERVED

Printed in China

创造爱的依恋
CHUANGZAO AI DE YILIAN

作　　者	[英]吉姆·S. 戈尔丁（Kim S. Golding）
	[美]丹尼尔·A. 休斯（Dan A. Hughs）著
译　　者	付荣华　王梦慧
选题策划	王春晨
责任编辑	宋舒白　郝雅丽
装帧设计	Amber Design　琥珀视觉
责任校对	赵蔚婷
出版发行	黑龙江教育出版社（哈尔滨市南岗区花园街158号）
印　　刷	北京鹏润伟业印刷有限公司
新浪微博	http://weibo.com/longjiaoshe
公众微信	heilongjiangjiaoyu
E-mail	heilongjiangjiaoyu@126.com
电　　话	010-64187564
开　　本	700×1000　1/16
印　　张	19.5
字　　数	263千
版　　次	2016年9月第1版2016年9月第1次印刷
书　　号	ISBN 978-7-5316-8812-9
定　　价	34.80元

吉姆（Kim）和丹（Dan）想要把这本书献给我们的朋友、同事以及全世界的家庭。我们尤其想要感谢我们有幸帮助的那些家庭，从他们那里我们学到了关于PACE的许多东西。

创造爱的依恋

目录

Creating Loving Attachments

前言	1
介绍	1

1. 第一章 关键要素——爱

爱是什么	5
爱是一种生物性过程	8
依恋理论和交互主体性理论	12
依恋理论	12
交互主体性	19
联系的重要性	23
当联系失败时	24
结论	28
故事	28

第一部分 玩耍

33. 第二章 玩耍的世界

什么是玩耍	36
玩耍的生物学动机	40
玩耍和文化	42
玩耍和儿童的发展	45

家庭教育中的玩耍	47
创伤和忽视对玩耍的影响	50
帮助缺乏早期玩耍经验的孩子	54
用玩耍来探索经验	55
结论性案例	57

59. 第三章 好玩的家庭教育

PACE指导下的家庭教育中的玩耍	62
父母——婴儿关系中的游戏性	65
和年长的孩子发展游戏性	68
游戏性作为治疗性家庭教育的一部分	69
游戏性以及其对孩子的影响	74
保持游戏性	79
总结	83
故事	84

第二部分 接受

91. 第四章 接受其他人的内心世界

什么接受？	94
接受和行为	98
接受和大脑	102
羞耻和内疚	103
虐待和忽视	106
接受和交互主体性	110
结论	114

117. 第五章 用无条件的接受进行家庭教育

接受的故事性本质	120
将认可带到家庭教育中	121

接受你孩子的内心世界：仅仅评价他的行为　　121
爱你孩子的独一无二意味着你接受他跟你是不同的　　128
接受帮助发展、组织并强化孩子的内心世界　　131
通过接受、不加评判的好奇心和安全感来了解你的孩子　　135
接受面临的挑战　　137
害怕无条件的接受会导致自私的行为　　137
你或许需要让你的孩子超越他的同辈　　139
结论　　140
故事　　141

第三部分　好奇心

147.｜第六章　好奇心——寻找一个不同视角
何为好奇心？　　152
好奇心和文化　　158
儿童发展时期的好奇心　　160
养育中的好奇心　　164
当好奇之门关闭　　165
结语　　169

171.｜第七章　养育子女时保持好奇心
对缺乏好奇心孩子的培养　　182
保持好奇心　　185
养育和社会化　　188
养育和二级创伤　　189
结语　　191
故事　　191

第四部分 同理心

197. | **第八章 同理心——联系情感世界的桥梁**
  什么是同理心？   199
  同理心的理解   204
  同理心和爱：同理心是怎样产生的？   207
  同理心和大脑发展   211
  同理心和残忍   214
  回应孩子的残忍   218
  结语   220

221. | **第九章 用同理心和你的孩子互动**
  探索养育中的好奇心   226
  协调的舞蹈   228
  持续的调整   230
  相信同理心   231
  养育中给予同理心   232
  关注体验，而非事件或行为本身   232
  在他沮丧时坐在他身边听从他的想法   234
  少即是多：考虑你使用的语言   235
  记住陪伴，而非评价和解决   236
  当你给他带来沮丧，记住表达同理心   237
  体验并表达同理心：并不容易！   240
  安慰   242
  劝他放弃这种想法   244
  解决问题   244
  唠叨   245
  最小化   245

结语	246
故事	247

251. | **第十章 把所有都连接起来以及另一个要素**

疗法：附加的成分	254
创造治疗康复环境	256
关注依恋的家庭疗法	259
阶段1：剥开洋葱	263
阶段2：发现主要防御	263
阶段3：变身侦探，理解情感	264
阶段4：学会独立	265
阶段5：发现过去是如何影响现在的	266
阶段6：平衡各个阶段——把它们都结合起来	266
结语	267

275. | 致谢

278. | 参考文献

前言

认识作者

吉姆和丹谨以此书以飨读者，希望您享受您的阅读过程就像我们享受我们的写作过程一样。在此我们愿意把自己介绍给读者。

吉姆是一位在英国伍斯特郡工作的临床心理学家。金姆在其职业生涯中总是乐于与家长们合作，一起努力发展有助于满足被照料儿童的特殊需求的家庭教育技巧。在过去的12年中，吉姆对于支持领养父母、养父母和福利院工作人员的家长们给予了特别的关注。吉姆和克里斯是两个年轻人的父母，两个孩子现在都是20多岁。他们对于两个孩子取得的成就感到骄傲，尽管他们也不得不面对一些问题。金姆多么希望他们年轻的时候就已经学到PACE。吉姆不工作不写书的时候喜欢遛狗，狗狗们对于这个世界的热情和新鲜感，总让她想起生活中一些其他的重要的事情。

丹也是一位临床心理学家，他在宾夕法尼亚州的安维尔工作，安维尔是一个位于美国的"巧克力之都"耗时十公里的东面小镇。跟吉姆一样，丹职业生涯的大部分时间都致力于帮助领养父母、养父母和福利院工作人员，这些父母照顾着最易受到伤害的儿童。他现在大部分时间都在和能为这一类的家庭提供治疗的治疗师们一起工作。

丹有三个优秀的女儿，她们每一个都是如此的独特，具有竞争力并且充满爱心，作为她们的父亲丹为此感到自豪。丹还有一个非常可爱的外孙女。和她们共处的时光对于丹来说特殊而宝贵。他也非常乐意把看到的这个世界的可爱之处写入正在创作的一部诗集之中。

成书过程

吉姆记得那天，她收到一个传单，是关于一位叫丹的心理学家发起的专家日的。它看起来与她服务领养儿童的工作相关，她决定探个究竟。这个决定改变了她的职业生涯，并引领她找到了一种改变她和其他专家、家长及儿童工作方式的途径。这也让她结识了丹，自此丹成为了她的导师、同事和一位可亲的朋友。

在接下来的12年中，丹始终支持并鼓励吉姆，吉姆现在已成为一位心理学家、治疗师，还是一位作家。当吉姆产生写这本书的想法时，她问丹是否愿意加入。丹非常高兴地接受了这个提议，并立刻惊讶于金姆的热情、创意、洞察力以及编辑技能和她对于PACE多个特征的全面了解。现在我们可以和各位读者分享我们共同创造的结晶。

介绍

我们都和家长们坐下来，分享过抚养孩子的不易。一类父母着眼的是孩子，他们向我们描述当孩子拒绝他们的时候，他们的沮丧和受伤，或者是担心一个不能停止偷窃的孩子所面临的结局。这些父母想知道造成这些不良行为背后的原因，以及如何改变这些行为。另一类父母更多着眼于他们自己，他们认为自己不称职，辜负了孩子对他们的信任。

我们不禁为第一类家长提供解决方案：提供一些解决问题的方式看是否有效。我们肯定会安慰第二类家长：你们都是称职的父母，你们为孩子做的都是对的。事实是我们要抵制这种做法。如果我们提供解决方案，我们和父母都会觉得事情有所好转，但是很可能第二周父母又回来找我们了，他们会对孩子仍然存在的不良行为感到绝望，或者对孩子又产生的一套新行为感到担忧。如果我们给予安慰，我们自己会感觉良好，父母却仍然感到痛苦。家长们曾经告诉我们："如果你告诉我我是个好家长，我就会知道你没有在倾听。"

那么我们是如何做的呢？我们倾听，我们用心感受我们听到的痛苦，我们关注的是我们和这些家长的关系。在某些情况下，思考管理行为的不同方式或者是帮助父母更好地了解自己，时机或许是对的，但目前的情况是时机未到。首先，我们必须积极探索这些父母的经验，

接受他们的经验，对他们的遭遇给予同情，并且偶尔增加一些让我们和他们都能开怀一笑的玩乐。

这些家长们各不相同，通过与他们的交流也造就了不同的心理治疗师。不用评判或评价，我们深深地影响着彼此。我们相信不同的养育方式对孩子们产生的是不同的经历。父母们会越来越少地评判和评价，他们会对孩子的经历越来越感兴趣，并接受这些经历，随之他们的同情心也会加深。最后父母与孩子的关系将会得到加强，并且变得越来越有趣，父母与子女将会越来越享受他们的关系。

这就是PACE的态度。通过玩耍、接受、好奇心和同情，我们的关系将会成长、丰富，这对我们的心理健康和情感健康都大有裨益。

在本书中，我们将带你开启探索PACE的奇妙之旅。虽然我们重视PACE在家庭教育方面所起的作用，但是这并不仅仅是一本关于教育小孩子和年轻人的书。本书拓宽了PACE的适用性（这是通往PACE王国的更宽的旅途）。就和我们一起踏上旅途吧！去探索它们的真谛，它们的形成，它们对于我们和其他人的影响，缺失它们所导致的后果，还有作为父母它们如何能够滋养我们，让我们能够增加信心，保护我们的孩子。

在这个旅途中，我们遇见了另外两个要素。在本书中，我们以爱作为开端。这就拓宽了对于爱的关系中的两个要素的探索。这两个要素对于家庭教育至关重要。第一个要素是依恋，父母提供给孩子安全和保护。第二个要素是交互主体性，即在此互惠共享的关系中影响彼此。

另外，把爱这个要素放入PACE中后就变成了PLACE[①]。在这本书

[①] 丹在他的《以依恋为核心的家庭教育》（The Child the Family, and the Outside World Middlesex）一书中，描述了自己对PLACE的早期应用和更愿意把爱看作与PACE态度分离的原因。

中，我们选择分开认识爱不仅仅是态度的一部分。在我们对另外一个人无条件的爱中，我们使PACE再现。我们提出的PACE是一种可以加深我们和他人关系的一种态度。爱是一种可以提供无条件接受的生存状态，它的实质就是健康的情感发展。

我们最后讨论的要素是治疗的作用。尤其对我们探索了在照顾有依恋困难的孩子时，如何使治疗和养育的结合发挥其强有力的功效。

PACE作为一种态度，20多年前由丹开发，它是以依恋为中心的家庭治疗法的中心思想。它也是许多治疗师、养父母和福利社工作人员所熟知的二进制发展心理治疗（DDP[①]）。

这种治疗方式被广泛应用于治疗有依恋困难和受过心理创伤的孩子以及他们的家庭。然而丹提供给我们的并不仅仅是一种治疗方式。这些原则完全是基于我们对依恋和交互主体性的理论上的理解。我们对于心理创伤影响的了解，尤其是来自一个发展性创伤的家庭的早期经历也告诉了我们这些原则。这些原则提供给我们的是建立关系的一种框架，不管是用于心理治疗、家庭教育或者是一般情况下。

丹和吉姆先前都曾探索将PACE作为对于有依恋困难[②]儿童的家庭教育方法的一部分。在这本书中，我们共同把焦点转移到PACE上。我们注重PACE在家庭教育方法的重要作用，因为我们认识到它是有依恋困难以及经受过心理创伤的儿童的家庭教育方法的核心组成部分，并且普遍地有助于加强人们的关系。我们希望可以为你使PACE再现，不

[①] D.A.修斯（Hughes, D.A.）：《以依恋为核心的家庭疗法：练习册》（*Attachment-Focused Therapy: Workbook*），纽约，NY: W.W.诺顿出版公司，2011年版。

[②] 见D.A.修斯：《以依恋为核心的家庭教育：照顾孩子的有效策略》（*Attachment-Focused Parenting: Effective Strategies to Care for Children*），纽约，NY: W.W.诺顿出版公司，2009年版；K.S.戈尔丁（Golding, K.S.）《扶育依恋：帮助那些收养或被领养的孩子们》（*Nurturing Attachments: Supporting Children Who Are Fostered or Adopted*），伦敦，杰西卡·金斯利出版社，2008年版。

仅仅是作为一种家庭教育策略，更是一种联系他人的方式。

玩耍给不同的关系带来乐趣和欢笑。玩耍带来的是彼此的享受，并且在这个过程中它帮助孩子学会体验和调节积极的情感状态，换句话说，学会管理这种带有乐趣和欢笑的情绪体验的觉醒。一个令人感到悲伤的事实是：受到虐待和忽视的儿童无法调节积极的情绪，而玩耍能帮助他们完成这个过程。在这个过程中，玩耍传达的是自信心以及对于未来的希望。

接受创造的是心理上的安全感。关键是对于内在经验的接受，这种内在经验指的是每个人深藏于内心的想法、感受、愿望、信念、欲望和希望。在接受另一人的内在经验时，我们交流对于这种经验的理解，得知这种经验让我们很自在，我们不会忽视或挑战它。你的经验就是你的经验。当教养孩童时，我们或许不会容忍某种行为，但我们会接受隐藏在这种行为下的经验。孩子们所表现的行为被评价，但孩子本身不会被评价。

好奇心和理解有直接的联系。我们接受的这个孩子是谁？当我们在一种关系中好奇地探索时，我们表达的是我们对于他人的兴趣，以及想更深地了解他的愿望。当我们对一个孩子的经验表现出非评判的好奇心时，这个孩子就有可能对于理解自己的这种经验、理解别人以及在与我们的关系中所发生的事件变得更加敏感。通过分享，可以更深地了解我们的经验。这个孩子就会和别人一起经历而不是独自一人。这样，孩子对于关系就会变得更加开放，并且在这个过程中变得更加坚强。

同情传达着我们的好奇心和接受。我们站在别人的角度，承认并回应别人的情感经历。一个有了同情体验的孩子更能够有这种体验，当父母一方与他在一起时，他能够探索自己当前的和过去的经历，这些经历或许是积极的，或者是更具挑战性的经历——创伤和耻辱。

因此，相比其他有关家庭教育的书，本书有自己的独到之处。许多家庭教育建议关注的是孩子的行为。我们想要我们的孩子有特定的行为方式，下面是如何做到这一点。网上有很多关于家庭教育的网站。快速地浏览一下就知道我们是多么地关注孩子的行为。例如，一个网站的首页提供了很多关于管理孩子行为的建议，例如如何设立家庭规则，如何让你的孩子做你想让他做的事情，如何让你的孩子帮忙保持屋子的整洁，如何安慰一个啼哭不止的婴儿①。我们不希望对这些网站提出批评，因为这些建议对于和这些行为作斗争的父母似乎是有所帮助的。然而我们想要和读者们一起探索为什么家庭教育不仅仅是行为管理。

我们确实需要管理孩子的行为，教育我们的孩子哪些行为是被接受的，哪些行为不是。我们提供的界限和限制给予我们的孩子安全感，知道他们准备好自己给自己设置行为的条条框框，这是家庭教育的一个方面，但是家庭教育需要从两方面着手。一方面，孩子需要我们和他们建立关系，培育他们并且丰富他们直到情感发展并能够在情感方面茁壮成长。另一方面也让我们对我们觉得需要管理的行为感到疑惑。它意味着什么呢？难道它指的是我们和我们孩子的关系中的任何事情吗？本书中，我们关注的是家庭教育的这一方面，提供PACE作为一种态度的讨论，这种态度能帮助我们和我们的孩子建立一种感情丰富的关系。

当我们写这本书的时候，BBC（英国广播公司）正在报道UNICEF（联合国儿童基金会）通过研究所得出的结论。最新的研究对比了英国

---

① 可以在www.parenting.co.uk查到，于2011年9月17日访问此网站。

的、瑞典和西班牙①的孩子。这次量化研究支持了之前更早的另一个量化研究所得出的结论，该研究对21个富有国家儿童的幸福状况进行了排名。在发达国家中，美国和英国的孩子是最不幸福的。经确定主要是两方面的原因：一方面，缺乏和父母沟通；另一方面，太过注重物质财富。最新的研究认同英国的父母很难花费足够的时间和他们的孩子相处，而瑞典和西班牙孩子与父母以及与大家庭的家庭生活被保护得很好。这些研究认为，和家人度过的时光对孩子的幸福感至关重要，也承认工作时间很长和注重物质财富，比如电脑和电视，这种文化会减少与家人相处的时间。这传递着重要的信息。我们需要找到方式来把与家人的关系放到家庭的核心位置，如果想要保护并加强我们孩子的情感健康，我们需要立刻行动。

当教育那些早期经历过创伤、虐待、忽视和迷失的孩子们时，这种需要更是迫在眉睫。这些孩子由于这些经历，他们不断地与依恋困难作斗争。所有的孩子都需要在与人的情感关系方面茁壮成长，而遭受创伤的孩子需要的是医治这种障碍。我们希望通过更好地理解PACE，我们能够找到建立这种重要关系经验的方式，为我们自己，为彼此，更是为我们的孩子和年轻人。

---

① 可以在 http://www.bbc.co.uk/news/uk-14899148 和 http://www.bbc.co.uk/news/education-14898614 查到，于2011年9月17日访问此网站。

第一章
关键要素——爱

Creating Loving Attachments

创造爱的依恋

当我们爱对方的时候,即使经历险阻我们依然坚守爱的信念。这或许是一个艰巨的任务,需要勇气和坚持不懈。幸运的是,爱不仅仅是承诺,爱也是令人愉快的事情。爱本身就是一种奖赏。对爱的坚守,对孩子的关爱将不仅仅是一项工作,它也会带给你愉快的时光。父母和孩子的关系时起时落,爱的愉悦也忽来忽去。爱是你承诺给这段关系的信念,始终关爱这个孩子,愉悦的时刻总会回来。

第一章
关键要素——爱

爱一直是历尽千年诗人、作家、哲学家以及科学家所歌颂的主题。我们都在谈论爱，有时候喋喋不休："我爱你的鞋子"；有时候也带着强烈的目的："我会永远爱你。"我们身陷爱的旋涡，我们逃出爱的藩篱。我们把心爱的人铭刻在充满爱的记忆中。我们为爱而喜悦，真真切切，疯狂而深沉；然而当我们因爱而受伤时，我们坠入绝望的深渊。生活中充满了爱的符号——丘比特之箭，罗密欧和朱丽叶。我们赞赏爱的奉献，爱无处不在。

我们都知道并经历过爱，但是知道和理解是完全两码事。我们很少驻足去思考爱的真正含义。爱关乎于心，与大脑无关。爱是一种情感体验，只可意会不可言传。本章我们将从理智的层面来探索爱。我们能在思考和理解爱的同时不稀释或削弱我们对于爱的感知吗？在思考爱的过程中，我们会丢失爱的艺术性吗？理解是否会减弱直觉呢？我们希望不会如此。

我们希望通过探索父母之爱和这种爱的力量，给父母和孩子带去健康和幸福。我们希望在理智和内心的结合中能帮助丰富你对爱的理解，使之有益于你以及你的孩子。对于教育孩子时经历早期困难的父母，我们相信如果你能把直觉和理解结合起来，你会更懂得如何去爱你的孩子。

这本书是关于家庭教育的一种态度——PACE——它能使孩子健康地发展并医治孩子过去的创伤。在你不断提升并培养你富有玩耍、接受、好奇心和同理心的能力的过程中，我们期望你已经具有了丰富的家庭教育经验并且和你的孩子建立了更深的依恋。

PACE是一种态度，而爱是一种心态。爱囊括了PACE。当现状充满了困难、挑战或是残酷的时候，爱为这段旅程助力并为你的坚持注入勇气。在爱这个孩子的过程中，不管发生什么，你和孩子之间会形成一种永久的关系。即使你和孩子之间出现隔阂，你们之间的依恋也会持续。你或许感觉这不可能发生。最终，你会感动这个孩子，这种感动也会在后代之间得以延续。因为你的爱，这个孩子也会成为一个更健康的成年人。

这会成为信仰的跳跃，因为爱的效果是长期性的，短期内不会显现出来。我们希望本章能通过探索爱的真谛帮你实现信仰的跳跃。六世纪时，哲学家老子说"慈故能勇"①。或许是因为爱赐予人力量和勇气，爱是使PACE奏效的关键要素。

爱莉诺·阿特金森（Eleanor Atkinson）写的故事《忠狗巴比传》②（Greyfriars Bobby）1912年第一次出版。故事里的巴比是一只苏格兰猎犬，它和它的主人——牧羊人老乔克住在爱丁堡。老乔克死后，当地人为巴比找了一个新家，但是它没有选择住在新家里。它既不是被锁住了，也不是因为距离远而不住在爱丁堡。每次它被搬家，它就又回到它主人的墓地。当地的居民是如此地挂念巴比，他们打破规定，允许巴比住在墓地里。一只苏格兰猎犬的爱给了整个社区爱的感受。在澳大利亚有一个同样的故事，一只忠诚的红狗③为它的主人守墓。这些忠诚的现代狗的前身当然是荷马史诗《奥德赛》（Odyssey）中的永生的阿格斯（Argus）。阿格斯等他的主人

---

① 可以在www.brainyquote.com/quotes/authors/l/lao_tzu.html查到，于2011年8月30日访问此网站。

② E.阿特金森（Atkinson, E.）：《忠狗巴比传奇》（Greyfriars Bobby），《古登堡计划》电子书可以在www.gutenberg.org/files/2693/2693-h/2693-h.htm看到，于2011年12月20日访问，2008年版。

③ L.贝尔涅（de Bernières, L）：《红狗》（Red Dog）.伦敦，复古出版社，2007年版。

第一章
关键要素——爱

奥德修斯（Odysseus）等了20年：

> 这只狗的命运已经被注定
> 他的主人，当20年枯燥的岁月结束时
> 看了它的主人最后一眼就死了；
> 阿格斯忠诚的眼睛[①]也紧闭了！

读到这些故事时，很难不把狗和人之间发展的这种联系认为是爱。阿格斯、巴比和红狗集中体现了美国著名心理学家阿尔伯特·埃利斯（Albert Ellis）的话："爱的艺术大体上是坚持的艺术[②]。"我们不知道狗和人类建立的这种情感依恋是否可以被描述为爱。或许这种行为不仅仅是表现出狗形成社会联系的本能。然而忠实的狗给我们一种有力的爱的象征——承诺。

当我们爱对方的时候，即使经历险阻我们依然坚守爱的信念。这或许是一个艰巨的任务，需要勇气和坚持不懈。幸运的是，爱不仅仅是承诺，爱也是令人愉快的事物。爱本身就是一种奖赏。对爱的坚守，对孩子的关爱将不仅仅是一项工作，它也会带给你愉快的时光。父母和孩子的关系时起时落，爱的愉悦也忽来忽去。爱是你承诺给这段关系的信念，始终关爱这个孩子，愉悦的时刻总会回来。

爱是什么

是什么样的情感依恋很容易让我们认定是爱呢？三位来自加利福尼亚大学的精神病学家在他们的新书中试图回答的问题，这本书被乐

[①] 荷马（Homer）：《奥德赛》（Odyssey），（翻译：亚历山大·蒲柏，引自F.阿迪斯的《打开潘多拉的盒子》（Opening Pandora's Box），伦敦，英国迈克尔·奥玛拉图书公司，2010年版。

[②] 可以在 www.brainyquote.com/quotes/quotes/a/albertelli131212.html 看到，于2011年8月30日访问。

观地命名为《爱的理论》(A General Theory of Love)。托马斯·路易斯（Thomas Lewis）、法瑞·阿米尼（Fari Amini）和理查德·蓝农（Richard Lannon）强调了人际关系和连通性的重要性。爱存在于两个心有灵犀的人之间，互相影响彼此。人际关系影响我们的发展。爱铸就了此时以及未来的我们会成为什么样的人[1]。

英格兰的艺术历史学家约翰·阿姆斯特丹（John Armstrong）写了一本关于爱的书，在书中他用优美的语言描述了爱的多维品质[2]。他详细地指出爱是一种行为、知识的行动、观念、想象力和欲望。偶尔它可能也包括希望从另一方得到好处、激情、性和浪漫。爱也会导致迷恋以及对于分离带来的绝望。他也提到了什么是施舍的爱，不仅从行为上还从判断、观念以及同情的层面。

这些作者都创作于本世纪，他们的作品都清晰地表明了爱是人类关系的关键部分，但是没有哪一种关系比父母和子女的关系更重要。这种想法并不新鲜。让我们追溯到几十年前20世纪50、60年代的儿童精神病疗法。非常有影响力的儿科医生和心理学家唐纳德·威尼科特（Donald Winnicott）写到：

"如果人类婴儿想要最终发展成为健康、独立、社会化的成人个体，婴儿母亲和婴儿之间纽带的存在是天然的良好开端的保证，这种事物就叫作爱[3]。"

威尼科特把这种爱描述为纽带，它能让父母把全部心思放在孩子

---

[1] T.路易斯（Lewis, T.），F.阿米尼（Amini, F.），R.兰农（Lannon, R.）：《爱的一般理论》(A General Theory of Love)，纽约，NY:年代图书出版社，2001/2002年版。

[2] J.阿姆斯特朗（Armstrong, J）：《爱的条件：亲密的哲学》(Conditions of Love: The Philosophy of Intimacy)，纽约，NY: W.W.诺顿出版公司，2002年版。

[3] D.W.温尼科特（Winnicott, D.W.），《孩子，家庭和外部世界》，(The Child, the Family, and the Outside World. Middlesex)，第27页，米德塞斯大学:企鹅图书出版集团，1957/1964年版。

身上。他指出这种强烈的兴趣就像"太阳为这个婴儿而升起"①。父母对于孩子的这种全神贯注也让父母深刻了解孩子的需求。沐浴在爱的阳光下,孩子的人际关系能力得以提升。威尼科特接着讲到,如果这种爱缺失了,这个孩子的情感发展就会受阻,在他成长②的过程中个人的困难就会显现出来。

爱是一种情感依恋,这种依恋使父母养育、照看并喜爱孩子。爱的依恋的观点通过儿童心理文学③更加得到了证实。玛格特·桑德兰(Margot Sunderland)是伦敦儿童心理健康中心的一位儿童心理治疗师。她把爱等同于活力和启蒙④。她认为无条件的爱会让孩子蓬勃健康地成长,不管父母或孩子的行为如何,这种爱总是存在的。

对于孩子而言体验这种无条件的爱是一种中心需求。这种爱不会像惩戒一样表现得不好就会消退,不会取决于行为或成就并且不会把父母的个人需求强加给孩子。如果一个孩子不是被爱的,或者不相信爱的延续性,他的心理就会很脆弱。玛格特·桑德兰称这种脆弱为"折磨地爱",用以区分"平静地爱"⑤。这个孩子就会有一种危机感,而不是形成情感健康所必需的幸福感或是满足感。这个孩子所感受的爱是脆弱的,他情感的健康发展也会受阻。

---

① D.W.温尼科特(Winnicott, D.W.):《孩子,家庭和外部世界》,第27页,米德塞斯大学:企鹅图书出版集团,1957/1964年版。

② 同上,第85页。

③ 参考,比如:W.斯拉辛,M.哈伯特,A.斯拉辛,《母亲的连接》(*Maternal Bonding*),第85页,牛津大学,布莱克威尔出版公司,1957/1964年版。

④ M.桑德兰(Sunderland, M.),《养育的科学:关于睡眠,哭泣,玩耍和为生活培养情感健康》(*The Science of Parenting: Practical Guidance on Sleep, Crying, Play and Building Emotional Wellbeing for Life*),第192页,伦敦,多林·金德斯利出版社,2006年版。

⑤ 同上,第184页。

父母对于子女的爱既包含着责任也富有乐趣。没有了乐趣，爱就变成了职责。养育孩子成了一堆零七碎八的烦心事或是不可推卸的责任，这不管对于父母还是孩子都是没有什么意义的。由于各种各样的原因双方的乐趣或许并不总是存在，不管是对于父母还是孩子抑或他们之间的关系。即使没有乐趣，父母也总在尽责任地满足孩子的需求。只有这时，爱提供了孩子所需要的安全感，孩子能真正相信艰难时刻父母总会与其同在。孩子需要知道任何冲突都摧毁不了父母对他的爱，也摧毁不了他们之间的关系。

对于在教养子女时经历过"折磨地爱"的父母而言，挑战就是帮助他们相信"平静地爱"。孩子会期待重复以前的经历。用爱和PACE教养子女，你需要成倍的耐心和毅力，这样你才会慢慢地、持续地感动孩子，使他相信不管你们之间发生什么，这种爱会无条件地延续下去。

爱是一种生物性过程

我们都经历过爱、爱的行为、爱的感受或者爱的需求。更不易察觉的是爱作为一种生理过程的重要性。从生理的层面来理解爱，我们才能真正定义父母对子女的爱的重要性。

在《哈利·波特》[①]（*Harry Potter*）这个广为人知的故事中，J.K.罗琳（J. K. Rowling）象征性地探索了父母爱的重要性。被一个强大的魔法师攻击后，因为父母的爱和牺牲哈利得救。哈利的父母死了，但是

[①] J.K.罗琳（Rowling, J.K.），《哈利波特和魔法石》（*Harry Potter and the Philosopher's Stone*），伦敦，布鲁姆斯伯里出版公司，2001年版。

哈利存活下来并成为那个长大后战胜伏地魔的淫威拯救世界的孩子。

幸运的是，爱的生物性并不需要父母的牺牲，但是替代魔法、巫术和牺牲的是父母与子女之间的关系，人类的依恋和责任以及用来建设情感健康和幸福感的要素。你的孩子或许不是生来拯救世界的，但是他会长大，有能力建立、形成人际关系并对这些关系负责任。伏地魔的力量来源于离间人类，不信任滋生不信任，邪恶由此产生。哈利的力量来源于与众人的依恋。母亲的爱让孩子的爱得以成长，社会也因此得以强大。

J.K.罗琳用文学的方式阐释爱，托马斯·路易斯和他的同事从学术①的角度研究爱。他们探索婴儿对于父母的爱这个关键要素的需求。爱建造了发育中的大脑的边缘结构，大脑的这些部分与我们对于事物的反应有关。因此，大脑的这些区域与我们的情感体验和表达的关系尤为密切。

我们生来就具备一个成熟的"爬虫类大脑"。"爬虫类大脑"对我们的生存是至关重要的，但是如果婴儿出生后它的周围没有发育"哺乳动物的大脑"，人就会变得冷漠无情。这就是我们大脑的边缘中心。它为我们的感受加了一个情感层。其后"理智大脑"会发育，它是包含在很多像记忆和注意力的皮质层结构。大脑的这些部分帮助我们理解并充分认识到我们周围的世界。他们支撑着我们思考、运用语言和推理的能力。勒内·笛卡儿（René Descartes）的哲学思想"我思故我在②"就认识到了这种意识——人类知道这种独特的能力——就来源于

---

① T.路易斯（Lewis, T.），F.阿米尼（Amini, F.），R.兰农（Lannon, R.）：《爱的一般理论》（*A General Theory of Love*），纽约，NY:年代图书出版社，2000/2001年版。

② R.笛卡儿（Descartes, R.）：《在科学中正确践行理性和真相》（*Discourse on the Method of Rightly Conducting the Reason, and Seeking the Truth in the Sciences*），第四章，由约翰·维奇（John Veitch）翻译的版本可以在www.pinkmonkey.com/dl/library1/book0648.pdf 看到，于2011年12月20日访问。

这种逐渐成熟的理智大脑。正如美国医生和神经系统科学家保罗·麦克林（Paul Maclean）所描述的：三种大脑合———三位一体的大脑，是我们基因和我们的体验[①]的结果。

父母的行为对已经成熟的大脑的爬虫类部分没有任何影响，但是他们的行为会对情感的边缘系统和理智的思考皮质层的发展产生影响。爱和刺激提供了关键的经历，让大脑得以健康发展，并形成感受和思考的能力。爱是情感发展的必要体验。

金姆在写这一部分的时候，她的狗向她靠近，希望得到主人的注意。她就过去轻轻地抚摸它。他们的神经系统联系在一起，他们大脑中的情感系统也同时变得活跃。他们被联系在一起。她又坐到电脑旁，她的狗仍然贴着她不让她去。她感到更平静，写作更流畅，这是哺乳动物之间大脑连接大脑、心连接心的需求的明显表现。就像路易斯和他的同事所描述的[②]——"爱的协作之舞"。

金姆很享受这种连接。一个孩子也需要这些："如果只给一个人类的婴儿提供食物和衣服，而剥夺他的情感联系，他就会死[③]。"路易斯和他的同事描述了父母和孩子之间的关系是如何形成提供"边缘共鸣"的心理纽带的。想想哈利·波特和他母亲之间的神秘联系，当他需要的时候为他提供保护。当两个大脑的情感中心联系时，彼此影响着彼此，结果两个都变得更为强大。

这种联系为孩子提供了情感约束，这反过来形成了不断增长的自

[①] P.D. 麦克莱恩（Maclean, P.D.）：《进化中的三重脑：在古脑古脑功能中的角色》（*The Triune Brain in Evolution: Role in Paleocerebral Functions*），纽约，NY: 普莱南出版公司，2003年版。

[②] T.路易斯（Lewis, T.），F.阿米尼（Amini, F.），R.兰农（Lannon, R.）：《爱的一般理论》（*A General Theory of Love*），第84页，纽约，NY:年代图书出版社，2000/2001年版。

[③] 同上，第87页。

我约束的能力。换句话说，孩子首先体验到的是父母的情感约束；接着在能够自己调节情感之前，在父母的帮助下，他学会调节自己的感情。父母的爱塑造了孩子的大脑，父母自己的大脑也反过来被丰富。就像路易斯和他的同事所说的："我们是谁，我们成为怎么样的人部分取决于我们爱谁①。"

故事到这里并没有结束。情感约束对于孩子来说只是一个开端。随着发育不断成熟，大脑的认知结构也围绕边缘中心发育。孩子开始知道他的感受。当他越来越了解自己，这个孩子也学会了向外看，开始了解他人的情感世界。他做好准备和他人形成关系，和别人产生联系，去影响他人并被他的家庭以外的更广阔的世界所影响。

这本书的几个地方，我们会谈到雅克·潘克塞普的研究，雅克·潘克塞普（Jaak Panksepp）是一位杰出的美国神经科学家。他在情感发展②方面有丰富的理论。他的理论会帮助我们理解PACE的不同方面以及PACE在家庭教育方面的重要性。他关于脑功能理论的两个方面对于理解爱的重要性尤其重要。这两个方面是关于社会纽带和关爱我们孩子的本能驱动的过程。两者都解释了对于哺乳动物来说，联系和关联性的生物性需求的重要性，这两方面对于抚养健康的孩子尤为重要。

社会纽带是一个生物型过程，确保我们与彼此的联系。当我们感受到我们与别人的人际关系时，我们大脑的化学物质就通过荷尔蒙的分泌而被激活，会分泌更多的神经肽、催产素和催乳素和内源性阿片肽、内啡肽，形成更多的社会键和一种幸福感和满足感。

---

① 同上，第144页。

② J.潘克塞浦（Panksepp, J.）:《情感神经科学：人类和动物情感的基础》（Affective Neuroscience: The Foundations of Human and Animal Emotions），纽约，NY：牛津大学出版社，1998年版。

然而，理解生物性过程并没有那么重要，我们这部分的描述主要是为了证明人际关系是我们作为人类认识自己的核心。我们生来就是为了联系他人，以这种方式感受我们自己的美好。这是爱和情感健康的基础。家长所感受到的这种社会键和潘克塞普称之为的"关爱"大脑系统紧密联系。这是大脑中的一个操作系统，组成了家长照顾和养育子女的情感倾向。这个孩子反过来感受到的社会键是一种依恋安全的感觉。当一个孩子感受到安全的依恋，他就能够从照顾他的人那里获得安全感和安慰。我们人性的核心是我们对身体亲近和接触，亲密关系的需求。因此，正如杰克·潘克塞普所指出的，鼓励人们发展人际关系的社会是世界上最不爱侵略别人的社会的这种说法就不足为奇了。

依恋理论和交互主体性理论

爱是我们抚养孩子时的一个关键要素。爱的礼物就是给予孩子安全、依恋以及发展人际关系的能力。在接下来的章节里，我们会探索PACE作为一种家庭教育的态度如何直接提供给孩子这些关键经历。两个心理学理论强调了对PACE的运用并告诉我们爱的重要性。它们就是依恋理论和交互主体性理论。我们在此将介绍这两个理论并将这两个理论贯穿于整本书中。

依恋理论

20世纪初一个小男孩出生在伦敦并由一个被付费奶妈抚养，这在那个年代富裕之家并不常见。由奶妈抚养是幸运的，因为奶妈会给孩子爱和安全的体验，感情也得到健康发展。这个小男孩有这样的一个经历，在他四岁那年他的奶妈离开了这个家庭，他伤心地失去了这种依恋。之后他告诉他的儿子他感受到了童年分离的痛苦，感到非常受伤，但是不至于受挫到无法正常生活①。这段早期的童年经历让约翰·鲍比（John Bowlby）花费一生的时间研究并选择儿童精神病医生作为自己的职业，他对母子分离对儿童造成的影响尤为感兴趣。理查德·鲍比（Richard Bowlby）爵士回忆道：

"我的父亲一生都在弄清楚母婴依恋纽带的复杂性，他希望这些知识可以影响社会支持教养子女的父母的方式。他说：'如果我们珍视我们的孩子，我们必须珍惜他们的父母②。'"

理查德·鲍比爵士讲述了他的父亲在斟酌描述父母与子女的依恋③时如何称呼他的理论的不确定性。最初，他认为或许他可以称呼它为"爱的理论"，但他怕不够科学使这种称呼得不到认可。当时爱被认为是心理健康的关键。

依恋理论因此而诞生，这份遗产对于我们探索经历早期分离、迷失或令人崩溃的教养的孩子如何进行家庭教育大有裨益。1953年，约翰·鲍比将他的书命名为《对孩子的关爱和爱的成长》④（*Child Care and the Growth of Love*），将爱作为依恋理论的中心思想。在这本书中他把爱和做母亲的快乐等同于对孩子的精神滋养。

---

① R.波尔比（Bowlby, R.）：《五十年依恋理论：唐纳德温尼科特纪念讲座》（*Fifty Years of Attachment Theory: The Donald Winnicott Memorial Lecture*），第13页，伦敦，卡纳克出版社，2004年版。

② R.波尔比："热衷依恋"（Passionate about Attachments）在K.S.戈尔丁编著的《简报：从依恋理论到实践》第10页，伦敦，临床心理学部儿童与青年教师，英国心理学会，2007年版。

③ 从理查德·波尔比到丹·休斯的个人交流，2005年版。

④ J.波尔比（Bowlby, J.）：《儿童关怀和爱的成长》，密德赛斯大学：企鹅图书出版集团，1953/1965年版。

我们也想为父亲们说一些话。在依恋理论的发展过程中母亲一直是放在显微镜下研究的对象，母子关系得到了太多的关注。这对于当时的文化来讲再普通不过，照看孩子几乎被认为就是母亲的工作，而父亲扮演着养家糊口的角色。现代社会，我们都懂得父母双方对于孩子的同等重要性。依恋理论已经发展成为关于家庭教育的一门理论，生理的或非生理的，不管是对于母亲还是对于父亲。孩子需要父母帮助他们感到安全，这样他们才能安全地去探索这个世界。

依恋理论的成功之处在于认同父母与子女之间温馨的、亲密的、持续的关系的重要性，在这种关系中，父母和子女都能找到满足和乐趣。正如约翰·鲍比说的，"没有一种关系像这样，父母毫无保留地、持续不断地听从婴儿的使唤[①]。"通过这种强烈而亲密的关系父母也有所收获：

孩子需要感觉到他是母亲快乐和骄傲的源泉，母亲需要感受到她的孩子的人格是她的人格的延续：彼此都需要亲密地认同彼此[②]。

过去这些年中持续关系的观点引起了不少的政治争论，因为母亲被鼓励去工作还是回到家中主要取决于满足当时政治家们所定义的社会需求。然而持续的关系并不意味着父母要一直守着孩子。即使分离了，孩子还是能够持续地感受到父母的存在的。父母牵挂着孩子，不管身在何方孩子都会想念着父母。

依恋理论认为，孩子一出生就会从最初照顾他们的人身上寻求安全感。这些依恋的对象保护他们远离伤害并帮助他们踏往这个世

---

① 同上，第77页。
② 同上，第78页。

界的征程。当孩子被允许从照看者身上寻求安全感和安慰，并且确保照看者喂养这个孩子时，依恋的纽带就形成了。需要注意的是，在确保安全和安全感方面父母和子女之间并不是相互的。父母是一个安全基地，保护子女的安全，子女却不是父母的安全基地。子女向外在这个世界中探索和学习，回来在需要的时候再次感动他们的安全基地。

因此，孩子有一系列的依恋行为提醒父母他们需要安慰。例如，一个孩子可能会哭闹、粘着或是跟着父母。这个孩子是在让父母知道此刻他需要关注和食物。同样地，这个孩子还有一系列的探索性的行为表明他准备去探察他周围的世界。这些行为的特点是离开父母，开始对这个世界的事物感兴趣。敏感的照看者能够读懂这些信号并循序渐进地支持孩子。他们之间就形成了安全的依恋。始于生命早期，孩子运用这种经验来理解关系是如何运作的。一个内部的工作模式，即这种关系的模板或记忆就形成了。这对于父母如今和将来的关系都将成为一个向导。孩子从这种早期经历知道从其他人那里期待什么。

杰米和他的妈妈去朋友家做客。他们被邀请进屋，杰米是一个天生就很自信并擅长社交的孩子，他直接就跑进去找玩具玩了。杰克是一个比较胆小的孩子，他紧紧地挨着他的妈妈打量着这些到他们家的陌生来客。妈妈抱着杰克安慰他并给他足够的时间去接近杰米。很快两个男孩就在一起愉快地玩耍，家长也可以享受美好的品茶时光。这时门铃响了。两个孩子都停止了玩耍并看着他们的妈妈。杰克的妈妈去开门，杰克马上跟着她。妈妈把杰克抱起来，他们一起问候当地的牧师。杰米也向他的妈妈靠近，并仔细地观察。牧师向两个男孩打招呼。杰米试探性地向前移动，并把他的手放在他妈妈的膝盖上以防万一。杰克紧紧地抱着他的妈妈。杰米的妈妈掏出钱包准备把钱给牧师。杰米停止玩耍，看他妈妈做什么。他准备从妈妈那里把钱拿走然后给牧师。牧师离开后，很快两个男孩又开始他们的玩耍了。

　　从这个简单的案例中我们能够看出两位妈妈所支持的依恋和探索的细微举动。两个男孩用各自不同的方式在不同的时刻向他们的母亲表明他们的安全感级别。他们的母亲做出回应，孩子就会感到安全并以自己的速度做出下一步的举动。两个妈妈在向他们自己儿子所展现的敏感的一致性时，都表现出她对孩子每时每刻或焦虑或自信的情绪变化的轻松。当孩子需要时，母亲们提供安慰也有助于孩子其他时候的玩耍。两个男孩正在形成安全的依恋，反过来又能让他们形成对他人的信赖和对自身的自我依赖。他们长大后能够自信地对待这个世界，当需要的时候他们知道能够寻求到帮助。

　　如果安全的依恋没有形成又会发生什么呢？当依恋对象不能够理解或者对所照看的孩子发出的信号做出回应的时候被称为不敏感。缺乏安全感的孩子用不同的方式组织他们的行为，他们很努力才能感觉到安全。

　　例如，当一个孩子发出需要安慰的信号时，他的家长或许发现很难去回应。她或许会过度反应，或许传出微弱或不那么微弱的信息，在这些时候她将会退缩、拒绝或忽视这个孩子的需求。这个孩子会通过减弱这种依恋行为，来适应他的家长的行为："如果我不表现出我对你的需求，或许你就会亲近我。"在依恋理论中，这被称为避免依恋。

　　另一种父母或许对孩子做出断断续续的回应，有时候满足孩子的需求，有时候为孩子所激怒。面对这种不可预测性，孩子会通过强制性的预测做出回应。他变得需要被关注，通过得到不充分的抚慰确保父母对他持续地关注。这种情况被称为模棱两可的抵抗性依恋。

家长可怕的行为会更难让孩子感到安全。恐惧驱动了寻求安慰的内在需求。孩子自然会向父母寻求安慰，然而父母正是恐惧的源头。幼小的孩子面临这种难以解决的威胁就会慌乱。他不知道该做什么，他的行为反映着这种无助。

来自加利福尼亚的杰出心理学家玛丽·梅恩（Mary Main）教授对当安全的天堂也是威胁的源头时，孩子不能够组织他的行为以感到安全[1]的情况进行了探索。随着日益成熟，这个孩子将学会控制这种恐惧的方式。他会变得高度自控，发展一系列行为让自己有脆弱的安全感。因此，这个孩子或许强烈地、激进地想得到关注只是为了被关注时拒绝。如果父母生气了，这个孩子的行为会变得更加温顺和忸怩，只是为了让父母开始做出回应时再次生气。这种孩子成了木偶的主人，牵着父母的鼻子走。另外一些孩子在行为上变得更为自立，试图自我管理而不是表现得需要父母。这些孩子甚至会给出自己的关爱，照顾父母而不是被照顾。

有一小部分孩子非常不幸，由于严重被忽视的照料或者非常贫困的机构性照料，没有经历过早期的依恋关系。这些孩子没有形成选择性的依恋，因为没有人可以让他们经历这个过程。这些孩子或许是被

---

[1] M.梅恩（Main, M.）、E.海塞（Hesse, E.）："家长未解决的创伤经历与婴儿混乱型依恋状态有关—受到惊吓的或令人害怕的养育行为是连接机制吗"（'Parents'Unresolved Traumatic Experiences are Related to Infant Disorganized Attachment Status: Is Frightened and/or Frightening Parental Behavior the Linking Mechanism?'），在M.T.格林伯格、D. 奇凯蒂和E.M.卡明斯编著的《幼儿园时期的依恋：理论、研究和干预》（*Attachment in the Preschool Years: Theory, Research and Intervention.*），第161–182页，芝加哥，IL:芝加哥大学出版社，1990年版。

控制,毫无差别的都很不友好,但是不能够置身于互相满足的关系中,或者他们可以被控制,但相比接近他人更倾向于不进行社会交往。

如果你正在教养一个有依恋困难的孩子,他将不会以一种直接的方式从你那里寻求关爱和安慰。依恋就像一种关系误导:孩子给出信号,家长做出回应。当一个孩子在他的依恋关系中经历过不安全感,他会使这段关系符合他家长期望的方向。在悲痛的时候,他可能会表现出不需要安慰,或者当不那么伤心的时候寻求安慰。他发出的需求信号与当下的情境或许不相关,却取决于他对于你将如何回应的期望。帮助孩子学会和你在一起感到安全,意味着对他所隐藏的需求以及他发出的需求信号做出回应。这样他会开始对你的有效性而不是他的期待做出回应。美国纽瓦克市特拉华州立大学心理学教授玛丽·多泽尔(Mary Dozier)称面对这些被隐藏和被表达的需求时,这种家庭教育是敏感而具有温和的挑战性的①。

有严重依恋困难的孩子是最难进行家庭教育的。他们会呈现一系列富有挑战性的行为,让他们自己感觉到他们控制了你。他们或许会撒谎、会偷盗、在不正常的地方小便,拒绝吃东西或者伤害你最喜爱的宠物,所有的这些行为都有助于减少他们的恐惧和无助感。他们非常不愿意放弃这些行为所代表的脆弱和难以获得的安全感。这将消耗你所有的耐心,并需要一个高度可预测的环境才能让一个孩子达到他可以松开他的控制并且敢于相信你不会伤害他的一种状态。

理解你孩子的依恋经历和这些经历对他现在人际关系的影响,让你做出的回应有助于他建立信任感和安全感。当你慢慢地用不同的方

---

① M.多泽(Dozier, M.):"针对弱势儿童的依恋人类发展的以依恋为基础的疗法"(*Attachment-based treatment for vulnerable children.' Attachment and Human Development*)共5期,第3期,253-257,2003年版。

式亲近他，他就能够体验更为安全的依恋关系，为他越来越雄心勃勃地探索他的世界打下坚实的基础。

交互主体性

上一部分我们认为父母对孩子的爱的重要组成部分就是提供安全感。这部分爱还不足够。爱的礼物是安全，但是爱有更深的含义。当我们爱着某人时，我们被他们感动。他们从方方面面影响我们，我们想要和他们分享爱对我们彼此的影响。反过来，我们感动他们，被影响的同时我们也会影响我们爱的人。爱是一种相互的关系。父母对孩子的爱就是在这种相互影响中完全投入自己，在这个过程中双方都能够成长。这就是交互主体性，一种有条件的共鸣关系，让一方能发现另一方的独特之处并共同分享理解。我们如何看待自己，我们对于自己的感受，就是这些交互的人际关系的结果，始于父母与孩子之间的爱。

> 假设一个婴儿在和他的母亲玩耍。他们在玩躲猫猫的游戏，这个游戏需要双方都参与。忽然，妈妈静止了，她面无表情盯着空气。婴儿看起来很迷茫因为他试图和母亲重新建立联系，一分钟之内很明显地他很失望。他挥舞着四肢，烦躁地大哭直到母亲转而安慰他。很快，母亲重建了与婴儿的关系。婴儿安静下来能继续玩耍。

这是对于"僵尸脸实验"的描述。对于婴儿而言，互惠的关系是何等重要，而这个实验提供了生动鲜明的例子。这种关系需要是及时的、当下的，彼此对对方的行为有条件地做出回应。这种同步性让这种关系生机勃勃。处于有条件的关系中,双方共享这段感情经历。如果这次经历是一个游戏,父母和孩子都会得到愉悦感和趣味性。当他们共同参与到这个经历中时,双方的情感状态都将会被放大。如果这个孩子正在经历痛苦,父母不用自己感到痛苦而是会把这种感情经历相匹配。这将有助于孩子调整自己的不悦。他从这次经历中得到抚慰。通过这种方式孩子形成一种调整自己感情状态的能力。一段关系中的感情约束体验会提升管理感情体验的能力,并通过这次经历成长和发展。另外,一段关系中的共同关注和补充意图的体验也会提升照顾他人和合作的能力。孩子正在学习成为一个社会个体,能够与他人亲近并喜欢与他人相处。

　　失去同步性,孩子就体验不到经验的联系,缺乏联系是一种危险的状态。只有与他人联系才能发现独立的孩子的安全感,不断成熟的成人的自我意识,成熟的成人的整体感。交互主体性是人际关系的核心。在僵尸脸实验中,很简明地表现出关系不再充满生气也不再偶然发生。婴儿知道一些重要的事物丢失了。婴儿生来为了联系。当父母不做出回应时,联系就失败了,这种体验立刻让婴儿变得烦躁不安。

　　苏格兰爱丁堡大学的儿童心理和心理生理学名誉退休教授科尔温·特里瓦森(Colwyn Trevarthen)对父母与子女之间的这种偶然关系进行了广泛研究[1]。他观察到婴儿对这种互惠关系的需求,家长的主观经历变成了孩子的主观经历。他将其命名为"初级交互主体性",这种全神贯注的关系让彼此完全关注对方。在这些全神贯注的人际关系中小孩子形成了自我认同。父母对孩子的体验是欢乐的,这个孩子知道

---

[1] C.特里瓦森(Trevarthen, C.),"理解他们的来源、发展和对婴儿心理健康的意义中陪伴的内在动机"(Intrinsic motives for companionship in understanding: Their rigin, development, and significance for infant mental health),22,1-2,95-131,《幼儿精神健康杂志》2001年版。

第一章
关键要素——爱

他是令人欢乐的。父母对孩子的体验是讨厌的，这个孩子知道自己是令人讨厌的。父母对孩子的体验让孩子组织自我的发展。

设想一个小孩子正在和他的父亲玩耍。他很兴奋不小心把父亲放在桌子上的一杯咖啡打翻了。父亲很生气责骂孩子的笨拙。父亲告诉孩子他很淘气。孩子就会接受这个事件的交互主体含义，在他发展自我的精神层面，他知道了他是个淘气、笨拙的孩子。

让我们给这个故事加一个幸福的结尾。父亲反思了这件事之后，知道自己过于严厉。他这一天过得很压抑，也不想清理洒了的咖啡。他把他的儿子抱起来，告诉他没事了，是他的错，他不应该把咖啡放在那里。他安慰儿子说他并不淘气。他可能做了淘气的事情，但他并不是一个淘气的孩子。孩子的父亲用足够的爱修补了这段关系。事情可能会出错，但是他永远是被爱的。他是一个可爱的孩子。

初级交互主体性发展包括次级交互主体性。现在孩子通过体验他父母的经历能学到关于人、事、物更为广阔的世界。他发现了这些对于他父母的意义，开始为了自己了解这个世界。这些共同的经历让他能够开始思考。这个世界、自我和他人对于这个孩子而言都开始变得有意义，这些也会影响自我意识的发展。

当友善的牧师进入杰米和杰克玩耍的家中时，他们之前没有见过牧师。两个孩子都看着妈妈想要知道在玩耍被打断时该如何做出回应。两个母亲都很放松，因此孩子也不紧张。两个男孩中更擅长社交的杰米，甚至接近牧师并与他交流。但是牧师在场时，两个孩子都可以玩耍。如果父母当时表现得焦虑或者不舒服，两个男孩也会变得谨慎，靠近他们的妈妈来寻求保护以远离未知的恐惧。与陌生人打交道的经历对孩子的意义，将取决于父母如何应对这种经历。父母和孩子在这次经历中都会发现交互主体的意义。

　　母亲和儿子在树林里散步。妈妈遇见了一位朋友，一走神，发现孩子走丢了。突然意识到孩子不见了，她开始四处寻找孩子。当她看不到儿子时，她十分恐慌。她转了个弯儿发现了儿子。他僵直地站在那里，很明显他很害怕。他看到了妈妈开始大哭。妈妈弯下腰来，抱着她幼小的儿子，驱散他的恐惧和忧虑，当他们重新在一起时，他们就安心了。当儿子感受到妈妈的拥抱所带来的安全时，他就慢慢不再哭泣。当他再次平静，环顾四周。一只七星瓢虫落到离他不远的叶子上。他被这只七星瓢虫吸引了。妈妈看到了这只七星瓢虫，就温柔地把它放到儿子的手上，他们都享受着这只小虫在小手上爬行的乐趣。七星瓢虫突然不动了，张开它的翅膀就飞走了。于是妈妈和儿子就拉着彼此的手继续散步。

这个场景描述的就是妈妈给予孩子的爱的礼物。她让他感觉到安全并提供安全感。基于这种安全感，他们都能真正地共同探索这个世界。不管是处于恐惧还是欢乐之中，他们分享这种交互主体的喜悦。在分享中孩子更好地了解自己和世界。

设想交互主体性未发生的体验。

　　母亲和儿子在树林里散步。妈妈遇见了一位朋友，一走神，发现孩子走丢了。突然意识到孩子不见了，她开始四处寻找孩子。孩子走丢了让她想要发怒，她生气地大声叫喊。她转了个弯，发现了她的儿子，他脸上写满了恐惧和蔑视。她让他现在立刻回来，他转身想要逃跑。妈妈一边骂他，一边粗鲁地用手抓住他。他们继续散步，都没有注意到飞走的七星瓢虫。

联系的重要性

家长对子女的爱使互惠联系和互相影响的交际能力得以发展。孩子学会了解、理解、亲近自己和他人。生来就是社会化的个体，父母的爱帮助孩子完成自己的命运。

因此，孩子的情感世界在父母的爱中充满活力。孩子在充满爱的照料者的怀里学会感受和理解他所感觉到的事物。爱对于我们每个人而言都是本能的，是一种社会纽带。我们生来都知道如何去爱。然而爱也深受经历的影响。我们小时候被爱的方式将影响我们成年后以及抚养子女时爱的方式。爱是开始于出生之时并陪伴我们终生的旅途。这段旅程可能有时候会转错方向。比如，父母的早期经历、压力、疾病等等的人生大事，都会影响父母爱孩子的方式。

不管你是亲生父母，还是后来成为领养父母、养父母或是在福利院照顾孩子的工作人员。你自己的人际关系和体验将会影响你爱孩子的方式。不管曾经发生了什么，这段旅程现在继续。孩子或许会被曾经的交际体验深深困扰，但是在大脑中深埋的记忆是爱与被爱的能力。爱的美妙之处在于它是双向的，彼此互相影响。当你发现了爱孩子的新方式，你就会丰富你们之间形成的联系。当你的孩子形成了安全感并更信任你时,你们都会形成健康的心理和幸福的情感状态。

今天的旅程始于理解。理解你的过去、现在以及潜在的未来。知晓你的过去,用这种洞察力寻求当下健康强大的人际交往。当你自己被这种关系强化时,你将能够提供给孩子他需要治愈和形成的人际交往体验。

当联系失败时

过去的几个世纪有很多家长和子女联系失败的例子。令人毛骨悚然的是,有时候这竟然是以科学的名义。这让作者想到了哈利·哈罗(Harry Harlow),来自美国威斯康星曼迪逊大学的心理学家,他对爱的本质的科学研究感兴趣。哈佛大学心理学家和作家劳伦·司兰特[①](Lauren Slater)生动地描述了他的故事。

或许是因为童年时期,哈罗是由一个"冰冷"的母亲抚养长大,他对失去母爱对于恒河猴的影响非常感兴趣。约翰·鲍比与哈罗的故事有相似之处:他们都试图通过他们所选择的学科来探索自己的人际交往历史。不幸的是,哈罗的研究就不那么具有同情心了。他预料到食物对于生存的重要性,他给猴子提供了一个金属丝做的替代母亲。这个母亲是食物的供给者。另外,还有一个用布做的替代母亲,没有能力喂养。猴子们都更喜欢这些"布妈妈",只有在需要进食的时候才会找金属丝做成的母猴。哈罗论证了抚摸婴儿的至关重要性。在接下来更为恐怖的实验中,哈罗表明了发展性创伤对动物的影响。发展性创伤描述的是家庭中恐惧和恐怖的经验对于幼小哺乳动物的影响。猴子被爱和被养大的体验也全是恐怖和折磨。哈罗的贡献是加强了家长

---

① L.斯拉特(Slater, L.):《打开斯金纳的盒子:20世纪伟大的心理学实验》(*Opening Skinner's Box: Great Psychological Experiments of the Twentieth Century*),伦敦,布鲁姆斯伯里出版公司,2004年版。

对于婴儿的联系、对于婴儿健康成长的重要性的理解，以及不管多么残酷，婴儿的生存对于家长的无限需求。这个结论来之不易，一群毫无自卫能力的生物论证了对于发展中的哺乳动物而言，没有爱的养育，对情感的发展带来的伤害多么巨大。

对猴子适用的对于婴儿也适用。13世纪的伟大罗马帝国皇帝腓特烈二世，是一位杰出的语言学家，他试图找出童年时期的本能语言。他雇用了护士，命令他们抚养一群婴儿，但是不能和他们讲话或者对他们唱歌，不能抱他们。这些孩子只有物质上的照顾，但得不到精神上的滋养。他希望他能了解在儿童成长期间没有人对其讲话的影响，人类原本的语言是什么。这个实验失败了，所有的婴儿一个接一个地死去①。语言是一种依赖于成长在语言丰富的环境中才能形成的技能。这个实验也不可能取得成功。然而这确实论证了精神滋养对于生存的绝对重要性。没有爱，孩子不会健康成长。

过去几个世纪，很多事件都很多次恰巧证明了这一点。从很多的所谓的"狼孩"故事，对从孤儿院收养的儿童的纵向研究，到现代医学对于非有机性发育停滞的描述，我们认识到没有足够的精神滋养，儿童无法健康成长。一个两岁大的孩子被收养了，但是家长对她的需求严重忽视，这听起来让人心碎。她被喂养但是没人抱她或是安抚她。她看起来像严重营养不良的三四个月大的孩子，这清晰地论证了没有爱，即使营养足够的食物也无法让孩子健康成长。

路易斯和他的同事②发现患有抑郁症的母亲的婴儿突然死亡率

---

① 这件事由路易斯等（见注解6）和贝拉·法尔贝格描述，见V. 法尔贝格：《孩子的安置之旅》（*A Child's Journey Through Placement*）（英国版本），伦敦，BAAF，1994年版。

② T.路易斯（Lewis, T.）、F.阿米尼（Amini, F.）、R.兰农（Lannon, R.）：《爱的一般理论》（*A General Theory of Love*），第87页，纽约，NY：年代图书出版社，2000/2001年版。

会上升四倍。来自芝加哥西北大学的儿童精神病专家布鲁斯·佩里（Bruce Perry）教授对治疗早期创伤的儿童特别感兴趣。和记者迈亚·塞拉维茨（Maia Szalavitz）一起，他的实验表明在福利机构中抚养没有获得早期关注的儿童有三分之二两岁前①都会死去。这所有的案例都让我们看到了缺乏联系对儿童的健康、幸福和发展所造成的悲剧。

没有爱，孩子就不能联系，这也使他们失去安全和安全感。没有爱，孩子也失去了交互主体的体验。他们就会独自发展并变得孤独。佩里和塞拉维茨写到：

所有灾难中最让人受到创伤的部分包括给人类联系蒙上阴影。对于孩子尤其如此。被本该爱你的人所伤害、所抛弃，被剥夺了能让你感到安全，变得更为仁爱，又是你所珍视的一对一的关系，这些都是影响深远的极具破坏力的经历。因为人类都是无可逃避的社会个体，我们面临的最坏的大灾难就包括人际关系的缺失。结果就是从创伤和忽视中恢复，都是关于人际关系的，包括重建信任、重获信心、重新得到安全感、重新与爱联系②。

孩子没有安全感或联系也能够学会存活，但是会付出巨大的代价。孩子学会控制，而这种方式会让孩子害怕以别的状态存在。他们避免交互主体的经验。他们不想与别人发生联系，因为这只会证明他们已经知道的：他们不可爱而且你也永远不会爱他。

这类家长面临的挑战就是帮助这些孩子打开心扉，在人际交往

---

① B.D. 佩里（Perry B.D.）、M. 萨拉维兹（Szalavitz, M.）：《狗笼里长大的男孩》(The Boy Who Was Raised as a Dog)，《一名精神病学家笔记本中的其他故事：受过创伤的孩子可以教会我们关于失去，爱和治愈的什么信息》(And Other Stories from a Child Psychiatrist's Notebook: What Traumatized Children Can Teach Us About Loss, Love and Healing)，纽约，NY: 基础读物出版社，2006年版。

② 同上，第231–232页。

第一章
关键要素——爱

中感受爱和安全感,帮助他们重塑对自我和他人的认识。治愈来自于成为社交世界的一部分。只有归属感和爱能让孩子开始治愈。敞开胸怀接受别人的爱意味着也要回报以爱,这是一个交互主体的经历。拥抱这种经历意味着有足够的信任来放弃控制。这对于一个经历过信念和信任严重受伤的孩子而言并不容易。你对于这个孩子的责任就意味着即使他不能对你回报以爱,他无数次地拒绝你,你也要用你的双手,用你的内心感动他,尽管他的回应是残酷的、痛苦的、拒人于千里之外的、不可饶恕的。这就是治疗式家庭教育,它需要你充满信念,终有一天这个孩子会向你敞开心扉,接受你给他的所有的爱和看顾。

当你对这个孩子表示善意的时候,也要当心自己。在这段旅途中找到能支持和帮助你的人际关系。接受这一点,抚养一个拒绝交互主体经验的孩子,将不可避免地偶尔让你从这种体验中退缩。当你用PACE进行家庭教育时,你会更深切地意识到你自己和你的孩子的挣扎。当你理解并接受了这些挣扎,你就能够欣赏孩子的勇气和坚韧。通过玩耍、接受、好奇心和同理心,你也将发现自己的勇气和坚韧。最终PACE会帮助你们彼此开启安全感和交互主体性之门。就像玛格特·桑德兰所提醒我们的:"花费时间理解你孩子痛苦的感受,会加深你们之间的情感纽带。"[1]

每天为彼此专门抽出仅仅几分钟时间也会让一个情感脆弱的孩子体验到家长对他的喜爱。一开始这或许对他来讲很困惑、很怀疑,难以接受。这个孩子或许试图在这段时间捣乱表明他并不值得被爱。而你需要的是全力倔强地坚持下去。逐渐地,你就会瓦解孩子人人都不

---

[1] M.桑德兰(Sunderland, M.):《养育的科学:关于睡眠,哭泣,玩耍和为生活培养情感健康》(The Science of 37R.蒙施(Munsch, R.):《永远爱你》(Love You Forever),纽约,NY:萤火虫出版社,1986/2010年版。

喜欢他这个坚定的信念。他会变得困惑，在困惑中他会想到各种可能性：或许你喜欢我，或许我是可爱的。此时试探性的联系正在形成。这也会反过来强化孩子处理被教养时更困难的方面。以前，孩子会认为惩罚是你刻薄恨他的证据。现在他会怀疑惩罚的动机。反而，他或许会理解爱有两只手：爱是仁慈的、滋润的，但是爱也有需要遵守的边界和准则。爱的两面性会给孩子带来安全感和安慰。

结论

本章探索了我们称之为爱的多面的情感。生物性的情感纽带是孩子安全和发展的核心。家长的爱给予孩子的关系提供了奉献和喜悦。这种奉献给孩子带来了安全感和联系。

对早期没有经历过心灵创伤的孩子进行家庭教育或许也是充满挑战的。用PACE进行家庭教育将会让孩子耳目一新。用玩耍、接受、好奇心和同理心来教育孩子，你将会和孩子形成让你受益一生的联系。

故事

一位妈妈知道了如何照顾她的孩子

从前有一位妈妈，她是一位新妈妈，她从未有过孩子。她真的很想照顾好她的孩子，但是她遇到了一个难题。她不确定该如何照顾新生儿。婴儿哭了，她不确定他需要什么。当他感到满足时，她不知道该如何和他玩耍。

这位妈妈对此很是着急。她试图回想她的小时候。但是很难回想起特别小的时候，但是她知道她的母亲当时并没有把她照顾得很好。

第一章
关键要素——爱

妈妈决定去寻求帮助。如果她想成为一个好妈妈，她需要有个人教教她。她小心翼翼地把孩子用毯子包起来，放在婴儿车里。她收拾了一些她需要的东西，开始出发寻找帮助。

她遇到的第一个人是另一个妈妈。当然了，另一个妈妈能帮助她。她让这位妈妈看了看她的孩子，并问她："我该如何成为一个好妈妈呢？"这个妈妈告诉她婴儿所需要的：如何喂奶、如何换尿布、如何和他们玩。这个妈妈还给了她一些尿布，这样她的孩子就能保持干爽。

妈妈继续她的旅程，思考她被告知的。她的孩子醒了开始大哭。她小心地给孩子换了尿布。但是这个孩子还是哭。她试图喂这个孩子吃奶，但是他不肯。她又试着和这个孩子玩耍，但婴儿还是啼哭不止。妈妈也好想哭，她仍然不是一个好妈妈。

接着妈妈遇见了一个护士。她把婴儿的情况告诉了护士，为什么她做了所有的事情孩子还是大哭不止。护士抱起婴儿来回走动。婴儿停止了哭泣。护士教妈妈如何摇摆婴儿、如何轻拍他的背让他感到更舒适。接着她帮助妈妈喂奶，最后婴儿睡着了。妈妈谢过护士继续她的旅程。

当婴儿再次醒来，妈妈仔细地检查了他的尿布并喂他。她摇摆他并拍他的背。接着她把它放到婴儿车里，但他没有马上入睡。他开始变得烦躁。妈妈不知道该做什么。

妈妈遇到了一个樵夫，他是一位爷爷。他告诉妈妈当他的孙子跟他待在一起时，他们喜欢一起玩他用木头做的拨浪鼓。他送给妈妈一个他自己做的拨浪鼓。妈妈用拨浪鼓逗婴儿，婴儿就笑了。

妈妈继续走，她思考她所学到的所有该如何去照顾婴儿、如何喂奶、如何换尿布、如何拍他们的肩膀让他们感到更舒适、如何和他们玩耍。但是她仍然感到焦虑。她该如何知道她婴儿的需求呢？她什么时候应该喂奶或者换尿布呢？他什么时候需要摇摆，什么时候需要和他玩耍呢？妈妈已经学会了如何照料她的孩子：她脑子里理解，但她内心深处仍然有所挣扎。头脑中学会的是被教的，心里学会的是被爱。妈妈需要头脑和心灵都学会如何照顾她的孩子，那她就需要被教和被爱。

　　妈妈感到又冷又累。她已经离家很远了，她对回去的路感到害怕。妈妈不知道她已经走了那么远，现在她离她的仙女教母的家很近。她的仙女教母发现了她。教母没说一句话，把她放在她的怀里抱着她。她把她带到她的房间里，让她靠着温暖的壁炉坐下。妈妈在休息并重获温暖的时候，仙女教母在照顾这个婴儿。她又给妈妈做了一些热乎的黄油吐司。

　　妈妈一边吃着吐司，她感觉好多了。她开始询问教母该如何照顾婴儿。仙女教母示意她不要出声，她说："不要再问问题了，我来照顾你，你就会照顾你的孩子。"

　　在接下来的几周里，妈妈和她的仙女教母待在一起。她喜欢被照顾。她的仙女教母给她洗澡，为她做饭。有时候她们一起做游戏。当她感到伤心或忧虑时，她的仙女教母抱抱她，让她感觉更好。慢慢地，妈妈开始对照顾她的孩子感到更自信。她发现她知道了何时她的孩子需要喂奶、何时需要换尿布、何时摇晃他或何时和他玩耍。妈妈对此困惑不解。她的仙女教母并没有教她如何照顾孩子，但她发现她已经学会了。她问教母："我是如何知道这些的？"仙女教母告诉她："你的头脑知道该如何照顾你的孩子，但你也需要你的内心知道。你心里的答案有助于运用你头脑中的答案。"妈妈仍然很疑惑："我的心又学到了什么呢？"仙女教母笑着回答道："不要再问了，你只需要记住，我来照顾你，你就能照顾你的孩子。"

第一部分
玩耍

第二章
玩耍的世界

Creating

Loving

Attachments

创造爱的依恋

　　家长是如何能够用这种方式来协调孩子呢？这就是需要运用玩耍的地方。从孩子出生的那一刻起，她就在寻求与父母的关系。年幼的婴儿需要体验这种一心一意的协调的关系，在这种关系中她能够发现这个家长，用这种方式她能发现她自己。这种全神贯注起初可能像家长端详他年幼的婴儿一样那么认真，但是很快它就变得好玩。家长向孩子咿咿呀呀地说话，很高兴看到这会引起回应。很快家长和婴儿轮流进行发出声音的好玩的对话，伸舌头，在这个过程中婴儿开始成熟，微笑。

第二章
玩耍的世界

孩子需要一系列的玩耍经历来发展自己的最大潜能。在他们的童年时期,他们经历了和父母玩耍的乐趣,他们乐于和成年人玩耍,他们独自玩耍,当然他们也和其他孩子玩儿。一些孩子的玩耍富有想象力,他们自己设计、建造并居住在自己的世界中。其他的孩子偏爱一些更有组织性的游戏,比如说在操场上踢足球。成年以后,即使一个人玩耍的特征会减少,对于生活玩味的态度也有助于应付承担作为成人的责任的巨大压力。玩耍让我们用一种自由而自然的方式来表达自己。当我们进入玩耍的状态时,我们是在与我们喜欢的人做我们喜欢的事。玩耍的时候我们能成为我们真正想成为的人。

尽管玩耍在孩子发展过程中所起到的作用有所争议,很少人会怀疑玩耍在孩子生命中的重要性。玩耍影响孩子发展过程的方方面面。

通过玩耍,孩子形成了社交能力:他们学会分享、对别人的感受敏感、理解规则并学会合作。除了社会交往,孩子也发展了自我认同感。孩子了解了她与其他人的关系。

认知发展——思考、理解运用知识的能力——能够通过玩耍得到加强。孩子的能力得到增长,能更好地集中注意力、照顾他人;他们学会计划、解决问题和掌握语言。

玩耍也能够支持情感的发展。玩耍提供机会释放压力、表达忧虑、减少生气、恐惧和不满足感,加强对自身的控制、成功和喜悦感。

玩耍对我们每个人都是至关重要的,但是玩耍的权利被认为是作为儿童不可分割的一部分。《联合国儿童权利公约》声明每个儿童都有休息和玩耍的权利,都应有权拥有机会参加一系列的活动①。对于那些经历过早期心理创伤、忽视、分离或遭遗弃的儿童而言,这种权利大打折扣了。把玩耍重新带到这些儿童的生命中,是帮助他们恢复并实现其成为幸福健康的年轻人的重要部分。

本章将探索玩耍的世界,下一章我们将探讨家庭教育中的玩耍。

什么是玩耍

玩耍时的感受是我们人人都熟悉的。我们知道什么是玩耍,当我们看到它时我们就认识到它,当环境允许时,我们就以玩耍的方式回应。

定义玩耍非常困难。难道我们是在描述玩耍作为动作的行为吗?还是一种情感状态——觉得好玩儿的感受?我们需要通过玩耍来生存吗?抑或是一个发展过程,发展技能和能力的方式?当然了,玩耍包括所有这些甚至更多。玩耍时,我们会很紧张,很快乐,全神贯注或者一心一意。我们或许是独自玩耍,或许和别人积极互动。玩耍或许会让我们感到无比的快乐和幸福,或者让我们开怀大笑。玩耍或许会带来成就感和满足感,但是有时它也导致沮丧和缺憾感。

金姆还记得观看一场网球比赛,在法国网球公开半决赛中两位顶尖球员进行对决。他们都在"玩"比赛,尽管它看起来不像"玩"。第一场比赛的过程中,两位选手都表现出高度集中的注意力、决心、挫败感以及偶尔的满足感。他们在与对方竞争,尽管这看起来不是社会

---

① 《联合国孩童权利公约》,英国,第31条,可以在www2.ohchr.org/english/law/crc.htm看到,于2011年11月2日访问,1985年版。

第二章
玩耍的世界

性的场景。他们不认识彼此，但是都深深意识到了对方。

他们是在玩耍呢还是在努力地试图赢得每一分？比赛看起来像是努力工作，没有任何玩耍的迹象。然而，忽然其中一个选手进入了"状态"，国家男女运动员所描述的那种状态：所有的努力都减少，比赛进入一种自然放松和快乐的状态。突然，他就不再出错，他挥舞他的球拍，球就飞过去了，无懈可击。现在我们目睹了玩耍的状态，它显得愉快而有趣。这位运动员在展示他的技能和体育精神时看起来很舒适。他真的是在"玩"网球。当然这个状态不会一直持续；几场比赛过后，"状态"就抛弃了他。他又开始争取每一分。玩耍又一次发挥了它的作用。

因此，对网球比赛的观察揭示了什么呢？那种"玩耍"是很难定义的。它不是简单的一种行为，一种情感状态或者一个发展过程。或许玩耍是一种存在的状态；或许是处于愉悦、有趣和欢笑的一种最佳状态。玩耍的时候是放松的，但是有时也是高度聚焦和集中的。或许这个过程会有目标、目的和结果，但是这些与感受相比都是次要的。

杰罗姆·布鲁纳（Jerome Bruner）是一名在英格兰牛津大学工作的研究心理学家。在他为一本名为《玩耍的生物性》（*The Biology of Play*）一书做的介绍中，他写道"任何人可以严肃做的事情都可以玩着做"[①]。重要的不是我们做的是什么，而是我们怎么做。他接着强调玩耍是一种紧张和快乐相结合的感受，与平常生活不同的意识。在这场网球比赛中，为了神圣的这一刻，赢得比赛的努力以及与之相伴而来的事业成功、排名和薪水被转化成了纯粹的玩耍。

[①] J.布鲁纳（Bruner, J.）："介绍"，在B.蒂泽德（B. Tizard）和D.哈维（D. Harvey）编著的《玩耍生物学》（*Biology of Play*），萨福克大学，SIMP出版社。

这一段描述主要是围绕成年人，但是或许观察孩子会更好地定义玩耍。让我们看一看育儿室吧。这里的氛围活泼而喧闹。孩子会选择和谁玩，直到这一天的日程安排让他们停下来喝水或者坐在垫子上听一个故事。后者是大人主导的活动，玩耍的大部分是由孩子主导的。大人的任务是需要的时候提供给孩子们所需要的，给出建议、提供支持或者偶尔解决冲突。

　　两个孩子在玩恐龙模型，当他们并排玩的时候就看到了彼此。他们并不互动，但是他们的玩耍看起来很和谐。突然，他们的注意力被第三个正在忙着自己玩儿的小男孩分散了。他们同时转过身去看他。两个小男孩中年纪大的小男孩突然夺走了第三个小男孩手里拿的东西。他站起来，举着胳膊，就不动了。他接着跳起来，笑了笑，就走开了，他的同伴也跟着他走开了。没有说一句话，这三个男孩创造了他们玩耍的世界，他们模仿、观察、尝试，最终解决了潜在的冲突。

　　当这个迷你话剧发生的时候，另一群男孩儿女孩儿也在制作他们自己的话剧表演。他们扮演成医生和护士。一个小女孩儿被选作为病人。她躺在桌子上，耐心地等待着她的命运。舞台布置好了，演员们也准备好了，但是好像孩子们忘了他们的台词。他们站着看看对方，手里拿着道具。一个比其他人都自信的男孩，开始表演，他开始忙碌地检查这个儿童患者。其中一个女孩儿，被她同伴的大胆所鼓舞，也开始了自己的表演，当这个男孩转而检查表格的时候，她假装自己在管理药品。话剧进行得很和谐，三个人都沉浸在自己所创造的世界中。

第二章
玩耍的世界

这一幕的另一边,一个女孩在忙着接电话,注意力很集中地在听一个对话,并写下她在记的"信息"。另一个孩子拿起另一个电话,听了一会儿。他看着自己手里的听筒很迷茫。他转过身去,又听了一会儿。他抬起头来不自觉地笑了,因为他意识到电话另一头没人,这一切都是假装发生。

我们绕着育儿室走了一圈,孩子们玩耍的情景仍在继续。孩子们,不管是独自玩耍的,还是成群玩耍的,都参与到一系列的玩耍活动中来;一些人构造,一些人模仿,一些人想象。他们都意识到彼此的存在,偶尔还会合作玩耍。他们表现出不同程度的成熟和社会意识,但是所有人都参与到玩耍的世界。

玩耍被不同程度地描述为娱乐、全神贯注和创造力。它被认为是不严肃,不以目标为导向的。芭芭拉·蒂泽德是英国伦敦托马斯·科拉姆研究单位的研究员,她指出玩耍和工作学习是截然不同的[①]。然而它也可以是高度严肃并有清晰目标的。例如,设想一个孩子在完成一个拼图。孩子其实包括大人在玩耍的时候都是注意力高度集中并富有创造性。然而玩耍中的沮丧也会带来注意力不集中和缺乏创造力。你对玩耍思考得越多,它越难去定义。我们主动探索玩耍,它就从我们的指尖溜走了。或许理解玩耍潜在的生物学意义能帮助我们寻求对它的定义。

---

① B.蒂泽德,"玩耍:是孩子的学习方式吗?"(Play: The Child's Way of Learning?),在B.蒂泽德和D.哈维(编)的《玩耍生物学》,第14章。

玩耍的生物学动机

从生物学的角度理解玩耍，我们可以再次转向在第一章所提到的心理学家杰克·潘克塞普。他用科学的研究方法来理解玩耍，这或许有助于定义玩耍。这是一种"自下而上"的方式，在大脑中找寻玩耍的意义，探索生物学是如何支持玩耍的重要性的。这种探寻不仅让我们了解玩耍的生物学基础，也让我们了解从生物学的角度玩耍本身对我们的影响。就像国家玩耍研究学会美国精神病学家和创始人斯图尔特·布朗（Stuart Brown）简明地指出的那样，"我们建造自己是为了玩耍，并通过玩耍来建造自己"[①]。

潘克塞普[②]指出哺乳动物生来就具备一系列重要的生存能力。这些能力是本能的；这些动物不需要任何经验。然而他们带来的行为为学习、用更高级的认知脑区域提供机会。换句话说，我们行动是出于我们的本能而不是通过我们的经验。他指出四个原始的脑系统确保了生存。他把这些叫作：

- 寻求：寻求会带来探索这个世界的浓厚兴趣，保证我们找到我们需要、渴望和希望得到的东西。这个系统驱使孩子和这个世界交往，刺激孩子的发展。寻求是依靠好奇心来维持的。我们第六章探索"好奇心"的时候会再次讲到这个系统。
- 恐惧：为应对威胁，我们的恐惧系统会保证我们静止不动或逃走，允许逃跑到安全地带。

---

① S.布朗（Brown, S.）：《玩耍：它是如何塑造大脑，打开想象并使精神焕发的》（*Play: How It Shapes the Brain, Opens the Imagination, and Invigorates the Soul*），第5页，纽约，NY：埃弗里/企鹅出版集团。

② J.潘克塞浦：《情感神经科学：人类和动物情感的基础》。

第二章
玩耍的世界

- 愤怒：恐惧引起静止不动或逃跑，而愤怒挑起战斗。当我们感到沮丧或愤怒的时候，这个系统会帮助我们通过一系列的攻击行为做出行动。
- 恐慌：这个系统是由分离的恐惧所引起的，并会导致分离的伤痛感。它是我们社会依恋的基础。

除了这些原始的系统，我们也有很多更复杂的社会情感系统，在发展的过程中，它们在适合的时机出现。本章我们感兴趣的是玩耍系统。

- 玩耍：这是社会情感系统中出现最早的。玩耍帮助我们感觉良好，感受到快乐和欢笑。这在社会交往中保证社会联系是至关重要的。

因此，玩耍是一种冲动，不需要提前的学习。潘克塞普给出一个关于一个研究项目的例子，这个例子揭示出心理发展早期被拒绝社会性交往的老鼠在被给予机会玩耍的时候会精力充沛地玩耍。玩耍的本能是很强烈的。只有灵长类和人类在经历过严重忽视时，这种本能驱动才会减少。

玩耍是一种本能，但是对于人类来说，这种本能被学习大大地修正了。我们被延长的童年以及我们大脑发展的复杂性导致了被延伸的一系列的玩耍的行为。人类独特的高级大脑区域也包括玩的系统。这些区域是大脑中发展更为宽泛的认知区域，这些区域有学习的功能。它们在玩耍中被利用，延伸了学习的经验并增加了正在发展的儿童的成熟性。正如潘克塞普所指出的那样，玩耍的精力和它的活力、欢乐和自发性来自于大脑中古老本能的那部分，而我们玩耍和学习的多样性来自于我们更强大的脑功能。我们的整体要比我们的部分真正重要。

人类是高度社会化的动物，我们通过社会交往而繁荣。我们的社会交往系统和联系他人的本能从出生就发展得很好。婴儿从出生的那几个小时起就寻求社会交往,人类对于陪伴的需求是一生追求的动力。这种社会联系被我们本质的玩耍的一面加强。玩耍和社会交往在欢笑中走到一起。

社会玩耍最原始的类型和哺乳动物中最常见的类型是粗野的摔跤式玩耍,有时候被称之为打闹。见过小狗或其他小动物玩耍的任何人都会承认这种玩耍。几乎就像打架一样,这些动物抱成一团,向对方吼叫并互相撕咬对方。只有身体语言揭穿了玩耍的目的。潘克塞普推测,这种类型的玩耍对大脑和身体的发展有多重的益处。动物在学习身体技能,而被吸收到社会结构中,它就会在这个社会中成长起来。

在粗野的摔跤式玩耍中,动物或者是小孩子在学习关于他们自己和其他人。他们学到了关于侵略的极限,也知道了如何体面地接受失败。在这个过程中,他们也在学习可以和谁合作,需要避开谁的重要规则。就像潘克塞普说的:"…大脑的"玩耍网络或许会把个体纳入他们生命的不同阶段的社会架构中来[1]。假使这听起来都非常严肃,他也指出伴随玩耍的大的方面——欢笑:"玩耍是如此的有趣——或许是欢乐最主要的一种大脑根源了,这难道不是某种奇迹吗?"

玩耍和文化

玩耍有其生物性的基础,但是它也是一种可以习得的行为。人类儿童很自然地展现出一系列玩耍的行为,远远超越了与生俱来的粗野

---

[1] 同上,第280页。

的摔跤式玩耍。学习、文化和生物性都影响了我们玩耍的方式。

目前所提到的玩耍的例子反映了金姆的和丹自己的文化和经历。不管是在网球场上还是在育儿室，玩耍都被从西方的文化角度进行讨论。然而如果不考虑所给的文化背景，玩耍不能充分被理解。在以色列海法大学工作的研究员蒂娜·斐特尔森（Dina Feitelson）对这些文化背景进行了研究。她指出在身体条件和孩子周围的成人态度都合适的时候，孩子就会想玩耍①。她举了库尔德犹太人的例子，他们的文化积极鼓励孩子被看见而不是被听见。一般情况下，他们两三岁的孩子都很安静很被动。移民到以色列以后，这些孩子开始上幼儿园，幼儿园是以色列文化的中心。他们变得喧闹活跃，满腔热情地参与到他们周围的玩耍中去。在犹太人库尔德妈妈看来这个奇怪的新国家让他们的孩子变得疯狂。

因此，要理解玩耍，我们不得不理解玩耍发生的文化环境。社会关系、性别期望和文化传统，塑造的不仅仅是社会行为也是孩子和家长参与的玩耍。

甚至最无意识的玩耍也有其文化影响的因素。我们给孩子周围世界的假装物体供其玩耍。因此，一个厨房模型或者一艘船的内部会鼓励孩子在他们经验的文化参数内玩耍。即使没有这种玩具的约束，孩子在玩耍中也会反映出自己的文化。金姆记得几年前的一则新闻报道。一群学生在假装给自己注射毒品，很明显地他们在模仿他们的家庭生活和他们居住生活的亚文化。她记得那则报道说学校试图禁止这种玩耍，但是学校却未能理解孩子的玩耍总是基于他们观察和经历过的。

---

① D.菲特尔森（Feitelson, D.）："代表性玩耍的跨文化研究"（Cross-Cultural Studies of Representational Play），在B.蒂泽德和D.哈维（编）的《玩耍生物学》中，第6-14页。

美国的研究员南希·库里（Nancy Curry）和萨拉·阿尔诺（Sarah Arnaud）在20世纪80年代观察了一系列的文化背景下孩子的玩耍[1]。在这些文化中玩耍是普遍的，但是玩耍的类型有所不同。这反映了他们居住的环境和大人所扮演的角色。如果他们住在农村，这会反映到他们玩耍的世界中，这和居住在一个采矿社区或城市的孩子的玩耍世界是非常不同的。同样地，他们根据自己的感受，扮演者不同的成人角色。最相关的游戏是玩的玩具和其文化尤其有关。

在玩耍中，尤其是富有想象力的玩耍，孩子在其文化背景下开始变得社会化。他们在性别和角色上发展了自我。研究表明在西方文化的影响下，女孩的玩耍更多与家庭主题相关，而男孩的通常的是关于幻想的主题（例如，超人或者太空探索）。当女孩和男孩玩耍的主题在这些定性的角色以外时，其他人就会感到不舒服。例如，那些爱玩"女娃娃"的男孩子日子就不好过。而那些玩起来像男孩子的女孩就会被称为"假小子"，她们的玩耍方式需要变成一种更容易被别人接受的方式！我们将我们孩子的玩耍世界塑造成为我们所期望他们成为的世界。

自由玩耍的舞台之外，我们为我们的孩子强加了深一层的文化因素，因此我们鼓励孩子参加特定的活动。例如在西方，我们让孩子报名参加舞蹈班或柔道班。孩子参加当地的足球俱乐部、男子或女子童子军。这些活动为孩子提供了从文化上所鼓励的玩耍经历。我们似乎偏离了玩耍的生物性根源，又似乎不是。潘克塞普[2]指出这些活动如果

---

[1] 引自D.福克纳（Faulkner, D.）："玩耍，自我和社交世界"（Play, Self and the Social World），在P.巴恩斯（P. Barnes）（编）的《孩子的个人，社会和情感发展》*Personal, Social and Emotional Development of Children*），第6章，牛津大学，布莱克韦尔出版社/米尔顿.凯恩斯，开放大学，1995年版。

[2] J.潘克塞浦：《情感神经科学：人类和动物情感的基础》。

第二章
玩耍的世界

没有玩耍的古老电路或许就是"情感空洞的"。潘克塞普论断玩耍的轻松、愉悦和流畅性来源于大脑的生物中心。只有在玩耍的系统下，我们才能产生基于学习运作的情感行为的多样性。玩耍是生物性的、情感性的和文化性的。

玩耍和儿童的发展

除了前面讨论的生物性和文化性影响，玩耍也有发展的需求。玩耍促进探索和学习。

简单地说，玩耍是探究性的、调查性的，是发现知识和对知识的延伸，是对好奇心的反应。婴幼儿重复、练习并最终掌握她通过模仿他人所发掘的行为。设想教一个婴儿摇手再见或者拍手。布朗称这种玩耍是活动的开始[①]。例如，婴儿通过把物体捡起来，放到她的嘴里来玩耍。

大一点儿的孩子表现出的玩耍方式更具功能性，她会操作这个物体。这种玩耍会增进理解，提高解决问题的能力。探索性和建设性的玩耍在帮助孩子理解这个物质的世界中扮演着重要的角色。

模仿性和符号性的玩耍让孩子超越物质的世界去探索他们所栖居的社会的世界。正是在这种类型的玩耍中文化的影响最容易被看见。孩子模仿她所观察到的世界，逐渐将此扩展到更为复杂的充满想象力的玩耍。

孩子是社会性个体。玩耍给他们提供一扇通向社会和世界的窗户。当他们独自玩耍，接着和别人一起玩耍时，他们探索到一切社

---

① S.布朗：《玩耍：它是如何塑造大脑，打开想象并使精神焕发的》（*Play: How It Shapes the Brain, Opens the Imagination, and Invigorates the Soul*），纽约，NY：埃弗里/企鹅出版集团。

会性的东西，借此他们自己发展社会竞争力。当一个小孩子开始和别人一起玩但是还没有与她的同伴交流时，通过共同玩耍的冲突和复杂性，她们学会分享、解决难题、为他人着想，接着她们成为能够合作并体贴地玩耍的真正的朋友。孩子们了解了他们自己和他人的内心。他们形成了同情心和理解，而这是信任和社会成功的根源。

想象力是人类的根源。在富有想象力的玩耍中，我们从原本中脱离，从时间和空间中被释放。怪不得布朗认为富有想象力的玩耍充实精神世界。他也指出富有想象力的玩耍和编故事之间的联系。在我们培养孩子的想象力时，我们提升了他们创造故事的能力。故事从很多方面丰富了我们的生活。他们把我们从现实的束缚中解放出来。即使作为成年人，我们也喜欢用一本好书或一部好电影来逃避现实。对于孩子来说，编故事就像呼吸一样简单。孩子绕着操场跑，很显然是没有目的的，这实际上是一个复杂情节的一部分，用太空飞船将文明从一个劫数难逃的星球搬到一个新家。这个小女孩俯身把她的小狗装到口袋里，展示了下一届的克鲁夫兹狗展的冠军。她的表姐在另外一个屋子安静地表演了《天鹅湖》(*Swan Lake*)，赢得了雷鸣般的掌声。这些孩子拥有创造故事的能力，这是我们想要弄明白我们的生活的重要技能。

作为人类，我们不只是过生活；我们也要弄明白生活。我们形成了连续的故事帮助我们通过经历来完成。在我们生活的旅途中，我们收集需要整合的经历片段。用约翰·布朗的话说："故事是将不相干的信息片段整合成统一的语境的一种方式。"[1]那些能连贯地搞懂他们生

---

[1] 同上，第92页。

活的人能自由前行，不为过去的经历所阻碍。那些不能弄明白的人注定会无休止地重复已经发生的事情。

我们不断地在我们的头脑中编造富有创造力的故事情节来保留在某一背景下的过去、现在和未来。因为小孩子每个小时都在踏上新的人生征程，他们运用他们充满想象力的冲动为情感和认知的交响乐形成一个背景，这曲交响乐就是他们发展中的自我[1]。

因此玩耍和儿童发展是整个童年最稳定的同伴。所有形式的玩耍是发展中的孩子发挥其潜力的不可分割的一部分。

家庭教育中的玩耍

和婴儿或小孩子玩耍是家庭教育的根本任务。孩子和早期看护者玩耍所感受到的玩耍品质对他们其后的发展至关重要。从出生起，婴儿需要和他们的父母互动。除了喂养和照顾，这种互动的大部分都在玩耍。正如潘克塞普说的："对于大部分哺乳动物来说，玩耍首先出现在那种具有温暖、支持性的安全的基础的家庭环境中，这种家庭环境下父母的参与是充裕的[2]。"是家长首先提供的足够的刺激，社会互动和对焦虑的控制，让孩子去玩耍，并使其最终得到发展。

教养一个小孩子的重要的一部分是促成依恋的安全感。作为孩子和父母之间的纽带，孩子感受到父母提供的安全感和理解。安全感提供安全的基础，孩子会从此发现她是谁，她感受到的以及她如

---

[1] 同上，第87页。
[2] J.潘克塞浦：《情感神经科学：人类和动物情感的基础》第281页。

何理解她自己和她周围的世界。两个初级的行为系统——依恋系统和探索系统——提供内在动力，促进孩子对父母的依恋，以及用这种依恋作为安全基础来更广泛地探索自己、他人和这个物质世界的能力。

　　玩耍深入地包含在依恋和探索中，尽管它与两者截然不同。没有玩耍，依恋不会发生，但是玩耍有利于形成协调的、响应的和有条件的互动，这种互动会巩固孩子和一个敏感的家长所形成的安全感。同样地，探索和玩耍是不同的，但是玩耍会拓宽强化探索。

　　依恋行为是形成孩子不断提高的安全感的与生俱来的行为。了解家长的可用性和反应度会给孩子自信，相信她是身体上和心理上都是安全的。敏感的家长会协调他的孩子，能够注意到孩子所传递的每个时刻的信号，带来有条件的反应，为孩子形成可用性的感觉。

　　家长是如何能够用这种方式来协调孩子呢？这就是需要运用玩耍的地方。从孩子出生的那一刻起，她就在寻求与父母的关系。年幼的婴儿需要体验这种一心一意的协调关系，在这种关系中她能够发现这个家长，用这种方式她能发现她自己。这种全神贯注起初可能像家长端详他年幼的婴儿一样那么认真，但是很快它就变得好玩。家长向孩子咿咿呀呀地说话，很高兴看到这会引起回应。很快家长和婴儿轮流进行发出声音的好玩的对话，伸舌头，在这个过程中婴儿开始成熟，微笑。这些早期的对话的原型变得更加复杂，婴儿的"节目表演"也在拓展。躲猫猫和吹泡泡成为好玩的互动的一部分。通过玩耍和照顾家长和孩子发现彼此，家长也开始知道他孩子的独特性。他开始意识到她的心情和需要；他学会读她给出的信号，并以能继续建立安全感

第二章
玩耍的世界

的方式予以回应。这是最好的情感协调,约翰·布朗[①]指出一种"欢乐的结合"是玩耍最基本的状态,为孩子一生中将要发展的更为复杂的玩耍状态提供了基础。

孩子在这种关系中形成了效能感,她发现她能使这些事情发生;她能引起她所能明白的反应。当家长和孩子情感上变得协调时,婴儿感受到她情感上的约束和她心灵上的联系。她在得到她所需要的经验,成为一个自我约束、自我思考的孩子。这种早期玩耍的感受为延续安全感和关爱,以及欢笑和乐趣提供了平台。玩耍建立了对亲子关系至关重要的调和,这种关系将最终为更广泛地探索这个世界提供安全的基础。

设想一位父亲带他的孩子到一个新的育儿室。对新的环境的不熟悉会开始启动并激活依恋系统。这个孩子靠近父亲,对周围新的环境以及父亲保护她的能力变得警觉。敏感的能协调孩子的父母这时候会让孩子适应她的新环境。这个孩子开始放松下来,在放松中,她对她所进入的明亮而令人兴奋的世界更感兴趣。依恋系统减少了紧张感,探索系统变得活跃。现在孩子四处观望,更自信地离开爸爸探索这个新奇的世界。但是仔细观察:这种探索并不好玩。这个孩子或许会四处逛逛,但并不会在一个地方逗留很久。她或许会捡起一个玩具然后看看它。她或许会停下来,看其他的孩子玩。她或许甚至会嘲笑另一个孩子的滑稽动作。她会注意一小会儿她看到的事物,接着她继续视察这个育儿室的一切。如果她

[①] S.布朗:《玩耍:它是如何塑造大脑,打开想象并使精神焕发的》。

走得过远了,她会用眼睛寻找父亲,确保他仍然支持她。走得再远点儿,她会感觉她需要回过头找他接触安全的基地,然后再向外延伸继续她的探索。依恋和探索一起优美地起到作用。

只有进一步的熟悉和进一步的对探索的满足,这个孩子才会觉得她周围的环境好玩儿。当她的自信心增加,探索就会更令人放松;现在她会徘徊,并开始玩耍。她或许会在沙盘旁花些时间,发现沙子穿过手指的感受,探索玩耍玩具和沙子的方式:建造、掩埋和倾倒。这还没有达到完全放松的状态,这种状态或许需要多次的参观,但是我们的孩子现在在玩耍。在玩耍中,她的探索得到丰富;探索和玩耍的动力现在联合起来提供一种更丰富、更充满活力的感受。父亲开始所提供的依恋的安全扩展为被玩耍所丰富的更宽广的探索,而这种玩耍正是由依恋安全感所带来的。

创伤和忽视对玩耍的影响

在早期与父母的关系中遭到创伤和忽视的儿童,会错过婴儿期盼需要从看护人得到应有的早期的玩耍体验。不幸的早期经历会严重影响孩子玩耍的方式以及影响到孩子随后人际交往的发展和能力。

只有心理需求被满足时玩耍才会发生。如果一个动物感到害怕、饥饿,至少暂时性地,玩耍会被抑制。对于安全、温暖、食物和陪伴的基本需求必须首先被满足。实际上,任何产生负面情感反应的时间或情形都会减少玩耍行为的产生。玩耍被感受到的负面情感抑制:"当我们处于危险中时，玩耍就会消失①。"约翰·布朗接着指出正是缺乏玩耍，进一步地影响我们，让我们的心情变得阴暗，积极的情感减少，愉悦的感受减弱。

英格兰剑桥大学的动物研究员莉莉安·怀特（Lilyan White）对动物的玩耍尤其感兴趣。她说明了在引发玩耍时新奇的重要性②。新奇会让我们探索并最终玩耍。然而太多的新奇有相反的作用。新奇也会引发恐惧的反应，抑制玩耍。在我们真正地参与玩耍之前，我们需要特定量的安全感和舒适感。当孩子寻找统一性和预测性时，这个孩子回避新奇性。创伤会给孩子带来毁灭性的影响，影响到功能运作的方方面面。这在孩子参与的玩耍的行为中清晰可见。不管是游戏被停止还是被局限在重复性地体验这件事或很多事，玩耍都会是创伤的早期受害者。

生命中经历创伤的孩子会对他们周围的环境高度警觉。这减少了玩耍的精力，为玩耍的体验留下了很少的集中和注意力。家长就需要在一个可预测，一致的环境中提供安全和安全感，之后孩子才会足够放松以一种更自然、无拘束的方式玩耍。另外，孩子可能会有强烈的可怕的和不可预测的负面情绪。引起孩子回忆的事物会很快引发恐惧，这时孩子可能会有可怕的回忆，这些都可以用玩耍进行干扰。孩子可能会表现出不合适的玩耍行为，这可能使他人感到不安，包括家长。例如，具有性暗示的行为可能会使家长放弃这个孩子，减少他们所提供的合适玩耍的次数。

受到创伤的经历和受到忽视的经历都会减少玩耍的行为能力。灵

---

① 同上，第42页。

② L.怀特（White, L.），"在动物中玩耍"（Play in Animals），在B.蒂泽德和D.哈维（编）的《玩耍生物学》中，第15–32页。

长类动物的研究表明社会剥夺的影响。因此,潘克塞普①探索了研究员查姆乌(Chamove)的研究成果,查姆乌对被剥夺陪伴的年幼猴子和黑猩猩进行了若干天的研究。这些动物很快变得沮丧,当再次被聚在一起时,刚开始很少玩耍②。

早期经历过忽视的儿童就像前面提到的大猩猩,表现出很少的玩耍行为。

> 观察一个寄养家庭的三个孩子。年纪最大的是一个7岁的女孩;她3岁和4岁的弟弟在陪伴她。他们紧挨着他们的养母站着,看着摆放在他们面前的玩具。受到一些鼓励,他们开始一些探索。小女孩儿独自玩耍,很严肃地在堆乐高积木,掩盖了玩耍的状态。她的弟弟们更明显地试图在吸引他们养父的注意力。他们轮流坐在养母的膝盖上,都在等着能够占据最受重视的位置的时刻。小一点儿的孩子做到了这一点,大点儿的孩子就捡起了一个茶杯。他急迫地拿着"茶杯"会去找养母。他如此匆忙都没有注意到他已经站在托盘上,弄翻了其他的杯子。最终,他们都成功地坐到了养母的膝盖上,养母给他们读了一个故事。在观察的整个过程中,这两个孩子明显地缺乏玩耍。孩子尽管很有毅力但是很安静。然而这种毅力旨在赢得养母的注意力而不是玩东西。小男孩儿们赢得了养母的注意,而小女孩儿假装没有养母她也能应付得来。没有一个

---

① J.潘克塞浦:《情感神经科学:人类和动物情感的基础》。
② S.布朗:《玩耍:它是如何塑造大脑,打开想象并使精神焕发的》。

第二章
玩耍的世界

孩子能够真正地放松进入到充满想象力的世界或者全神贯注地玩耍。

如果孩子年幼时经历过失去至亲的痛苦，不管是因为疾病、死亡或虐待，都会更难玩耍或用玩耍发展理解和自信心。

对于一些孩子来说，例如上面例子中的男孩儿，他们对于身体接触和养育的情感需要将会超过对玩耍的需要。他们所有的努力都旨在与家长保持亲近，确保家长在他们身边。这是高度严肃的占有，会影响孩子玩耍的数量和质量。尽管在玩耍，他们的眼睛和耳朵已经做好准备高度警惕只要他们感到他们接近父母的机会被减少，他们就马上放弃玩耍。当他们和家长一起玩耍时，他们的注意力只在家长，他们全身心投入玩耍的程度就会降低。

对其他的孩子来讲，比如上面的那个女孩儿，当他们不联系父母时，他们会感到更安全。这些孩子已经学会照顾自己，不再表现出需要家长。相比试图引起父母的关心，和父母玩耍时他们或许会感到更安全。玩耍也在某种程度上反映出他们自我依赖的需求。他们很快在玩耍中变得独立，更喜欢独自玩耍。因此，他们会遗失可能有利于发展玩耍技能的互动，以及对他们发展的积极影响。

不过其他孩子的早期经历中受到的创伤如此之重以至于他们不惜一切代价不得不生活在控制中。控制的需求盖过了所有其他的欲望。玩耍输给了大量的控制的行为，这些控制行为使孩子有脆弱的安全感。

早期生活经历过创伤和忽视的儿童会需要安全的家和家长所带来的稳定和可预测性，之后他们才能有足够的信任来发现玩耍的丰富世界。

帮助缺乏早期玩耍经验的孩子

在很小年纪经历不恰当家庭教育的儿童会遗失和家长之间重要的好玩的互动。这些互动从出生就开始了。在照顾婴儿的活动中比如喂奶、洗澡、换尿布以及在儿童醒着警觉的时候父母与婴儿自由地玩耍时,这些互动都非常明显。躲猫猫、伸舌头、挠痒痒这些游戏不仅给孩子还给家长也带来了乐趣。他们把孩子纳入这段关系中,为之后的社会和情感发展奠定了基础。

当这些早期互动遗失时,玩耍的经验就受到限制了。这对之后的经验也会有影响。比如,这个孩子会发现很难和其他孩子相处。她可能表现出的心理年龄要比一起玩耍的孩子的心理年龄小,她会发现很难交到朋友,很难参与到合作性的玩耍中。这反过来也会影响其他重要的发展阶段。她可能挣扎着发展社会观点采择能力,理解他人观点的能力。心理学家描述这类孩子在获得"心智理论",一种理解到他人的想法、感受、信仰和欲望的能力,他们的这些或许和你自己的不同。对于早期人际关系经验贫乏的儿童来说,这种理解会被延迟或者会有所不同,这会导致他们在与社会互动时面临更多的困难。

在孩子发展的过程中,对于那些由于早期经历过与亲人分离或失去亲人,受到创伤、虐待和忽视而遭遇不幸的儿童,意识到孩子玩耍的需要对于家长来讲很重要。更为重要的是考虑到这个孩子所拥有的玩耍技能,孩子所缺失的玩耍技能。

这个孩子可能会陷入到一个更早的发展阶段,需要经历一个比她小很多的孩子所经历的,她才能继续前行。例如,收养孩子的父母经常描述他们的孩子需要的是婴儿时期的玩耍。例如,有时候这会以一个动物的形式——一只小狗或一只小猫。吉姆听说一个孩子想要重复地孵出一只恐龙蛋。其他时候,这个孩子可能需要宝宝时期的玩耍,甚至想经历婴儿时期的需求被满足——比如用宝宝的奶瓶喂她奶。如果父母抵制这些玩耍经历，孩子可能变得无法摆脱这种需求，继续重复地坚持玩耍这些经历。

玩耍的技能可能被延迟。孩子通过玩耍的发展阶段取得进步，但是要比他们的同龄人更慢。期望他们按他们的年纪行动或者和其他的孩子相处融洽会变得非常困难。他们或许为了玩耍需要更多的结构或者监管。他们或许更喜欢年龄更小的活动或者和更小的孩子玩耍。他们需要更多地和成年人玩耍，或者在他们的玩耍中需要成年人的更多支持。适应这个孩子心理年龄的玩耍极为重要，但是可能会被错过，尤其是当这个孩子有更强的认知能力时。

由于孩子的早期经历不同，他们在玩耍中会出现代沟。例如，他们可能已经学会玩基于规则的游戏，是玩大富翁的高手，但是如果给他们玩一个娃娃的房子或农场，他们都会感到迷茫。同样地，他们可能还没有形成和其他孩子一样水平的集中或注意力，在改变行动之前需要更短的玩耍情节。

这些儿童或许会发现很难和其他孩子一起玩耍。他们可能缺乏允许他们合作和解决矛盾的社交技能或者成熟水平。他们或许艰难地发展更为亲密更为互惠的人际关系，仍然被孤立或者很快从一个朋友到另一个朋友。这些孩子将需要更多的支持和监督，帮助他们更为成功地与他们的同龄人互动。

用玩耍来探索经验

前一部分给出了孩子一块儿玩耍，扮演吸毒的场景的例子。这个例子揭示了玩耍的主题如何表达这些孩子正在遭受的文化经验的某些方面。这也可能是这种玩耍的另一维度——是对他们观察到的事物的一种表达：这些孩子或许也在试图弄明白他们的感受。当这种感受是悲痛的甚至是创伤性的时候，玩耍会是应对这种感受的重要方式，降低对他们心理上的一些影响。当我们观察玩耍中的孩子时，我们也能观察到他心理世界中正在经历的一些紧张感。研究者和理论家已经推测出这种类型的玩耍，可能会帮助孩子体验到控制他们的恐惧和焦虑的感受，甚至发展、处理这些的方式①。

反映孩子焦虑和担忧的玩耍为成年人提供了支持和重要的机会。通过对玩耍的观察，我们摄入洞察了孩子的内心世界。这种洞察力能帮助我们给孩子提供适应他的支持，进一步帮助他们应对艰难的体验。这是一些疗法的基础，被称作玩耍疗法。在玩耍的世界中，治疗师能帮助孩子理解和管理恐惧和忧虑，解决艰难的经历，找到体验控制和应对的方式。

玩耍可能是治愈性的，不论在家还是在治疗机构。家长会观察他孩子的玩耍，对他的体验和他要弄明白这个世界的方式有全新的理解。和孩子玩耍为发展信任的关系提供了一个机会。当孩子探索他自己的世界和他所遭遇的经历时，这段关系对于孩子来说会是重要的支持。用这种方式，玩耍会被象征性地用来表达愿望和恐惧、幻想、冲突和世界的不同观念。孩子能探索过去和现在的经历，对一些感情有所意识并能控制一些感情。在这个过程中，孩子将会形成提升的自尊感和自信感，以及一种不同的更积极的自我认同感。

一个治疗师有专业的技能，能为孩子提供安全的场所，孩子在其

---

① D.福克纳（Faulkner, D.）："玩耍，自我和社交世界"（Play, Self and the Social World），在P.巴恩斯（P. Barnes）（编）的《孩子的个人，社会和情感发展》（Personal, Social and Emotional Development of Children），第6章，牛津大学，布莱克韦尔出版社/ 米尔顿.凯恩斯，开放大学，1995年版。

中探索她的世界，形成的医患关系也允许孩子表达她的感受。然而，孩子通常不需要这么专业。这种类型的治疗也会给孩子提供一种不舒服、无意的信息：家长不能够管理孩子在玩耍中表达的糟糕情绪。父母也能给孩子提供同样的经历，在父母敏感的支持下，也可以获得专业治疗所追求的结果。在这个过程中，父母和孩子的关系得到加强。家长形成更多的理解，这也形成更加自信的接受和同情心。孩子会更信任父母，强化了安全和安全感。当家长和孩子玩耍时，孩子有更多学习、发展和治愈的机会，并以一种她能应对的步伐进行学习、发展和治愈。

结论性案例

当吉姆第一次见到乔茜时，她是一个18个月大的孩子，她沉默寡言的，非常被动。她很少玩，好像对她周围的世界丝毫不感兴趣。由于在她父亲的手下，她身体上曾经受过创伤，她被移送到了寄养家庭。逐渐地，在接下来的几个月里，养父母帮助乔茜体验到一个安全的环境。他们提供玩具和活动，鼓励乔茜玩耍。乔茜确实学会玩耍了。

她探索这些玩具，她在蹦床上跳跃，有时候她甚至会笑。然而在所有的玩耍中，她仍然是孤独的，不和照顾她的人互动。然而一天她发现了玩耍所有的丰富性。她在探索她养父的脸时，她忽然变得活跃起来，大笑不止。她深情地望着他的眼睛，咯咯直笑，一种自发的、无拘束的笑从她的内心深处发出。乔茜最后终于发现她从出生就需要的：一位敏感的，善解人意的可以在她的玩耍世界陪伴她的家长。当彼此全神贯注于对方时，整个世界都因此而黯淡。乔茜对于玩耍的生理需求被充分满足了，并被这段关系增强，她在这段关系中感到安全并被珍视。

这种玩的感受将会产生积极的后果：它会为乔茜的发展提供一种文化基础，它也会为她正经历的家庭教育增加一个维度。最后，乔茜能够知道这个世界并不是一个令人恐怖的地方。相反她发现了一个她可以做自己想做的事情的世界，一个可以得到照顾她的人回应的世界。对于乔茜来说，治愈最终开始了。在充满关爱的亲子关系中，玩耍是让她走出过去创伤的钥匙。

第三章
好玩的家庭教育

Creating

Loving

Attachments

创造爱的依恋

父母和婴儿之间若没有基于有趣、欢笑和玩耍的美好的体验,这个孩子就失去机会发现自己或他人积极的一面。这些孩子在他们的依恋关系中会感觉不到安全,将不能够进入或者强烈抵抗交互主体的感受。这个孩子不知道如何从父母其中一方获得安全感,他也不会理解或者珍惜一段互惠的人际关系。

第三章
好玩的家庭教育

当我们在这本书中探索PACE的时候，你会看到PACE的每一部分相互分离又相互交错。偶尔你会明确地思考玩耍，专注于好奇心，表现出认可或者提供同情。有些时候，尤其当你更多地实践PACE时，PACE会变成一个整体，一种包含所有要素的家庭教育的态度。

每个部分都有特殊的贡献，但是只有一起PACE才能最大地发挥其功效。好奇心就像理智，用来思考；同情就像心灵，着重于感受。认可是让理智和心灵共同工作的钥匙。玩耍在这三方面的周围。用这个比喻，你或许会认为它就像我们呼吸的空气。"P"——玩耍的方式——让"ACE"充满活力。正是玩耍给我们带来了最强烈的欢乐和愉悦感，是我们与孩子的有趣联系。当我们把所有这些放在一起时，我们帮助孩子在他的依恋关系中有更强大的安全感，能够融入并享受交互主体的人际关系。

玩耍为孩子提供了联系。写完这一章后，吉姆偶遇到一本书，这本书的话题是关于家庭教育中的玩耍。巧合的是，我们为这一章节选择的标题与美国心理学家劳伦斯·科恩（Lawrence Cohen）为他的书所起的标题相同。他写道："好玩的家庭教育是进入孩子世界的一种方式，对孩子来讲，好玩的家庭教育是为了培养与孩子的亲密，孩子的自信心以及与孩子的联系[①]。"

[①] L.J. 科恩（Cohen, L.J.）：《好玩儿的家庭教育》（*Playful Parenting*），第2页，纽约，NY: 百龄坛出版社，2001年版。

这一章中，我们探索了好玩如何成为家庭教育的中心部分。这增加了父母和孩子间的连通性，会增进理解，深化关系。反过来，这会帮助父母感受到与孩子在一起的喜悦，引导孩子形成更为愉悦欢乐的人际关系。好玩的家庭教育会增进孩子的情感发展。

PACE指导下的家庭教育中的玩耍

对于有过不幸经历的孩子来说，玩耍是家庭教育中重要的一部分。这些孩子可能会被留下强烈的悲观情绪，害怕家庭生活永远都不会得到改善。当家长表现出一种好玩的态度，她也传递了一种乐观情绪，事情会有所改观，她在以一种积极的态度感受孩子。家长注意到孩子内在的力量，她可以用玩耍、幽默、有趣来回应。或许这种关系将不再像以前的经历，或许孩子的某些部分是以不同的方式来形成这段人际关系的。

凯瑟琳吃饭时心情很不好。结果她向妈妈大喊大叫，生气地回到她的房间，饭没有吃完。一会儿，她妈妈拿了一些衣服放在她的抽屉里。当她把这些衣服放好后，她开始和凯瑟琳随意地交谈：

妈妈：今天很不开心，对吗？

凯瑟琳：你在乎吗？（说着她躺到她的床上，把脸深埋在枕头里。）

妈妈：真的就是我不在乎吗？那不是因为我不让你弹食物吗？

凯瑟琳：你总是挑我的毛病。贾斯汀从来都没有错！

（妈妈坐下，把她的手放在凯瑟琳的背上）

妈妈：好像有时候我会挑你的毛病，是吧？我一定是一个招人烦的妈妈。你认为我有多烦人呢？这么烦人？（用手比划出一英尺的距离）

凯瑟琳：（迅速看了看）不，比这多得多！

（凯瑟琳翻过身来，拿着她妈妈的手）

凯瑟琳：不，至少这么烦人。现在我想一个人待会儿。（语气并不肯定）

妈妈：我不想出去。你对我来说太珍贵了！

凯瑟琳：但是不像贾斯汀那么珍贵！（又转过身去）

妈妈：（假装很别扭）不要再转过去脸啦，小姐。（更严肃地并且带有同情心地）凯瑟琳，你太擅长告诉我你的感受了。我猜我有时候会忘记需要提醒自己，当我纠正你一些事情时，它会给你带来各种各样的烦恼。认为我可能爱贾斯汀比你更多的想法太可怕了，不是吗？（又开始变得好玩）我想我们需要再玩一遍"猜猜我多爱你"的游戏了。

（这是一个她们一起玩了很多次的游戏。凯瑟琳猜她妈妈多爱她，妈妈总是用更多的爱来回复）

凯瑟琳：（用耐心的口吻）你爱我直到月球。

妈妈：我对你的爱是直到月球再返回来的距离。

凯瑟琳：你爱我直到海底。

妈妈：我爱你直到海底，穿过地球，直到地球的另一面。

很快凯瑟琳笑了起来，当他们想出更多令人吃惊的方式来爱她。妈妈接着抱住凯瑟琳，小声说道，"你越来越知道我是多么爱你了，但是我猜当我不让你弹食物的时候，你又会忘了。"

凯瑟琳：很抱歉我弹了食物。今天在学校我和露西吵架了。

妈妈：原来是这样，我给你做一个三明治，你一边吃一边告诉我，好吗？

在整个交流中，妈妈保持了一种好玩又支持的态度对待凯瑟琳。她没有挑战她的恐惧。凯瑟琳需要建立自信心，她的妈妈爱她。这种自信心为在学校发生的不开心的事所动摇，凯瑟琳很快发现在餐桌上她感受到的是妈妈的偏爱。妈妈则着重提醒凯瑟琳她对她的爱，帮助她体会到她是被爱的，是重要的。眼下，凯瑟琳需要体会到和妈妈的关系是一种包容的关系，在这种关系中，她能感受到一些乐观主义，她是特殊的，是被爱的。将其他的家庭关系包含其中，是需要努力的方向。

一旦孩子在与父母的关系中感受到自己是被爱的，他们就会更加开放地在这些人际关系中享受这些积极的经历。父母就可以在此基础上在家庭中建立形成互惠的乐趣的经历。除非孩子能够相信家长的爱，否则他还是会倾向于认为其他的家庭成员在忽略他。他的想法是，他不如其他家庭成员好，得到的爱没有其他家庭成员得到的爱多。家庭生活中正常的取笑和玩笑会给他带来压力和焦虑。一旦这个孩子已经体会到和家长的好玩儿的、已接受的关系，家庭乐趣就不会那么有威胁性。这个孩子对于成为这个家庭中互惠的一员变得开放。

人际关系的发展可能是艰辛的。这个孩子可能抗拒或者活跃地努力去破坏这些正在发展的关系。家长有时候也会不可避免地会有压力或者分心，这些会影响到孩子。在关系破裂时发展和修复关系对于家长的家庭教育来说是艰难的工作。参与到玩耍中，建立互惠乐趣的时刻，这样能帮助家庭渡过这段努力形成强大持久的人际关系的艰难时光。

父母——婴儿关系中的游戏性

在有依恋困难的儿童的生活中，父母和婴儿早期的玩耍经历并不经常存在。想一想遗漏的是什么，会大有裨益。

设想一位父亲和他的男宝宝。小婴儿洗过澡后躺在毛巾上。他在充满活力地踢他的小脚，挥舞他的胳膊。他的父亲在同样充满活力地对他讲话。他身体向前去亲吻小婴儿的肚子。婴儿大笑，父亲也笑了。婴儿回过头看，父亲身体稍微向后倾斜。当婴儿向后看的时候，父亲已经准备好身体再次向前倾斜亲吻他的肚子。婴儿发出低沉洪亮的笑声，开始嘴里吐泡泡。父亲学他也吐泡泡。当婴儿接近他父亲的脸时变得更活泼了。突然他开始咳嗽，表现出沮丧。父亲马上安慰他，责备令人不快的咳嗽，接着婴儿又笑了。父亲再次吐泡泡，婴儿也模仿父亲吐泡泡。他大笑着，伸出手来，再一次探索父亲的脸庞。当婴儿的小手伸过来抓住他的鼻子时，父亲笑了。"好吧，我们开始吧，"父亲一边说话，一边拿爽身粉。婴儿很满足地接受给他穿衣服。

就像这个例子中所描述的，婴儿从出生就体会情感。例如，安静的满足感、愤怒的失望感或者强烈的喜悦感。这些情感都通过一种特别的状态表现出来，心理学家称之为"一种情感状态"。父母不由自主

地将婴儿的情感状态和同步发生的他们自己的情感状态匹配起来。这就是情感约束的基础。因为父母自己的相匹配，但是受到约束的状态，和他们的婴儿有同样的节奏和强度，因此这个婴儿可以体会到受到约束的情感。丹尼尔·施特恩（Daniel Stern）是美国的一位专注于婴儿发展的精神病医生，他将这种情感状态的匹配成为"协调"，并认为这种协调的体验，对于发展人际关系以及婴儿的发展都是极其关键的[①]。

婴儿时期体验到频繁的协调状态就是游戏性。另外，玩耍的关系要优于需要对行为进行训导和约束的关系。婴儿只有在其发展的初级阶段体验到的互动是好玩儿的，接下来的互动才能被拓展为包含训导和社会化的经历。

家长婴儿的玩耍是高度互动性的，主要专注于这段关系中的愉快。家长参与到玩耍的节奏、动作和欢笑中，吸引孩子到和她的联系中。当你把婴儿抱在怀中时，夸张的面部表情、发出的声音和自然而然发出的唱歌的声音都会对你和婴儿的关系有所帮助。孩子对于这些互动的重复很享受，在相同的互动中感到安全，并且当家长做些出乎婴儿意料的事情时，婴儿就能从这种安全感中享受惊喜的时刻。例如，躲猫猫的游戏。这些互动在父母与婴儿之间产生能量，反过来又让婴儿充满活力。

父母与孩子之间的游戏性，理想化地说开始于婴儿时期。孩子生来是进入到一段令人欢喜、备受关爱的关系中，在这段关系中，由于自己和自己的独特性而受到一心一意的关注。这些早期的家长和婴儿的关系对于婴儿的健康发展至关重要，正如我们在第一章所看到的，

---

① D.N. 施特恩（Stern, D.N.）：《从精神分析学和发展心理学的角度来看婴儿的人际世界》（*The Interpersonal World of the Infant: A View from Psychoanalysis and Developmental Psychology*），纽约，NY: 基本出版社，1998年版。

这些关系为婴儿提供两个根本而重要的经历。

首先是一个更为明智、更为成熟的照料者提供的安全和安全感的经历，这是依恋安全感的经历。这个孩子在经历一段分层的关系。你保证我的安全，因为你我得以安全。这个孩子对大人的安全不负任何责任。

第二是和别人有互惠的影响的经历，这是一种没有分层的关系。两者在影响彼此和被彼此影响时是平等的伙伴，这是交互主体性的基础。

孩子同时拥有这两种经历，才会成熟，能够进入到他从他人处能得到安全感的人际关系，在这样的人际关系中，他能感受到互惠的关系，有能力影响别人同时又被别人影响。

家长所提供的一系列经历成为安全和互惠的经历的基础，这些经历的核心就是玩耍。玩耍的态度将乐趣带入到这段关系中，为孩子提供了安全的基础和信心，能帮助他们熬过这段关系更艰难的时刻。例如，当孩子处于悲伤、恐惧或焦躁中时，家长会感到更有能力应对。同样地，当家长心烦意乱或者焦虑不安或者需要对孩子进行惩罚和行为纠正的时候，父母和孩子的关系会因此破裂，孩子也会更能够应对这些时刻。基于玩耍的关系给他们同时带来联系的经历和乐趣，他们能够更轻松地应对更艰难的时刻。

这种游戏性的体验，即在婴儿期体验到和他人相处的欢乐和魅力，提供给孩子的第一段人际关系是一段积极的、无条件的人际关系："我爱的是原本的你，并不是你所做的或者你是如何回应的。不论发生什么我都会爱你。我对你的爱并不取决你说的话，做的事或者你的感受。"这种无条件的关系的经历会让孩子建立起自信心，相信自己的本质是好的，是一个有价值的值得爱的人。这种自信心会帮助他处理他将遇到的各种各样的人际关系，包括那些要求条件的人际关系："只有你这样做了，我才会赞成你……"所有的这些都始于婴儿期的好玩儿的人际关系。

和年长的孩子发展游戏性

如果孩子生命早期错过了好玩儿的人际关系，会发生什么呢？这会对他们发展人际关系以及他们以后的自我发展产生影响。他不得不设法控制一段需要父母对他行为进行管束的关系，他就不会拥有最初的只是待在一起，没有管教带来的约束的那种自由。这两个发展阶段会被结合在一起。如果缺失婴儿时期建立起的无条件的爱和安全，孩子为了自己的安全和社会化所需要忍受的更为紧张的纪律行为的能力就会被减弱。对孩子而言，这会导致他认为他的行为比他自己更重要。他可能只会认为他自己就是他的行为。当孩子只能通过他的行为看到他自己时，老生常谈的"忽视行为而不是孩子"就会失去它的意义。

这个孩子或许会不信任父母所表现出的游戏性。他或许会认为家长在试图耍他；这是另外一种让他听话的方式；或者是父母对他的刻薄的另一种表达。家长所面临的挑战就是把游戏性再次带到孩子的生活中，让他能够以一种不同的方式感受这段人际关系，并且学会以不同的方式感受他自己。

另外，缺乏好的、早期的亲子关系意味着在孩子发展的过程中，这个孩子很少能够从现在的经历中获益。婴儿期早期共同的情感，比如欢乐和兴趣，高兴和幸福感或许已经消失了。当这些情感现在再被感受时，他们会对这些情感感到陌生甚至害怕。这个孩子或许会发现很难约束这些情感状态，甚至需要大人来帮忙约束。他或许会迅速地过于兴奋，以至于最终破坏这种感受。经常是刚开始时对于家人来说这是一种美好的感受，但因为这个孩子不能够约束产生的情感。或者是这个孩子面临这种感受时会退缩，在这个过程中破坏了所有人的兴致。甚至在这些感受产生之前，这个孩子就会破坏这些感受。

游戏性作为治疗性家庭教育的一部分

父母和婴儿之间若没有基于有趣、欢笑和玩耍的美好的体验，这个孩子就失去机会去发现自己或他人积极的一面。这些孩子在他们的依恋关系中会感觉不到安全，将不能够进入或者强烈抵抗交互主体的感受。这个孩子不知道如何从父母其中一方获得安全感，他也不会理解或者珍惜一段互惠的人际关系。

治疗性家庭教育着重于帮助孩子和家长发展更富有安全感的依恋关系。另外，治疗性家庭教育也为交互主体性关系提供了经验，最终形成孩子发展互惠关系的能力。这样孩子感受到做自己并与他人联系就能被珍视。同样重要的是，他能够体验到影响他人和被人影响的感受。

父母婴儿之间的关系以及之后的所有关系都始于玩耍。家长探索孩子身上的力量和独特性，并享乐于其中。这会让他们之间的关系变得好玩，充满乐趣并且得到深深的满足。家长对孩子持有积极和乐观的态度，用这种态度家长寻找和发现孩子身上积极的品质，这也是孩子赖以发展的力量。在父母与孩子之间关系发展的过程中，家长就会体验到和孩子在一起的快乐魅力。反过来孩子也会感受到这一点，而对父母有积极的影响。随后孩子就会开始享受这种影响，并想让其继续发展。

下面是一个吉姆亲眼看到的一位养母和她9岁养子威廉姆之间的游戏性的对话，这个对话很好地描述了家长与孩子在一起的快乐的魅力。我们已经谈过了如果不能够相信你的妈妈能照顾你是多么的可怕，威廉姆已经能够谈论这些恐惧了。他看着他的养母，吉姆怀疑他是否能从他养母的眼中看出她对他的爱。

养母：就在那里。你看到了吗？

威廉姆：是的，那里有一点点。

养母：你看到很多吗？如果你集中注意力认真地看的话，猜猜你会看到什么？（威廉姆专心地盯住他养母的眼睛）就在那里。

威廉姆：（非常高兴）是的，你爱我！（他们来了一个大大的拥抱）

养母：不论发生什么我都会爱你，我爱你直到永永远远。我爱你大笑的样子，我爱你那双深棕色的眼睛，我爱你淘气的笑，我爱你的全部。就算你变成了一个脾气暴躁的老头儿或者我变成了一个这样的老太婆，我也会爱你。（威廉姆大笑）

威廉姆：（高兴地）你确实很爱我！

养母：你真的这么想吗？那你也要同样地爱我因为不管发生什么我都爱你。

威廉姆：因为你是我的妈妈啊！

养母：好吧，那就是我想要的，除此之外，我别无他求……

养母和威廉姆：…这整个广阔的世界中。（他们抱在了一起）

第三章
好玩的家庭教育

  在这个节选中，母亲和养子之间互动的游戏性让孩子感受到他对其他人的影响。母亲以他是一个有自己特点的独特的个体进行回应。这为他们提供了丰富的联系，增加了他们关系中的欢喜和快乐。

  如果你认为你和你孩子现在的关系是消极的并且与日俱下，这可能听起来会令人却步，甚至毫无希望。如果每天的日子充满了矛盾，你们之间的关系如何开始变得好玩呢？我们不想低估它的难度和你可能会感受到的气馁。然而我们会鼓励你寻找你们关系中游戏性的时刻。当你更深入地阅读这本书时，我们也将会向您介绍接受、好奇心和同理心的态度。这些会在你进行家庭教育的过程中带来更轻松和更好玩的元素。当你更深入地了解你的孩子，更愿意接受他行为背后的原因，能够同情他内心的挣扎，你也将会注意到你孩子的独特性和力量。对于你的孩子为了防止他独特的恶魔陷入困境所进行的防卫，你不会再那么容易生气，正是因为你充分地理解这些恶魔。

  在理解你孩子的过程中，你会很少去评价他，你和他的相处也会变得更加好玩儿。当你在这段关系中以一种好玩儿的身份出现时，你也会传递一种乐观的心态。孩子会实实在在地感觉到力量，事情也会有所不同，出现转机。即使在最黑暗的时刻，关系中的游戏性也带来了可以传达希望的一丝光明。面临矛盾和问题是困难重重，但是在这段关系中它们可以被控制。

  游戏性的微小时刻会带来乐观主义的微小时刻。这些反过来会互相从中得到力量，最终在这段关系中甚至整个家庭中带来更持久的互惠的欢乐的时刻。反过来，这段关系中充满乐趣、幽默的时光会支撑你们度过不可避免的更艰难的时光。你们共同欢笑的时刻，对彼此深情地注视，甚至令人愉快的陪伴时的大笑都会巩固这段关系，给彼此一个成为这个家庭一部分的理由。互惠的笑声为安全和接受提供了基

础,减少了孩子可能会感受到的任何羞耻感和恐惧。

孩子会认为他所感受到的这些好玩儿的时刻是你对他无条件的认可,也会学会反过来对你无条件的接受。当孩子感受到的人际关系是特殊并且独特的时候,家庭中的承诺也会得以增加。这个孩子可能仍然在因为感情而挣扎。你们离亲密可能仍然有点儿远,但是游戏性会给孩子带来亲密的经历,帮助你们彼此渡过更艰难的时光。

随着时间的流逝,游戏性对于孩子而言会成为家庭生活可接受的一部分。这将超越欢笑、玩笑和幽默的片段式的游戏性,使游戏性成为一种生活方式。形成的人际关系是开放的轻盈的,你们将很少关注什么必须发生或者应该发生,更加关注灵活性和反应性。当孩子和父母对彼此的感受变得开放时,父母与孩子的关系也开始对彼此开放。在上一本书中,丹探索了这种游戏性的关系:

他们最初的目的只是简单地在一起,其他任何事情都不重要。任何冲突、责任和沮丧都被搁置在一边。这些好玩的时光是真正加深、拓宽和治愈他们关系的时刻。这些时刻是彼此被对方吸引的时刻。在这个前提下,不论未来他们的关系中会遇到什么样的冲突,当这些美好的时刻来临时,它们不会被轻易忘记[①]。

从这段描述中,可以看出人际关系中的玩耍和轻松的品质对于建立安全感是多么的重要;这个孩子感受到的是因为自己而无条件地被爱。这会建立一种希望,孩子会认为自己是可爱的,他正在学会享受的充满关爱、支持的关系将会继续下去。反过来,家长也会感觉到希望,他可以教育这个孩子,他们正在发展的关系比他们其中一个可能

[①] D.A.休斯(Hughes, D.A.):《以依恋为核心的家庭教育:照顾孩子的有效策略》(*Attachment-Focused Parenting: Effective Strategies to Care for Children*),第74页,纽约,NY: W.W.诺顿出版公司,2009年版。

会犯的错误要重要得多，会感觉到任何问题都是可以战胜的。因此努力在你们的关系中加入游戏性的成分会为你的孩子建立安全感的一部分，会增加依恋的安全性，让孩子不管是现在还是未来都能建立互惠的人际关系。

当玩耍成为家庭生活可接受的一部分，孩子也能参与其中，对于孩子来讲玩耍也能成为学习的一种重要资源。例如，幽默能帮助孩子从不同的角度看待问题，孩子就有可能能够对别人的感受保持开放的态度。这反过来也能增强回应的灵活性。

当然，人际关系不仅仅是相聚和有趣的时刻。人际关系也包括冲突、惩罚和应对离别的情况。家庭教育所提供的重要的一部分就包括帮助孩子处理这些紧张状态，并知晓尽管在艰难的时刻他也是被爱和被需要的。父母给亲子关系带来的游戏性，以及为帮助孩子进入这样一种游戏的状态所提供的鼓励和支持，不仅增加了这段关系中的趣味性，而且为孩子提供了重要的安全感。这种安全感有一点儿像安全网，当孩子感受到惩罚的压力，或者他因为正在应对分离或其他原因所导致的增加的焦虑感时，这种安全感能够支持孩子。

那些早期经历创伤的孩子以及那些自尊心很强，对自己有一个负面认知的孩子，当面临来自别人的游戏性时真的会很挣扎。他们很快认为这种玩耍是别人对他刻薄的表现或者是试图通过某种方式耍他。对于小点儿的孩子来讲，或许你需要非常明确地告诉他你在做什么。让孩子知道因为你爱他并且想和他一起分享乐趣，你才会和他玩耍，而不是为了取笑他。

处于同样的原因，对于更加私人的笑话或嘲讽，要更加小心。通常情况下，这个孩子不会认为这很好玩。有的时候他正好会理解为那是对自己的批评。我们都倾向于用幽默来帮助化解别人身上惹人发怒的特质。轻松地说出"我爱你，但是当你很霸道时我真的很生气"是一种方式，不过，孩子可能不能理解其中的微妙。家长试图解释她生气是因为某种特定的行为，孩子会认为那是对他整个人的否定。许多家庭用游戏性和温和的取笑来应对彼此之间可能成为冲突的特质。家庭成员同时变得好玩时，家庭中的人际关系就比任何的冲突都牢固。然而相反的是，孩子更容易看到对于他们自己的评价和批评。这会导致他们的羞耻感，进一步远离他们为了感到安全而需要的人际关系。

游戏性以及其对孩子的影响

在过去经历过父母的忽视或者令人可怕的家庭教育的孩子，或者是那些有太多与父母分离或者失去父母经历的孩子会对亲密感感到害怕。亲密对他们来说是可怕的，或者只是很陌生。一些孩子可能害怕变得亲密是因为对这种感受太陌生，一些孩子是因为他们预感到亲密紧接着而来的就是痛苦。其他孩子可能抗拒亲密是因为他们害怕感受到他们是多么喜欢和想得到它。如果他们拥抱了这种感受，然后又再次失去它，在未来他们对可能会失去它会变得非常敏感。他们经常感受到一种深深的邪恶感和卑微感。他们预感到当你明白他们这一点时，你将不可避免地会退出这段亲密的关系。他们也不指望这种亲密会持续下去。

对于所有这些原因，家长或许对亲近他们的孩子或者帮助他们的孩子享受这种亲密感感到困难。游戏性会有助于形成一些不令孩子感到那么恐惧的亲密感，因为它不是特别的亲密。一个孩子能够享受玩耍的时刻，只是因为正好在那个时刻。这个孩子害怕会失去它，因为亲密感不是人际关系，只是关系的一种表达。好玩的感觉发生了就不会被夺走，它是当下孩子所享受到的。一次亲密的经历是一段关系，因此，在孩子的恐惧中，这次经历会随着心跳而消失，不再回来。游戏性是一种能帮助孩子以一种不那么可怕的方法体会亲密的方式。游戏性所带的情感是轻微的，因此当情感让孩子感到陌生或可怕时，孩子还是很容易容忍的。

另外，经历过发展创伤的孩子在管理自己的情绪时会比其他孩子会更困难。当孩子面临管理情绪的困难时，这些情感会变得更加强烈：愤怒变成了暴怒、恐惧变成了恐怖、悲伤变成了绝望，而羞耻感加深，越来越强烈。更糟糕的是，孩子不能管理他们积极的情绪。当他们感到高兴、欢乐或爱时，这些情绪也很难被控制，接着这些情绪会转换成焦虑。

当孩子越试图处理这些恶化的情绪状态时，他越不能控制这些情绪。游戏性能为孩子提供他可以管理的分级剂量的积极情绪。不管它是一个简单的游戏性的时刻或者一次更加延伸的经历，这些好玩儿的时光把孩子和他人联系在一起。他可以处理这种联系，因此他能用它来管理他正在感受到的积极情绪。通过一段好玩儿的关系，这个孩子管理情绪的能力得以提升。

接着孩子对积极的情绪会变得更加开放，会朝着与别人共享积极的人际关系的方向发展，在这积极的人际关系中，孩子能感受到一系列的亲密感。这个孩子将感受到好玩儿的时刻，并希望他正发展的这些人际关系与他之前所经历的人际关系是不同的。

玩耍为提升反思的能力敞开了大门。当孩子笑的时候，他也更加地学会反思，更能够去思考事物，不管是当下的还是以前的。

金姆参加了一个五岁的小女孩儿和她的养父的治疗会议。他们三个参与了一些简单的基于关系的游戏——堆叠手,吐泡泡和互相吹风。这个孩子突然担心如果她摔倒了,她的父亲不会接住她。通常情况下,这个孩子是不能谈论这些恐惧的;相反她会转而变得霸道,爱控制,来削减她的不安全感。然而在这种情况下她能够谈论这些,并且回忆起她的生父是如何根本不能保证她的安全的。她至少能够有限地反思,让你感到恐惧的生父的一次经历会导致你有时候和养父在一起时也感到恐惧。这些游戏尽管简单并且很明显的不太重要,但是它们已经营造了一个轻松的氛围,在这种氛围中孩子能够说出她的恐惧。也很可能是这些大部分是非语言的游戏已经对她的大脑产生了影响,以至于语言和非语言的连接得以加强。在激活这些大脑的非语言的区域时,孩子思考和反思的能力也得到加强。

游戏性也是保护孩子远离羞耻感的一种极佳的方式。相比孩子感到羞耻,当孩子大笑时,孩子大脑的不同部分就被激活。

当孩子感到羞耻时,他将不能够进入到游戏性。他会感受到一种本质上的邪恶感,这会导致他从玩耍中退出,并从关系中退出。他试图保护自己远离伤害,而这种伤害是他预期的这段关系的一部分。支持和同情这些羞耻感和邪恶感会让它们有所减少。孩子会变得更能够再次进入到这段关系,这也会再次变得好玩儿起来。

下面的例子讲述了羞耻感是如何有可能使孩子远离与父母的互动,尤其是那些包含游戏性和喜爱的互动。

妈妈：（活泼的语气）快看我帅气的儿子！你比一块巧克力都可爱，你知道我是多么爱你啊！

儿子（8岁）：不，我不可爱！我很丑！人人都这么说！你是我的妈妈，所以你不得不说我很帅。

妈妈：（用更安静，柔和的语气）噢，杰克，很抱歉我没看出来你现在似乎很难过。

儿子：孩子们都嘲笑我，叫我麻子脸！我恨这些雀斑，我恨他们！

妈妈：杰克，他们那样说你一定很伤心。这听起来太让人难过了。

儿子：妈妈，它们很丑。它们看起来很呆板，我脸上全都是。其他的孩子都没有雀斑，或者不像我这么多。

妈妈：儿子，或许是那样。你脸上的雀斑很多。但是我仍然不认为你不喜欢它们。我想你还有点儿以它们为荣呢。因为它们从某种方式上让你感到特殊。

儿子：其他孩子并不这么认为。他们认为这些雀斑看起来很蠢。

妈妈：听到他们说那些话你一定很难过，尽管他们不是故意的。

儿子：如果他们不是故意的，那他们为什么要这么说呢？

妈妈：我不知道，儿子。或许他们知道平常你和你的朋友相处得很好，你在学校表现得很好，而且你又擅长运动。或许他们在寻找你的缺点，而他们唯一能想出来的就是嘲笑你的雀斑。

儿子：所以，或许他们不认为我的雀斑很丑了？

妈妈：或许不是，儿子。我知道我像你这么大的时候，孩子们并不认为一个小孩子的雀斑很丑。我们喜欢的是这个孩子，他有没有雀斑并不重要。

儿子：你现在也这么认为？

妈妈：是的，儿子。

儿子：通常我也很喜欢它们。上个星期我还试图去数它们。

妈妈：你数了多少了？

儿子：我数到87的时候，比利就过来了。

妈妈：你知道吗？我认为不管你有8个雀斑还是800个雀斑，比利都会一样爱你。

儿子：妈妈，我也是这样想的。

妈妈：所以你这么想你脸上的雀斑就对啦！

儿子：我真的比一块巧克力还可爱吗？

妈妈：儿子，你比到月球上去的一山巧克力都可爱。

儿子：而且我不会让你发胖。

妈妈：儿子，你最好小心点儿你说的话哦。

儿子：妈妈，不管你是8磅还是800磅，我都会爱你！

在这个对话中，你可以看出小男孩对于他的朋友的嘲笑是多么的焦虑，这导致他认为他长得很丑。因为他妈妈认为他是帅气的，这引发了他更深的焦虑，他到底是不是真的丑呢，然后他就进入了羞耻的状态。他不能进入妈妈所提供的游戏性的交流。妈妈很快察觉到了这一点，就从游戏性转移到了好奇心和同理心。当她的儿子感受到妈妈的理解，并认可他的焦虑时，他能够重新考虑这种焦虑，他的羞耻感就减弱了。现在他做好准备再次进入游戏性的状态。

相反地，当一个孩子正在享受一段好玩儿的人际关系，他极少会有可能进入羞耻和绝望的状态。关系破裂的时刻也会更加容易得以应对。孩子会更敞开心胸，相信他是被爱的，并相信这段关系。

因此，玩耍对孩子的发展有重要的影响。这样孩子约束和反思的能力就会得以提升。另外，孩子的认知能力也能通过玩耍得到提升。孩子可能在玩耍的过程中集中精力的能力会下降。对于一个婴儿来说，因为有了父母的支持以及自己集中注意力的能力，婴儿的集中注意力的能力会得到拓展。如果没有这种早期经历，孩子在一段专心的关系中可能需要更短、更简明的玩耍经历。以此为开端，孩子集中注意力的能力在这段关系中以及这段关系以外的人际关系中都会得以提升。

全面地将玩耍的部分带入到你和你孩子的关系中，你也会促进孩子从他过去的创伤、忽视、分离和失去亲人的经历中恢复。孩子将会和家长体验到与他以往经历不同的亲子关系。他会体验到幸福的时刻，并享受这段关系。他也会感受到他的父母能够帮助他约束这种感受。这会给孩子提供一种希望，那就是有不同的人际关系，或许因为有了这些不同的人际关系的支持，他也会变成不同的人。

保持游戏性

如果家长和婴儿之间缺少积极的早期经历，这会对亲子关系造成不利影响。在婴儿缺乏自主性的时候，父母与婴儿之间的早期的认可和开放会为后期自主性的发展提供一个安全的基础。孩子会对父母的引导持开放的心态。父母与孩子之间会因为种种原因而错失这种经历。例如，在孩子小的时候，父母和孩子可能并不认识彼此。或许是因为家长有一段时期不能与孩子待在一起，或许是因为自身的压力、产后抑郁症或者是其他她正在面对的压力。这对父母与孩子之间的关系造成了不可避免的紧张。家长在养育孩子的时候面临着复杂的困难，不愿意建立这段关系，态度很矛盾或者很冷漠。这给在这段关系中享受认可和接受带来了巨大的挑战。游戏性的基础就丢失了。

当孩子和他们的父母之间共同的兴趣和经历丢失了的时候，父母不得不创造现有经历以外的游戏性，但是没有这种丰富的共同经历来滋养它。同样地，当父母和孩子在他们的关系中都有一个艰难的开端时，这段关系中积极的基础也会丢失。玩耍会被沾染各种其他不利的因素，包括不信任、彼此怀疑，对惩罚很敏感，缺少一种父母和孩子都会信任的亲近的、互惠的关系。所有这些都会将亲子关系置于巨大的压力下，会为家长带来根本性的困难。

丹最近刚和同事完成一本书，书中描述了对于有效的家庭教育非常关键的大脑中的五大神经心理系统[①]。这些系统包括想要亲近你的孩子，在他的陪伴中享受快乐和喜悦，对他感兴趣，在和他的互动中看到深层次的意义，在任何情况下都做好准备尝试做最有利于他的事情，忽视你和他以及你们的关系所面临的困难的环境。

这些系统包括大脑中的许多区域。当进行家庭教育很容易的时候，从伏隔核的海马体和多巴胺的区域分泌的荷尔蒙催产素和催乳素会增加你和你孩子在一起的欲望，并享受他的陪伴。荷尔蒙激发了想要接近所爱的人并靠近他的欲望。他们彼此之间产生了爱和喜欢的情感。

当家庭教育进行的很艰难时，前额叶皮质靠下的区域包括脑岛和前扣带回会更活跃。这些是大脑中进行反思的部分。如果你对你的孩

[①] D.休斯（Hughes, D.）、J.拜林（Baylin, J.）：《基于大脑的家庭教育：为健康的依恋关系而照顾的神经科学》（*Brain-Based Parenting: The Neuroscience of Caregiving for Healthy Attachment*），纽约，NY: W.W.诺顿出版公司，2012年版。

子感受到的是负面的情绪，比如恐惧或愤怒，正是大脑的这些部分帮助你管理这些负面的情绪。你以家庭教育中的"大局着想"的想法和意识会帮助禁止你做出一些源于你负面情绪所导致的对你的孩子致命性的反应。你会处理你的愤怒，害怕这些会给你和孩子的关系造成负面的影响。你大脑中这些同样的部分也会帮助你对你的孩子的同理心。你会对你的孩子更加感兴趣，也将能够感受到你在他的生命中的重要性。

从生物学的角度来讲，当亲子关系面临困境时，家庭教育的乐趣就会被中断。这会造成"被阻塞的关怀"，由于大脑中的系统变得妥协。家长经历了教育孩子的种种情绪，却体会不到这种家庭教育的乐趣。

阻碍乐趣的原因有很多个。家长在她教育孩子的过程中可能面临着长期的阻碍。家长在自己儿童时期经历的艰难的家教，或者在过去的关系中面临严峻的问题，都会对家长与孩子之间的纽带造成困难。过去人际关系中妥协的经历会潜在地从一开始就给现在的关系带来困难。

另一种情况是，家长可能因为生活在当下的危机，或者艰难的时刻，正在同压力作剧烈的斗争。这又会干涉早期关系的建立，或者为当下的家庭教育带来新的问题。由于当下巨大的压力，家庭教育变得一团糟，亲子关系中的乐趣就消失了。如果家长在过去不管是作为子女还是作为家长都体验过家庭教育的欢乐和意义，那么当她当下的压力消失时或者她从一个同伴、朋友或者治疗师处得到关怀时，她更有可能重新做好准备并有能力照顾她的孩子。

最终，家庭教育中存在困难可能是因为这个特别的孩子的性格。受阻碍的关怀变成了这个孩子所独有的。例如，受过创伤和存在依恋困难的孩子将不会很好地融入互惠的人际关系。这种互惠性的缺失会破坏对有效的家庭教育很关键的五个系统的活动。同样的困难可能是因为家长教育的是一个本身有身体上的缺陷的孩子，这让家庭教育变得更加困难。另外一种可能性是，这个孩子的某一方面唤起了家长对于过去困难的家庭教育的回忆。在这些所有的可能性中，家长独自挣扎努力发展一段互惠的亲子关系，这样做的后果是会对她教育孩子的能力产生不利的影响，她将体会不到孩子的可贵之处以及令人快乐的家庭教育。

例如，一位母亲经历了父亲对其身体上的虐待。当她的孩子早产时，这位母亲强烈感觉到她作为一位母亲已经失败了。她抱起她脆弱的孩子，眼中充满了恐慌，这种恐慌让她的儿子已经看到了她的失败，已经开始恨她。她看着他的眼睛，看到的是孩子父亲的眼睛在看着她。这位母亲和她的儿子没能建立良好的联系，对这个男孩造成了依恋上的不安全感。他长大后变得具有攻击性，为了应对安全感的缺失变得控制欲很强。这些行为只能用来肯定这位母亲一直恐惧的：她的儿子像他的父亲。在养育这个孩子时，她就感受不到乐趣了，只有恐惧、挫折和失败。

当家长在和孩子的关系中面临挣扎，感受不到任何乐趣时，游戏性尤其是一个挑战。当压力增加时，玩耍、幽默和乐趣是这段关系中最先消失的。在这种情况下，家长自身所处的人际关系中的支持以及关怀将会非常关键。

在这种支持性的人际关系中，能有机会感受到一些乐趣有助于开始在和孩子建立关系的过程中，重新发现或创造这些富有乐趣的经历。

从日常教育孩子的折磨中暂时抽离出来，家长就有机会关注与孩子无关的活动，从其他活动获得的富有竞争力的经历，能有助于再次控制自己的情感。

暂时的抽离也为反思提供了机会。了解孩子以及孩子目前面临的困难是增加对孩子的同情的第一步。家长越深入地了解孩子，就会越接受她的孩子的本来面貌，父母与孩子相处的方式会给孩子带来更多的支持与爱。当家长感受到这些时，就会更好地再次把乐趣和游戏性带到这段关系中。

在有些案例中，父母或许会发现接受治疗会有所帮助，在治疗的过程中可以不用害怕受到评价或批评，他们能够探索他们当下的困难。有机会反思过去的困难以及它们对现在困难的影响能帮助家长区分过去和现在。家长将开始注意她的孩子的独特性，而不是仅仅通过放大过去的经历看待这个孩子。认识到一个孩子的长处和性格的独特性能够开始发展一段关系的过程，这段关系是独特的，不仅仅是对过去发生的事情的重演。这反过来能帮助家长感受到教育这个孩子的乐趣。

为我们自己赢得支持看起来似乎是我们的生活中命令我们的一连串的需要、需求和要求中最不重要的。然而当我们失去快乐的能力时，优先考虑我们的需要是必须的。照顾好我们自己，能够让我们把自己融入和孩子的关系中。通过优先考虑自己对于支持、娱乐和放松的需求，也在优先重视我们的孩子对于从我们这里得到积极的、好玩儿的亲子关系的需求。

总结

这一章我们探索了PACE中的游戏性。游戏性是父母和婴儿的关系的核心。这为以后关系的发展奠定了基础。当这种早期经历缺失时，在稍后的发展阶段父母在把游戏性带到这段关系中时就会面临挑战。这会有一系列的困难，包括在其他的养育任务中保证年长的孩子的安全，提供适当的行为界限和惩罚。

治疗性的家庭教育要想成功需要游戏性这个元素，但是这种游戏性的态度对于一个拒绝和有敌意的孩子来说会是困难的。此外，家长会带有她自己的压力的历史，人际关系中遇到的困难，对她自己快乐感的不信任。在家庭教育关系以外的支持性的人际关系中，好玩儿的机会以及对孩子更深入的理解，都会有助于为家庭教育带来快乐和乐趣。

当我们和我们的孩子玩耍时，我们能最好地联系我们的孩子。玩耍的乐趣能为令人感到折磨的和不领情的养育任务带来快乐。随着时间的推移，玩耍的微小时刻能真正地发展成为孩子和父母之间深入的、丰富的和好玩的关系。

故事

天真的海盗
——乔治J. 德尔福[①]

海洋碧绿无垠，海风拍打着海面，翡翠色的波浪来回翻滚。船长是一位四英尺高，经验丰富的航海家。他站在结实的船门前，骄傲地微笑着，这种笑只有一个自我感觉最好，航行过无数大海，并且最健硕的男孩儿才能发出的笑声。他自信地微笑着，因为这个天真的海盗认为，他是出海无数、最棒的、最健硕的年轻人。

[①] 这个短故事是专门写给这本书的。格雷戈里·德尔夫是英国巴斯巴斯斯巴大学一位写作非常具有创意的大二学生。

第三章
好玩的家庭教育

这位海盗心里有一个非常清晰的目标。他想要一艘船,因为每个人都知道,一位船长需要一艘船。任何破旧的船都不行,因为他想要一艘特别的船。这艘船停在大海的边界,这是一艘巨大的、厚重的船,船首是向外翘的根,枝杈翘出甲板。言归正传,他从门上下来,乘风破浪。他在路上发现一把长长的棕色的剑,剑上挂着细枝。

他游过汹涌的浪潮,爬到船首,抓住一个向上翘的根,他开始攀爬。他把自己拖到船上,发出胜利的吼叫。他向前冲去,一拳打到他的敌人脸上,尽管看不到,他的敌人在他的威力面前落荒而逃。他抓住桅杆稳住自己,左右两边他都抓住,直到他感到满意,所有的敌人都已经摔下去,或者向他投降。

"谁在这里挑战我指挥这艘船的权力?"他大声喊道,"你们中谁有勇气取代我呢?"

"我敢!"是他奸诈的姐姐,她一定在跟踪他。

"黑心的杰西卡!是你想挑战我吗?"

"我只是取回本该属于我的东西。"

姐弟俩都有足够的自信心让他们都成为船长。黑心的杰西卡站在她弟弟面前,手臂交叉着,她穿着T恤和牛仔裤,头上戴着一个看起来很逼真的三角帽。

"不,你不能拥有这艘船。我先看到它的。"

"你没有看到它。"

他上去攻击杰西卡,但是杰西卡灵敏地躲闪着,抓住了他的手腕。她骄傲地掰开他的手掌,把他的武器扔到甲板上。

"不要!要是挪威海怪来了我们怎么办?"

"挪威海怪?"

"你来开船,我来留意海怪。"

不完全确定他是否在吓唬她,杰西卡跑到了船的另一端,开始开船。

"我们朝着陆地开!"

"好的。它就在我们船后面,快点儿开!"

杰西卡瞪大了双眼,她意识到稍差片刻她就被一只可怕的海怪填到肚子里了。她转动方向盘,并拽紧绳子。

"我去拿你的剑!你抓住方向盘!"

接着她跳进海里,逆着翻滚的海浪,她抓住了剑,之后又挣扎着回到甲板上。

船长马上从她手中拿过了他的剑。"我来保护咱俩的安全,你把船开到岸上!"说着他开始摇摆剑,并把剑刺向怪兽的触手。

"我们的船搁浅了!我们不得不游到岸上!"

他们跑到甲板的另一边,正好和怪兽可怕的下巴面对面。"这边!"

他们跑到船头,一起爬下来,在最后几阶跳到海里,在大海里一个巨大的沙堆上着陆。他们来不及往后看一眼,手拉着手一直往前跑,直到他们爬到安全的岸边。

"我们终于到家了!"他兴高采烈地说道,而海岸不过是他自己的后花园。接着,黑心的杰西卡灵光一现,夺过了他的剑就跑开了。他因为吃惊瞪大了双眼,快乐地"噢!"了一声,就摔倒在草坪上,仅仅抓住他胳膊下的剑。

杰西卡严肃地说,"那就是曾经航行过七大洋,最棒的最健硕的年轻人的下场。"

他睁开眼,杰西卡在扶他起来。"快点儿,妈妈让我来叫你吃饭。我会在后面追你!"冷风吹过他们的头发,姐弟俩互相追赶着,他们的冒险开启了新的一天。

杰西卡冲到了餐厅,她弟弟紧跟着她。

"那不公平！你比我快得多！"

"那是因为她的腿比你的长啊，"妈妈笑着说道，"但是似乎你们俩都没有因为腿的长短能够按时来吃饭。"妈妈怜爱地看着他们，从座位上起来，去厨房为他们拿盘子。

"妈妈，我今天打败了怪兽，救了杰西卡！"

"就刚才吗？"他的妈妈微笑着，让他坐到他的座位上，"一会儿吃饭的时候讲给我听好吗？"

"你没有救我。我能掌控一切，"杰西卡说，坐在了他对面的座位上。

"你没有。你差一点儿被吃掉。然后你杀了我！"

他们的妈妈皱了皱眉，"真的吗，杰西卡？"

"好吧，你觉得呢？"杰西卡咧着嘴笑了笑。"毕竟，我是他的大姐姐啊。"

第二部分
接受

第四章
接受其他人的内心世界

Creating

Loving

Attachments

创造爱的依恋

当你的孩子的内心世界是你所认可的，更可能对他的内心世界更感兴趣，并开始理解它并与它交流。通过交流他对于自己或一件事的感受，对于你对他感受的回应敞开胸怀。这就是交互主体性的全部内容。父母观察孩子的感受却不去任意评价这个感受是正确的还是错误的，它就是它原本的样子。这样父母就影响了孩子组织他感受的方式。这样做的特点是开放、接受、好奇心和同理心。这个孩子就会对他家长感受他和这个世界的方式变得开放。这就是父母对孩子发展影响的核心。

第四章
接受其他人的内心世界

我们现在转而思考接受。接受或许是PACE四个部分中最难描述和理解的部分。我们都知道什么是玩耍，同理心以及好奇心。一般情况下，即使偶尔我们努力才能做到这三点，但是我们能看到它们的价值。

然而我们想到接受时，我们的问题会比答案多。我们应该接受什么呢？如果我们接受，是不是就意味着我们对不端行为的过于宽容和容忍呢？如果我们只是一味接受，孩子会学到什么呢？接受对我们到底意味着什么呢？

本章我们将专注于接受的含义以及家庭教育中接受的重要性。核心信息就是用无条件的爱接受孩子的内心世界位于亲子关系的核心位置。这并不会导致对不端行为的容忍，也不会使父母对孩子的教导停滞不前。接受意味着教导和惩戒会依赖于深入和有意义的人际关系，它为孩子提供重要的安全感。

莱昂内尔·施莱佛（Lionel Shriver）是获奖小说《凯文怎么了》[①]（*We Need to Talk About Kevin*）的作者，此书中她探索了一位母亲和其儿子的关系。儿子高中时代杀害了7位学生和两位教员，在这种恐惧之中母子关系能建立起来吗？它也是关于过失的研究：子女的罪孽会取决于父母的罪孽吗？面对这种令人发指的恶行，这位母亲还能找到一种方式无条件地爱自己的儿子吗？我们可以认为这个故事也是一个关

[①] L. 施莱佛：《凯文怎么了》伦敦，天蛇之尾出版社，2003年版。

于接受的故事。这对母子的经历导致了如此骇人听闻的结果，这位母亲能接受她和儿子的这段经历吗？就如书中所展现的，作者不断追问：在面临凯文的行为所引起的挑战时，一位母亲如何学会接受？

幸运的是，我们对孩子的接受很少被威胁到这种地步，但是确实存在富有挑战性的行为会威胁到父母对孩子的接受。这些行为包括侵犯他人、欺骗或者拒绝他人以及年轻人因为这些行为对他们自身造成的伤害。父母总是想要影响他们的孩子。他们想要他们的孩子幸福，他们想要家庭生活更容易些。这种影响始于接受。父母考虑到孩子的想法、感受、愿望、目的、价值观、感知、记忆和判断，并把自己对孩子内在经验的理解融入与孩子的互动中。

本章和下一章，我们会探索你应该如何回应孩子的内心世界。我们给出的建议是，你对你孩子的生活最有力的影响并不来源于你对他的评价而是接受你孩子的内在世界。只有通过理解并接受我们的孩子以及他们最内在的体验，我们和他们建立关系。这种关系的发展会改变孩子的行为，但是，重要的是，这发生在安全感提升的环境下。当我们不再评价孩子的行为是对还是错，可接受不可接受，并真正理解导致这种行为的内在经历时，接受变成答案的重要一部分。这包括惩戒和行为的界限，这会伴随着关系发展，建立安全感和年轻人更深更丰富的情感发展。

什么接受？

在父母和婴儿的关系中，接受是最容易被看见和描述的。

几年前，丹观察了他女儿和他的外孙女之间的互动。该换尿布了，妈妈高兴地去了。妈妈一边给婴儿换干尿布，一

第四章
接受其他人的内心世界

边和她女儿进行有趣的谈话,把女儿逗得咯咯直笑。妈妈马上就要换好了,她的女儿又尿湿了这块干尿布。妈妈起初很惊讶,接着咯咯笑起来,丹戏剧性地发现既然这块尿布湿了,妈妈就接着再找一块。就在同一时间,她的女儿也和妈妈一起经历着同样的感情变化,从惊讶到微笑,再到静静地期待再换一次尿布。整个过程妈妈完全接受,因此女儿也接受了。这其中并没有对行为的评价。

我们很容易接受小孩子的行为,但是过了婴儿期我们就不那么容易接受了。作为一种社会物种,我们根据是否符合本群体的价值观来评价他人的行为。不管这个群体指的是家庭还是指更大的社区,不管是文化的、宗教的还是民族的,都是如此。这些行为评价会导致我们的回应,旨在鼓励或者阻止这些行为。这些回应或许包括奖励、表扬、奖杯、荣誉和庆祝。

另一方面,他们或许包括不想要的后果或批评,失去荣誉或奖励,或者由于失去成员资格或者锒铛入狱而被开除。家庭和更大的群体因此形成了一系列的规则,正式的奖励和惩罚,群体道德观念和法律用于鼓励正当的行为。规则的本质或许会有不同,比如他们的严格性和灵活性,对于个体行为的反应的本质和程度,但是规则制定是生活在社会群体中的后果。

因此,很容易认为我们影响他人的行为的初级方式是通过制定清晰的行为期待,再对已经表现出的行为提供积极或消极的影响。这种观点是基于我们相信如果我们对一种行为进行奖励或提供积极的影响,这种行为就会增加;反而如果我们不对一种行为进行奖励或提供积极的影响,这种行为就会减少。通过纠正一种行为,我们期待影响这个过程。

这种方式的简单性非常诱人，但是单单专注于行为往往达不到期待的影响程度。这种行为改变的观点的动力来自于心理学研究，往往研究的是鸽子和老鼠的行为。这种强化对于人类并不是很有效，因为我们的动机更为复杂。我们的行为至少是受长期目标、复杂的思想、感觉和希望所驱动的。我们也能够关注别人的动机。这些与我们受到的及时强化一样具有影响力。

我们也为互惠的关系所驱动。当别人影响我们时，我们对其的影响将会更大。人类大脑生来在与人交往中发挥其功能。我们的大脑所期待的人际关系类型是彼此对对方产生互惠的影响。如果你的孩子对你没有影响，你对你的孩子也不会有什么影响。我们更多的是通过复杂的互动影响对方而不是简单地对于某种特定行为的行为反射。

相互影响这个更为复杂的观点取决于我们理解彼此内心世界的能力。我们大部分人都会同意在特定的行为或情况下了解一个孩子的内心世界很有可能帮助我们决定如何进行干涉。然而关于如何运用这一点却似乎有更多的分歧。

一种做法是评价并试图改变拥有这些想法和感觉的内心世界。例如，如果你的孩子说她想要某个东西，你会尝试说服她不应该要这个东西。如果你的孩子说她不喜欢某人，你会尝试说服她去喜欢这个人。

第二种做法也是本书中强烈推荐的做法，就是你只需要在一定情况下接受你孩子的想法、感受和愿望，而不是试图去改变这些。通过这种做法你或许为她的及时行为设定了限制或提供了行为的后果，但却没有评价这种行为背后的原因。只有行为被评估了，她的内心世界才得到了认可。

因此，接受意味着意识到并理解别人的想法、感受、愿望和信仰。这些就是一个人的内在生活，而不是试图去改变它。你只是去体验她

第四章
接受其他人的内心世界

的体验，去理解它本来的模样，而不是你想要它成为什么样子。接受是没有任何附加条件的。你对她的内在生活保持一种开放的态度。通过她的体验加深了你的体验，而不是专注于试图影响她的体验。

纯粹的接受最鲜明的例子之一就是对于心智觉知的实践。心智觉知长期存在于宗教传统中，最近更多地被应用于精神治疗干预。它强调的是对于一个人的内心世界以及当下的所有事实完全接受的价值。在心智觉知的状态下，人开始意识到并接受此刻她的任何体验。她的注意力慢慢地关注她的呼吸，观察它，更深地意识到呼吸的节奏和规律，它在一个人身体中的不断存在。心智觉知让一个人放手不去控制其任何意识到的客体。当我们不再从心理上试图改变或控制我们的意识客体时，我们会更加充分地意识到我们内在生活的品质和意义。

丹发现了心智觉知的价值，尽管当时他不知道它叫什么，这源于他儿时的一段经历。由于他没有很好地照顾他的牙齿，他不得不经常去看牙医。他有太多的蛀牙需要钻孔和填补。他的这位牙医认为这些治疗程序不需要提供麻醉药，丹体验到了前所未有的疼痛。在一次治疗中，他注意到如果他只是意识到钻孔带来的疼痛的感受，似乎疼痛就会减轻。他开放的意识接受了此刻的感受，疼痛在很大程度上减轻为很小范围的不舒服的感觉。他开始注意到不同的钻以及不同位置的钻孔通常产生许多有趣的感受类型，当然有些感受是难受至极的。对于这些感受保持开放和接受的态度让他感到惊讶，这些感受实际在发生变化，变成了他试图不去逃避的东西。当丹把这些告诉他的哥哥时，他的哥哥认为他有些不正常，他竟然没有得到一个接受的回应！

美国精神病医生丹·西格尔（Dan Siegel）是心智觉知研究中心的主任，总结了我们对心智觉知的理解，将其描述为"带有目的的并不加评判地意识当下正在发生的原原本本"[①]。华盛顿的心理学家塔拉·布莱克（Tara Brach）将心智觉知定义为能准确认识我们每时每刻体验中所发生的事情的意识品质[②]。美国神经病学家杰姆斯·奥斯汀（James Austin）试图捕捉到心智觉知的独特本质，他认为"心智觉知配合每一时刻的新鲜特性，同时心智觉知在接下来的每一刻会进化[③]"。

尽管这些心智觉知的专家大部分关注的是单独的个体经历，同样的原则也适用于与他人交往中。当我们充分地接受他人，我们开始意识到她的特征，否则我们不会注意到。我们开始对她的体验高度敏感，当我们不评价、评估、控制或者试图改变它时，她的体验表现得更为充分，否则将会有所隐藏。

接受和行为

几年前，丹被邀请治疗一个12岁的被收养的男孩，他性侵了他养父母家的10岁的妹妹。他的妹妹在另外一个治疗师处接受治疗。他的养父母因为他的行为非常生他的气，并对这件事对他未来的影响感到担忧。他们寸步不离地监视他，但是这个男孩拒绝告诉他们为什么他会那样做。

[①] D.J.西格尔（Siegel, D.J.）:《正念治疗师》(*The Mindful Therapist*)，第25页，纽约，NY: 2010年版。

[②] T. 布莱克（Brach, T.）:《激进的接受：用佛心拥抱你的生活》(*Radical Acceptance: Embracing Your Life with the Heart of a Buddha*)，第27页，纽约，NY: 班坦出版社，2003年版。

[③] J.H.奥斯汀（Austin, J.H.）:《禅-脑反思》(*Zen-Brain Reflections*)，第237页，坎布里奇，MA: 麻省理工学院出版社，2006年版。

第四章
接受其他人的内心世界

丹建议只有父母首先能够接受他的这种行为的愿望，他们才能够帮助这个男孩交流他的体验以及他对于妹妹的行为。起初他们发现很难做到这一点，他们害怕如果接受了他的愿望，他们会被认为是允许了他的这种行为。

当这个男孩的父母能够理解只是接受他的愿望的价值时，丹开始和他们三个一起聚会讨论。在第三次这样的讨论中，这个男孩告诉丹和他的父母，他6岁时看到一个叔叔性侵了他的亲生姐姐。他哭着说道，他不想让他的妹妹的初次性体验像他的亲生姐姐那样么恐怖。

在接下来的聚会讨论中，他能够探索他对于自己所看到的那种恐惧以及他对于事后的回忆。他的父母能够体验对于他内在生活有同情的接受，并理解它如何导致他对于他妹妹的行为。他们能够做到这一点，并且清楚地知道他的这种行为对于他自己和他妹妹都是不安全的。他们需要保证他不会再那样做了。对他体验的接受以及对他行为的限制，帮助这个男孩感到他是被爱被珍视的，同时也感到是安全的。

当人类感受到不管他们是谁，他们是被无条件地接受时，他们更容易在家庭和更大的群体中生存繁荣。你对于孩子无条件地接受产生了安全和价值的基础，这种基础会增加她想要符合家庭的传统并实现它的目标的动机。接受会让她更愿意去交流、去探索并学习这个人际世界。接受会加强你和她的关系，也会帮助解决冲突，孩子会更愿意做出这个家庭所支持和赞扬的行为，尽管她自己可能不愿意这么做。

你应该如何实践接受同时对行为做出评估和反应呢？答案在于接受和评价所引导的方向。我们相信接受——全然的接受会对你孩子的

行为产生深远的影响，以及当接受指向她内心生活的各个方面：她的思想、感受、愿望、动机、记忆、感知、价值观和判断时，接受也会影响她对她自己的全面感受。当她的内在世界得到全面接受时，不仅行为冲突更容易解决，这些冲突也更不容易发生了。自相矛盾的是，当你仅仅关注行为目标和行为后果时，冲突和行为问题往往增加了，而你对它们的影响则减少了。当你更加注重接受你孩子的内心世界包括你们内心世界的不同，这时行为冲突和行为问题则趋向减少。

接受一个人却不接受他的行为——即"爱这个罪人而痛恨罪"的宗教和文化传统由来已久。通过接受生理的或心理的事实，你会最容易决定你需要做出什么来纠正它。"最应该恐惧的是恐惧本身"这句话绝对有它的道理。当一个人因为某个事物或某件事感到害怕时，如果首先她能够让自己在接受的前提下，意识到自己的恐惧，并观察和理解它，她更能够解决她的恐惧。如果恐惧导致恐慌，并感觉需要停止这种恐惧，这个人就很难理解恐惧，也不知道如何处理恐惧。

这和其他的宗教传统是违背的，在这些宗教传统中一个人的想法、感受和愿望并不总是被接受的。许多天主教徒因为"不洁净的思想"而需要忏悔。觊觎邻居的妻子和财物是十诫中的两条。这些禁忌意味着这样的信念，当一个人思考一种行为并想让它发生时，这个人更有可能做出这样的行为让其发生。

假设我们告诉你不要想一头大象。告诉你之前，你很可能没在想大象。既然我们已经说了不要想大象，我们已经把这个想法放到你的脑子里。不让你去想这些会让你更加地去想大象。设想一下你接受了你大脑中大象的存在，或许回忆一下最近关于大象的过去的经历。你的大脑会很快移向其他更有趣的内容，你不需要试图停止，你的大脑也会停止思考大象。

第四章
接受其他人的内心世界

在心理学圈子也是如此,有一种观点是当我们沉迷于做某事时,我们更有可能最终遵循我们的意愿。即使这或许是真的,问题是我们如何处理这些强迫观念。相比于不去思考这些强迫观念而去控制它们,最有效的做法是首先接受它们的存在,然后反思它们,这样这些强迫观念更有可能减少。

大部分人将他们的想法、感受和愿望等同于他们自身的一部分。当某人评估这些时,这个人经常感到被评价和被批评了。对于别人改变她的努力会变得更加抵制。告诉你的孩子她不应该想要其他孩子的自行车、她不应该在数学课上想着踢足球、她不应该生老师的气并不会有效改变她的想法、感受和愿望。

假设你告诉你的伴侣你爱她,但是你想让她改变她的性格。你的伴侣是不会同意的。如果你告诉你的伴侣你不能接受她的某种行为——比如你们一起吃晚饭时她在读书——她或许能够理解并改变她的行为。如果你增加了你的要求并假设她有这种行为的原因或许是因为她太以自我为中心了,又会发生什么呢?她很可能变得更加自卫而不是改变她的行为。

这种对他人内在世界的评价不会得到感激或引起行为的改变。一个人更容易受到激励改变她的行为,当她确定她被完全接受时。当我们能够区分一个人的行为和这个人本身并只评价行为时,这个人才更有可能愿意改变她的这种行为。

因此,接受你的孩子是影响她行为最有效的起点。她更有可能既信任你纠正她行为的动机,也能相信你重视的是她这个人。如果她知道她被无条件地喜欢和重视是因为她这个人,她就很少再会认为别人对她的批评是针对她个人的。对于行为批评,她也不会变得那么具有防御性。当她体验了你的接受,在你的注视下,她的自我仍能感到安全。

接受和大脑

美国神经心理学家斯蒂芬·伯格斯（Dr Porges）的研究能让我们更好地理解接受的重要性。伯格斯博士发展了大脑功能的一个重要方面——多层迷走神经系统，这个模式广受推崇[①]。

这个理论认为在大脑中有交错复杂的系统，这些系统的功能是有利于我们能够参与到别人的活动中：社会参与系统。这个系统的首要职责是瞬间决定另一个人对于我们来说是否安全。这就是我们大脑深处的超潜意识。如果我们察觉到自己是不安全的，我们要么会启动活动性防御（反抗或者逃走）或者是固定防御（静止不动、装死、解除关系）。当我们感到自己是安全的时候，一个包含腹侧迷走神经复合体的神经系统就会激活。腹侧迷走神经复合体是自主神经系统的一部分，用于调节心率、呼吸、消化和其他身体机能。老的背侧迷走神经复合体驱动身体反抗或逃走，或者固定身体让其隐藏或不动。最新的腹侧迷走神经复合体即社会参与系统，因其在安全的人际关系中有助于形成开放和参与的意识。迷走神经复合体只存在于高级的哺乳动物中。它让我们在开放接受的意识状态中互惠地参与到与他人的交往中。这个系统让我们做好准备用面部表情、声音变化和节奏、手势、姿势和触摸等非语言交流与他人交往。当我们感到安全时我们发展了这些技能。当条件合适的时候婴儿非常擅长用这种方式与他人交流。当我们感到不安全时，我们更专注于自我保护，这会限制我们与他人的交往。

我们拿出伯格斯的研究，是因为他相信当我们安全时这个社会交

[①] S.W. 伯格斯（Porges, S.W.）：《多层迷走神经系统：情感、依恋、交流和自我调控的神经心理学基础》(*The Polyvagal Theory: Neurophysiological Foundations of Emotions, Attachment, Communication, and Self-Regulation*)，纽约，NY: W.W.诺顿出版公司，2011年版。

往系统以及出现的开放、互惠和交往的意识状态被激活,是因为此时我们感觉到我们是被他人接受的。相反的,当我们被他人评价的时候,活动性防御或者固定防御就会被激活。伯格斯谈到了所有的评价,不管是积极的还是消极的。这一点很重要,因为评价是行为管理训练的核心部分,而行为管理训练运用的即是后果、奖励和惩罚。

  行为评价是抚养子女的不可或缺的一部分,如果你接受你的孩子行为评价会最有效。通过接受,社会参与系统就被激活。当你的孩子被评价时,她开始进入防御系统。如果在她自己内心深处,她知道她是被无条件地接受时,即使她的行为被评价时,这种倾向也会被阻止或最小化。

  不管行为问题是否已解决,不管需要花费多长时间,接受是始终如一的。这表明社会参与系统以及其对于接受的支持比后果更能增强父母影响子女的能力。

  我们发现引人入胜的是老的迷走神经安静呼吸、降低心率并变得静止来保护自己(装死)。在这种状态下,我们减少了我们和身体以外的交往和对其的意识。比如,一个被父母责备的幼儿就会不想动、隐藏、变得安静并避免眼神接触。新的迷走神经会安静呼吸,降低心率并让身体准备好接受其他人,变得更加开放更加全面地参与。这种状态下我们会增加与我们身体之外的接触和意识。当一个幼儿喜欢和父母待在一起时,此刻她就会全面参与其中。她的眼睛专注于他的父母,表现得与父母的表情相协调。

羞耻和内疚

  对于羞耻感和内疚感的研究,为接受他人和仅仅评价他人的行为的价值提供了绝佳的例子。羞耻是关于自我的一种情感,源自于"我

很坏""我不可爱"的自我感受。当一个人这样感受自我时，产生的羞耻感是非常有压力并且是痛苦的。由于此，许多人要么通过自我否定这些感受，要么通过否定带来羞耻感的行为来试图避免羞耻感。当面临行为以及这种行为带来的后果时，前一种反应反映在孩子身上时，孩子会说："我不在乎！我不会为此感到烦恼！"后一种反应反映在孩子身上时，孩子会说："我没有做这件事！"因此，羞耻会诱导说谎（我没有做这件事），制造借口（那是个事故），责备他人（她夺走了我的运气），或者将行为的后果最小化（她受伤并不严重，她在夸大其词！）。羞耻感是如此令人痛苦的一种情感，当个体面对她的行为所带的这种感受时总是避免想到它。她的反应通常是勃然大怒："不想再讲了！我不想想这件事！你不断提这件事只是想让我生气！"我们将在第七章探索"防御羞耻感"的这些反应。

因此，羞耻感是一种以自我为中心的情感。它的功能是保护自己免受他人的攻击。羞耻感让我们隐藏自己并避免眼神交流，最终孤立自己。它会妨碍解决人际冲突和人际关系的修复。因此，羞耻感可能会减少联系的行为，比如面临问题时不会向父母寻求支持。

羞耻感的痛苦会形成逃避困难和问题的习惯。它会让人想着明天再解决问题而不是今天面对。争执会产生羞耻感的风险是这个争执没有发生的原因。一种"坏习惯"所带来的羞耻很有可能阻止一个人改正这种坏习惯。犯错误所带来的羞耻感也可能是一个人不从错误中学习的原因。

与羞耻感相反的是，内疚是与一个人行为相关的情感。一个人内疚时会说："我做错事情了。我破坏了规则。我伤害了别人。"感到羞耻的人总是试图否认引起自我感觉不良的行为，与其相反的是感到内疚的人总是试图承认自己的行为。她想要修复因为她的行为造成损害

第四章
接受其他人的内心世界

的人际关系。结果这个人会被激励承认这种行为，道歉并可能做一些举止旨在修复这段关系。这个人发现公开地承认自己的行为时，内疚感会减少。内疚感是一种以他人为中心的情感。内疚是一种感受到自己因为自身的行为伤害到他人的一种反应。内疚感是与同情相关的，而羞耻感是与对他人较少的同情心相关的。减少孩子的羞耻感，为内疚感的发展留些空间，对发展孩子的同情心，鼓励孩子良知的形成是大有裨益的。

对于正在成长的孩子来说羞耻感是先于内疚感出现的。当你责备你的幼儿时，她体验到羞耻感是正常的。她会试图隐藏自己，变得安静话少。当你安慰她和她重新建立关系时，羞耻感的体验就会减少。这时候就有可能讲明或者简单提一下责备她的原因。幼儿就能够想到她做了什么，并明白这件事。这样你的孩子开始认知她的行为所带来的后果，学会同情他人并为别人的悲痛而内疚。通过重新建立关系来修复关系会给孩子提供这样的一种心理事实：即使她做错了某件事，她也是无条件被接受和被爱的。孩子体验到的人际关系比对她行为的反对和冲突要重要得多。

如果父母不安慰孩子，也不与他的孩子重新建立关系，羞耻感就会变得更严重。这个孩子很可能不会形成对自己行为的内疚感。她对于父母对她行为的责备仍然感到羞耻。于是她认为父母不满意的是她这个人。

告诉你的孩子"我生的不是你的气，我生气的是你的所作所为"，这样就会帮助孩子形成内疚感而不是羞耻感，这也为同理心的发展提供了基础。然而有时候结果并不是那么积极。这可能是因为你对于这种行为的不满太多时间也太久。非此即彼，可能是你不想修复你们的关系，你不想和你的孩子重新建立关系。有时候父母把断绝关系作为惩戒的一种手段，不跟孩子说话或者不亲近她。这也通常会诱导羞耻感而不是内疚感。太多这种类型的惩戒不利于同理心的发展。

研究者们表明不断感到羞耻和许多不同的心理问题有关。坦尼（Tangney）和迪尔林（Dearing）认为这些心理问题包括"抑郁、焦虑、进食紊乱症、亚临床社会变态、缺乏自尊心"[①]。然而内疚感和任何心理问题无关。当一个人说他"太内疚"时，他所体验到的很可能是羞耻感。

因为羞耻感关注的是自己，而内疚感关注的是行为，那么一个人会否认羞耻感，但是承认和改正与内疚感有关的行为就可以被人理解了。行为比自我的一部分更容易改变。如果我对于我自己是不好的感觉，这种情况是不容易改变的，那么这时候我的回应更可能是否定或大怒。当我们感受到对我们自我感知，自我认同的攻击时，这种反应是很自然的。因为这时候我们自身是不被接受的。

虐待和忽视

当一个小孩子经历过她父母的虐待和忽视时，她唯一可能的结论是她很坏，她不可爱。即使以后，长大点儿的孩子或许知道他父母的行为在外人看来是不可接受的，她仍然可能把这种行为归结为自己的错误。因此，受到虐待和忽视的孩子几乎都会处于羞耻的状态。这种状态经常存在并且如此痛苦，以至于孩子会形成种种的防御措施和症状，把羞耻感隐藏起来。最通常的情况是她否认它的存在，或把它造成的影响最小化。

[①] J.坦尼（Tangney, J.）、R. 迪尔林（Dearing, R.）：《羞耻和内疚》（*Shame and Guilt*），第120页，NY: 吉尔福德出版社，2002年版。

第四章
接受其他人的内心世界

孩子从父母那里受到的虐待和忽视也会降低孩子对其他成年人的信任（比如，养父母、老师、治疗师）。她或许相信其他的成年人不会虐待和忽视她，但是她不会相信这个成年人真心喜欢她或者认为她是一个好孩子。这会导致以下的想法，比如"如果你真正了解我是什么人你就不会喜欢我了"或者"你只是在假装喜欢我，这只是你的工作"。这个孩子会努力隐藏她"邪恶的本质"，期待着只有这时别人才会喜欢她。这也会导致持续的羞耻感，这会阻止受到虐待和忽视的孩子运用更积极的人际关系来改变自我感知。她不会开始体验她好的一面。

丹曾经对一个4岁的被收养的小男孩本进行过简单的治疗，这个男孩在他出生的头一年被严重忽视。本在接下来的两年里住在一个寄养家庭中，后来他又被收养。在和他的收养父母住在一起的这一年中，他非常安静，也不亲近他们。他很听话，也和他们一起玩耍，从许多方面来看，他似乎发展得很好。然而更让人担忧的是他缺乏情感表达，并且对于别人的安慰和喜爱表现出明显的冷漠。丹发现相比和收养父母，本曾经和他的寄养父母关系很好，更愿意表达自己的感情。

在第二次和本以及他的收养父母的共同聚会中，丹用一种讲故事的口吻来探索本早期的生活。本一边玩地摊上的玩具，一边安静地聆听。当丹提到他的寄养父母时，本变得紧张起来。接着丹讲到那天一个社工告诉他，他要和一个新家庭一起生活时。本哭喊道，"我很坏！"，就捂住了他的脸。丹继续讲这个故事，也讲到了本所相信的他很坏并因此他不得不离开他的寄养家庭。接受了本认为他很坏的体验，丹才能够表达自己对于本的经历的同情。本大哭着，他的收养父

母把他抱起来并安慰他。本在妈妈的怀抱里哭泣。

如果丹不接受他的感受而只是向他解释他离开寄养家庭是因为寄养是暂时的,很可能本会变得安静,拒绝也不会接受对他感受的安慰。只有首先接受并同情本的感受,丹才静静地讲述了寄养照顾的暂时性。本才能够将这一信息包括在他不断变化的人生故事中。

接受的态度对于帮助受到虐待和忽视的孩子开始重新组建自我感知的缓慢过程是至关重要的。接受使她对成人对她的感受持开放的态度。通过接受这个孩子的内在世界,家长或老师慢慢帮助她知道任何纠正只是针对她的行为而不是针对她这个人。然而,这一过程是缓慢而艰辛的。孩子不会轻易地相信成人所说的:"我生的不是你的气,我生气的是你的行为。"这个孩子,"知道"自己真的很坏,将更容易相信这个大人不喜欢她,很快会把她送走。

因此,受到虐待和忽视的孩子从她周围的成年人那里感受到的拒绝要比接受多。通常她要么生气要么退缩到孤立自己。她试图假装这个大人对她来说是不重要的。她可能会为了保证这个家长真的对她来说不重要,而去避免发展亲密或信任的感觉。这不是虚伪,这个孩子深信自己是不可爱的。成为一个家庭真正的一分子,永远被珍惜不被抛弃,这样的人生对于她来说是无法拥有的。她和正常的孩子不一样,她是一个弃儿,没有人想要她或者爱她,对于任何人来说她都没有价值。

大部分孩子把从父母和其他成年人处得到认可,看作是理所应当的,但是对于遭受过虐待和忽视的孩子却不是这样。正是这些孩子最需要被认可。承认这一点很容易,但是给出这种认可却面临着独有的

第四章
接受其他人的内心世界

挑战。例如，这个孩子表现出的症状可能是极端而普遍的。这个孩子对于父母、老师或者治疗师的排斥是极端的。即使是最会照顾孩子的成年人，也会忽略这个孩子的这些症状。这个成年人不会表现出认可，只会看到并对这些症状做出反应。

富有爱心的成年人不是机器人，但是人类大都更愿意和一个孩子建立一种互惠的关系，至少在某些时候这个孩子能够表现出他很在乎这个成年人。当这个成年人相信他的努力会得到回报时，他才能够找到动力继续照料这个孩子。如果这个孩子没有表现出这些，最好的养父母也可能开始厌烦，减少他对这个孩子的付出，最终结束这段关系。而即使亲生父母或养父母可能还会继续给这个孩子提供物质需求，但是心理上就开始解除和孩子的关系。

这种关系破裂会给孩子带来创伤。结果是，她更不会去相信下一个富有爱心的成年人的认可和承诺了。这对于成年人来说也是令人痛苦的。他坚强地承诺他会用他的关爱给这个孩子的生活带来改变。面对着这样的失败，这个成年人会面临着自己感到羞耻的风险。这种羞耻感会让最有爱心的成年人因为失败而去责备这个孩子。无意间，这个成年人会用非言语的形式传达出这个孩子是"无可救药的"或者"徒劳无功的"的责备。当成年人放弃这个孩子时，她很有可能感受到对于自我感知的进一步的肯定，她自己普遍存在的羞耻感是正当的。

如果家长想要继续悦纳他的孩子，即使孩子有严重的、持续的不良行为，那么这个家长也需要持续不断的支持，才能够日复一日，月复一月地照顾这个孩子。帮助这个家长感知这个孩子积极的一面，在这种行为下仍然喜欢这个孩子，这些会决定着这段关系的成败。或许这只需要这样的一种关系，在这段关系中，这个孩子开始真正感受到没有条件的认可，这能让孩子减少她的羞耻感。接着她会发现在这些不良行为的症状下她是什么样子的，被虐待之前她是什么样子的。她能开始学会在这段关系培育的自我感知的基础上如何发展自己。

一位养母告诉丹她处于青春期的养子在过去的6个月行为的改善。

丹：你儿子最近表现怎么样？

养母：表现好多了，太令我欣慰了。

丹：那就太好了！那你知道是什么使他进步的吗？

养母：是我改变了。一天我开始思考他和我，只是思考。我意识到他是我的儿子，不管他是什么样子我都会接受他。即使他不做出改变，我也会接受他。我仍然督促他改变自己的行为，但是即使他没有做出改变，我仍然接受他是谁。

丹：仅此而已吗？

养母：仅此而已。而且你知道吗？我没有告诉他我是怎么想的，但是一段时间后，我发现他开始改变！他似乎知道我的想法。

丹：那么你会永远接受他？

养母：是的，即使他从未改变。但是他已经开始改变了！

接受和交互主体性

第一章已经描述了交互主体性的本质以及它在孩子发展自我感知、感知他人和理解世界中所起到的关键作用。

接受你的孩子和他的内在生活是非常重要的，它能确保你的孩子通过交互主体的经历充分参与到学习的过程中。

第四章
接受其他人的内心世界

交互主体经历指的是：关系中的一方的主观感受影响着另一方的主观感受。交互主体性意味着开放、感觉敏锐、参与并接受另一方的感受。如果你不认可你孩子的感受，你的孩子很有可能将他的感受隐藏起来。你也不能够帮助他弄明白，加深并组织他对于她自己、别人或一件事的感受。当一个孩子不自信她的父母会接受他的内心世界时，他会对家长开始隐藏他的想法、感受、愿望、记忆和意图。这会迫使他无须帮助地试图去弄明白他的生活所发生的一切，以及更重要的问题，他是谁。这也迫使他独立地应对困境。

当你的孩子孤独地应对他的内在世界时，他极少会形成反思，思考或理解他的内心世界的习惯。他不知道他想的是什么，感受到的是什么或者什么是他想要的。他或许会记住一件事，但很少会记住他对这件事的感受。他不会发展内心世界的语言，也不能向别人交流感受。这样就会形成一个恶性循环，更加孤立自己，他的内心世界也更加封闭。日复一日都生活在一种不确定性中。不确定他是谁；对于自己的感知是杂乱的、不连贯的到处都是空白。

当你的孩子的内心世界是你所认可的，更可能对他的内心世界更感兴趣，并开始理解它并与它交流。通过交流他对于自己或一件事的感受，对于你对他感受的回应敞开胸怀。这就是交互主体性的全部内容。父母观察孩子的感受却不去任意评价这个感受是正确的还是错误的，它就是它原本的样子。这样父母就影响了孩子组织他感受的方式。这样做的特点是开放、接受、好奇心和同理心。这个孩子就会对他家长感受他和这个世界的方式变得开放。这就是父母对孩子发展影响的核心。

假设一个男孩鲍伯，他拒绝了与好朋友去看比赛的要求，他怀疑自己这样做对他的好朋友来说是否公平。注意一下接

下来这两个小片段的不同之处。

第一个片段中,母亲用她的想法代替了她儿子的想法。

妈妈:(以一种理性判断的语气)你告诉他你不去了,怎么了?

鲍伯:昨天我告诉他我可能会去但是我又决定不去了。

妈妈或许会用不同的方式回应,每一种方式都表现出她替她儿子思考的愿望:

好吧,你没有承诺而现在你决定了,所以就忘了它吧。如果他为此感到烦恼那也是他的问题。

反正去看比赛是浪费时间。你做出了正确的决定。

如果你让他相信你会去,即使你没有许诺你也应该去。不要让他失望。

他是你的好朋友。即使你不想去,你也应该去。换做是他,他就会这么做。

鲍伯:谢谢妈妈。我会处理的。

当鲍伯向他的妈妈表达自己的苦恼和不确定性时,她试图解决这个问题,替她的儿子做出决定。她假设如果她知道这其中包含的因素,用她的经验和远见,她能知道对于鲍伯什么是最好的选择。这种假设在很多情况下可能是无效的。鲍伯不确定的原因可能归结为许多可以量化的社会和情感因素。如果鲍伯听从了妈妈的建议,当他意识到这对于他来说并不是最好的决定时,对他已经为时已晚。对于鲍伯的发展来讲,更困难的是对母亲为他做出的决定形成依赖性。这会干涉他对于自己内心世界不断增强的意识,也会阻碍他发展在斗争的思想、感受、价值观和愿望中做出选择。或者,当

第四章 接受其他人的内心世界

他不得不做出艰难的选择时,完全不依赖妈妈的帮助。这更限制了他的发展。为了避免母亲试图为他做决定,他现在不得不独立地全部自己做决定。

相比之下,下面是鲍伯和他妈妈之间一个简短的互动,妈妈保持交互主体性存在的同时接受她儿子对于他的决定的怀疑和斗争。

妈妈:(以一种接受的语气)你告诉他你不去了,有什么问题吗?

鲍伯:昨天我告诉他我可能会去但是我又决定不去了。

妈妈:我知道了。他认为你或许会去,现在他失望了。

鲍伯:是的,他很希望我去。如果我去的话也是可以的。

妈妈:似乎你在试图平衡你好朋友的感受和你自己的感受,你自己的感受又没有那么强烈。

鲍伯:是的,妈妈。我知道如果我拒绝他的话他也不会不高兴。我只是在想或许我应该去,因为我们一起去对他来说很重要。

妈妈:那他也可以和他其他的好朋友一起去呀?

鲍伯:是的,但是我认为他跟我在一起他会觉得更有趣。我们相处得很好。

妈妈:宝贝,我知道你矛盾的地方了。你在平衡你的需要和你最好的朋友的需要。拥有一个好朋友时很难做出选择。但是,知道他是你的好朋友会给你信心,不管你做出什么决定你们仍然是好朋友,尤其是你很努力地做决定的时候。他对你很重要,你对他也很重要。你们彼此都知道这一点。

鲍伯:所以你不会告诉我我该怎么做,是吗?

妈妈：插手你们的友谊吗？没门！

这里，鲍伯和他妈妈分享了他的疑虑，他们都随着鲍伯的想法、情感和意图探索了他们对这些的感受。这样一个毫无评判的探索之后，他能更好地做出决定。鲍伯的妈妈没有评价她儿子的行为，而是简单地分享了她对于他不确定的想法的感受。相比于妈妈为他做出决定，在接下来的时间里，鲍伯将会更擅长做出决定。

结论

当你认为你爱你的孩子时，这很可能包括你无条件地接受你的孩子，不管是更好的方面还是更坏的方面。

在你对你孩子的承诺中，你知道不管发生什么，你都会和她站在一起。或许你会完全不同意甚至排斥她的行为，但是不管她行为所带来的后果是什么，你都会和她待在一起。但是涉及惩戒时，接受会变得有点儿复杂。在惩戒她的时候你稳定地接受会给她安全感和信心。她的行为不会摧毁你和她的关系以及你对她这个人的爱。当你接受她并表现出对她理解和组织她内心世界的能力的信心时，她会更充分地用不同的方式发展她的内心世界，这些方式会同时激发你们的自豪感。她会发展她独特的人生之路，同时在她成年的过程中还与你保持亲密。

丹3岁的外孙女在最近过去的两周中好几次告诉她的妈妈，她不再爱她的妈妈了。她的妈妈完全接受她女儿内心生活的这种陈述。她用不同的方式回应：玩耍、好奇心或者同理心。她的女儿很快失去探索的兴趣，不爱她妈妈的想法或者她的妈妈会如何回应。她发现了一些非常重要的事情,那就是她告诉妈妈任何她的想法、感受或者要求都是安全的。接下来的一周,当她做一些需要妈妈纠正的事情时,她会说,"我不感到抱歉"。她很快对这种表达失去兴趣了。

对于丹的外孙女来说,在妈妈的爱所带来的安全感中,接受就是栩栩如生的现实,让她自由地探索她的内心世界。

第五章
用无条件的接受进行家庭教育

Creating

Loving

Attachments

创造爱的依恋

你需要信任你孩子不断发展的能力，知道他最大的兴趣是什么。这意味着你将不得不接受偶尔他会犯错误，并从错误中学习。对于他的发展来说这或许比替他做决定，防止所有的错误或者当他做错事时试图拯救他要更好。如果你很好地抚养他，他会形成他自己自主的能力，知晓什么情况下做什么对他来说是最好的。

第五章
用无条件的接受进行家庭教育

前一章我们讨论了人际关系中接受的价值，尤其是父母子女的关系。现在我们将着重在每天的家庭教育中实践接受的教育观念。描述接受比看起来要难。接受就像我们呼吸的空气。我们把它认为是想当然的，如果接受不存在，父母和孩子都会很快意识到这一点。当我们试图写接受时，我们发现我们在写玩耍、好奇心或者同理心。这些品质马上先出现在我们的脑海中，而接受则静静地移到了后面。然而没有接受，PACE的其他三个品质对你的孩子和你和他的关系的影响，将会减少很多。

接受指的是和你的孩子开放交往的态度。你意识到和你在一起时他是什么样子的，和他在一起时你是什么样子的。你允许自己简单的意识主导自己的感受。你并不试图改变他，你只是意识到你们在一起的时光。没有这种接受的体验，很可能你的孩子会变得有防御性。他可能感受到你的交流是对他的评价，并会寻求自我保护。他可能会变得生气、充满敌意或者自责。所有这些都会削弱你们的关系。

对你的孩子的感受持开放的态度，你在允许他的感受对你产生影响。他的感受对你来说有了意义。同时，你对孩子的认可也会让你对你的孩子产生影响。对他感受的理解将影响你与他交流的方式。这反过来也会影响他对你的感受。接受让交互主体性产生作用。

本章也会解决在感受和传达认可时遇到的困难。像PACE的其他特征一样，提供认可说着容易做到难，尤其当你自己还是孩子时，对此并没有很多感受。当你的孩子的行为充满挑战时，接受是非常困难的。

当你很累，还面临着其他更多的责任时，实践认可也很困难。我们希望当你很难接受你的孩子时，你能够接受自己。有了自我接受，再接受你的孩子就容易多了。

接受的故事性本质

你或许会回想起上一章，我们描述了接受以及大脑中的社会参与系统。当这个系统被激活时，人际关系就会活跃起来，深入参与彼此当中。这个系统是由认同感激活的，用声音高低和节奏、面部表情、手势、姿势和抚摸进行传达的。你和你孩子说话的方式也会有影响。

假设你在讲一个故事。如果你用单调的语气或是说教的语气来讲一个故事，你是不可能吸引到观众的。观众会变得分心，失去兴趣。所以和孩子讲话也是同样的道理。帮助听者融入到这个故事中，并集中注意力，你需要一种特定的讲话方式。这种说话方式需要高度参与、将故事讲得活灵活现。你讲故事的语气帮助他集中注意力。这样他能感受到你对他的认同和他的体验。有时候这种参与是活泼的，有时候是安静的。有时候你主动开始互动，有时候你对孩子的主动做出回应。通过这种互惠的活动，你仍然保持开放和参与。你传达的意图是简单地接受他，意识到他并理解他的内心世界。

你的非语言交流最能明显地表达你的认可。你的眼睛和面部表情都表现出接受你的孩子，并充分参与其中。你的言语表达包含语调的变化和节奏。当你捕捉到这一画面时，你会注意到这多么像讲一个故事而不是一场严厉的演讲。你的动作和手势自然地表达出你对你的孩子有完全的兴趣，你很享受与他共处的时刻。

同样重要的是你的非语言交流应和你的孩子的节奏相同。你们的情感表达方式要相匹配。有时候你是领导地位，注意到他配合你的领导；更普遍的是，你会开始体会他的感受。如果他很安静很伤心，你也很安静，表现出你对他情感状态的认可。如果他焦躁不安，你是活泼且受控的，帮助他能够控制自己的情绪。通过与他的情感表达相匹配，你表达了你对他现在感受的充分认可。通过这些充分参与的时刻，你的孩子感受到你的认可并开始和你互动。

当你越来越认可你的孩子和他的感受时，自然地你就会对他有越来越多的同理心。这种同理心与认可以同样的方式被传达。我们会在第九章予以进一步的探讨。

将认可带到家庭教育中

这部分我们将探索向孩子表达认同的不同方式。我们会解决当你需要对他的行为有所限制或有所期待时，如何仍然接受他的内心世界的重要问题。

接受你孩子的内心世界：仅仅评价他的行为

上一章我们强调了即使当你需要对你的孩子的行为有所期待或有所限制时，接受你孩子内心世界的价值。当你接受他的想法、情感、愿望、感知、意图、记忆和评价时，他更可能接受你对他行为的限制。如果你坦诚地告诉他即使他不同意你的做法，认为你是不公平的或者他想要做的并非如你所愿，这些对你来说也是可以的，那么他更有可能达到你对他行为的期待。如果你暗示你们想法、情感和愿望的差异，预示他是错误的，而你是正确的时，他更有可能抵制你对他行为的期待。

让我们来设想一个简和她12岁女儿布莱娜的对话。通常我们会设想这个对话两次。第一次简表现出评价和审判的态度。接着我们会重放这次谈话，这次简会表达对布莱娜感受的认可。我们设置的情景是布莱娜被邀请到她的朋友杰妮家共度周末。简同意布莱娜星期六大部分时间都和杰妮在一起但不是整个周末。

布莱娜：这不公平！你从来不让我高兴！

简：你才不公平呢！你完全误解我了！

注意到简是如何迅速回应女儿，告诉她的女儿她的感受是错的。

布莱娜：你就是不想让我高兴！你总是说让我待在家里，做完我的作业然后和家人待在一起！

简：好吧，你还知道你是这个家的一员。

布莱娜：对呀，如果是你想要做的，就是为了这个家；如果是我想做的，你就说我自私。

简：你最好当心你说的话。

布莱娜认为她妈妈将她的愿望看成是自私的表现。如果那是她的感受，这表明她怀疑她妈妈对她的看法。理解这些怀疑要比因为她把这些表达出来而生她的气明智。

布莱娜：但是就是这样！你似乎总是认为当我为自己做一些事情时，我就是自私的，我不想为这个家做出自己的贡献。

简：你才12岁，布莱娜。你还没准备好独立地来去自如。

布莱娜：我并没有这么要求。我只想和杰妮共度一个周末。这也是过去的几个月我第一次这么要求。

简：既然我拒绝了，你就应该接受并对你自己的行为和认为我是一个糟糕的妈妈的想法感到抱歉。

简又一次不认可她女儿的想法和感受。相反地，她将它们审判为应该为你自己感到抱歉。她还说布莱娜批评她的行为是不对的。

布莱娜：我才不会为自己感到抱歉！你这样说太刻薄了！

简：你没有权利说我刻薄。我很理智。你才是那个尖酸刻薄的人。

简认为她的想法是理智的，而她女儿的想法是不理智的。她说当她女儿内心的想法和她不同时，就没有权利表达自己的想法，这种说法是大错特错的。

布莱娜：当然了，总是我的错。

简：你是那种当要求被理智地拒绝时就不高兴的人。

布莱娜：我希望你有时候听听我的想法，而不总是试图干涉我的生活！如果我不同意你，我就是那种不懂得感恩的女儿。

简：对我来说你的所作所为确实有点儿没有感激之心。我为你做了那么多，我让你做那么多你想做的事。而你从来不满足。你认为我刻薄，或许我是我们周围邻居中最好的妈妈了！

布莱娜：对呀，你应该得个奖牌！

简：不要再嘲讽我了！你应该开始面对事实，你是那个不理智的人，而不是我。这是你的问题，不是我的。

布莱娜：就像我之前说的，你从来都认为是我的错，你从来都不做错事。

简：你并不这么认为。我承认我也会犯错误。你这么说只是为了让我感到内疚，好让我向你屈服。这是不可能的事。

简继续批评她女儿的想法和感受。结果冲突再次升级。现在的争论不再只是如何度过周末了。现在是关于她们的关系以及交流和开放性的规则了。简传达着这样的信息：她的女儿是不允许表达对母亲行为的负面评价的，而简是允许对她女儿的动机和行为持负面假设的。

布莱娜：现在你知道我的动机比我的行为还要好。我想让你感到内疚。如果我再说你错了，那我就又错一次，而且还不理智！

简：这种谈话就是浪费时间。你根本就不想听我说。你会一直和我争论下去，因为你想按你自己的方式做，你不会达到你的目的的。

布莱娜：你从来都不听！你无所不知！

简：布莱娜，你又越界了。现在你周六也不能去她家了。

争论的升级现在导致的结果令他们的关系更紧张了。这本来是可以被避免的，如果简接受了她女儿的想法、感受和愿望，同时坚定她关于这周末如何度过的决定。

布莱娜：那就太好了！你比我知道的所有妈妈都刻薄。我所有的朋友都为我感到遗憾，因为你是我的妈妈。

简：去你房间吧。我不想和你说话。

布莱娜：在我房间自己待着也比跟你在一起强。

简：不到我叫你吃晚饭就一直待在那儿吧！

布莱娜：别担心，我不饿。

简：我没意见。

第五章
用无条件的接受进行家庭教育

在这个对话中，简评价并批评了她女儿的感受，包括她的想法、她的情感、愿望和信念。她似乎是为了说服布莱娜她的感受的脆弱，接着又告诉她应该怎么想、怎么感受、怎么说以及想要什么。简的目的似乎是为了强迫布莱娜改变她的感受。这种强迫似乎比不让她和朋友共度周末还要强烈。结果，这次谈话就导致了母女双方渐增的自我防御、感情上的疏远、愤怒和矛盾升级。

现在是对话重播。注意一下当简认可布莱娜时对话的不同。

布莱娜：这不公平！你从来不让我玩儿得高兴！

简：似乎在你看来我从不让你玩儿得高兴！

布莱娜：好吧，或许是某些时候，但是为什么我就不能在朋友家过夜呢？

这次简接受了她女儿认为她从来不让她玩儿得高兴的想法，这样做之后，她的女儿能够反思她说的话。

简：全家最近太忙了。我想这个周末或许我们可以好好享受一下家庭时光。

布莱娜：我们能改到星期日晚上吗？

简：好吧，我再想最好是星期六晚上，然后星期日我们可以早起在湖边散个步。

布莱娜：但是我真的想去看杰妮！

简：我明白，亲爱的。周六的大部分时间你都能和她待在一起啊。

布莱娜：我们玩一会儿我就得离开！

简：布莱娜，很难从我们都爱做的事中选出我认为我们应该一家人去做的。很抱歉这让你难过，但是我想让我们这

周末更多地把精力放在家庭上。

简试图为她女儿的失望表达自己的理解和同情,但是布莱娜认为她的话是批评。观察下一段对话简没有说她的女儿的感受是错误的。相反,她为她说话的方式导致她女儿认为她在批评她自私而道歉。

简:我知道。很抱歉听着似乎我认为你自私。我的意思是对于任何人让他放弃自己想做的事情都很困难。不仅仅是你。现在我明白了,这个周末你更想和杰妮待在一起。我很抱歉,似乎我在要求你比我们让步的都要多。

布莱娜:好吧,似乎就是那样。好像我是那个不得不为这个家庭做出牺牲的人。我没见你或者爸爸或者朱莉让步太多。

简:那么似乎在你看来我要求你比要求其他人的都要多。如果你是那么认为的,我能理解你为什么为此感到生气了。

简表达了对女儿想法的理解,然后表明她女儿的愤怒也是有道理的。她的女儿认为她被要求要比其他家庭成员让步更多。如果她这样认为,那么她就会生气。简没有显得自我防卫。她认可她女儿的内在想法。

布莱娜:好吧,这个周末你不想自己度过。我会放弃和杰妮待在一起,似乎其他人不需要做出让步啊。

简:布莱娜,这一点你说对了。我不认为我们其他人有什么大的计划。

布莱娜:那为什么我是那个需要放弃最多的人呢?

简:这次你让步的最多,所以对你来说更难。其他时候对其他人来说会更难,未来也会是这样。但是这次对你来说更难。我能理解你的失望,以及看起来多么不公平。我能看出为什么你会和我生气。

简承认这次她女儿让步得更多，同时表达了她的想法其他时候别人也会让步更多。她没有为此争论，只是表达她的观念，自信她的女儿会用同样的方式看待这个问题，但是只有在这时认可她的伤心之后。

布莱娜：似乎就是那样，妈妈。

简：我能看出为什么它会如此，宝贝。我能帮什么忙吗？

布莱娜：让我这个周末和杰妮待在一起吧。

简：这个不行，宝贝。其他事呢？

布莱娜：那就别指望我会一直高高兴兴地在湖边散步了。

简：可别反悔哦。

这不是时候告诉布莱娜她不应该不高兴，破坏其他家人的兴致。接受她会不高兴的想法，或许是简增加布莱娜享受家庭散步的可能性的最好的办法。

在第二个谈话中，你会注意到简的目的是接受并理解她孩子通过想法、情感和愿望所表达出的感受，并用好奇心去思考它。这也会帮助布莱娜反思她的感受。接着简又只是专注试图用同情心来体会布莱娜的感受，表现出了同情。当布莱娜感受到她妈妈认可的表现和沟通时，她更能够接受她妈妈关于她不能和她的朋友共度周末的决定了。

你或许不禁会想这样的分歧似乎在第二个对话中那么容易结束。我们只能鼓励你根据你们的冲突专注接受你孩子的想法、情感和愿望。你或许会惊奇地发现你们的冲突不会升级，你的孩子也会更快地接受你的决定。

爱你孩子的独一无二意味着你接受他跟你是不同的

你或许会回想起上一章我们关于心智觉知的讨论，我们引用了杰姆斯·奥斯汀的定义"当心智觉知不断进化时，它与每一个时刻的新鲜个体相协调[①]。"当你心智觉知到你的孩子，完全接受他是如何感受他不断变化的生命的，你就会发现他的独特性。你将会感受到组成他的独一无二的特殊品质。

你想让你的孩子根据他的气质、兴趣和能力发展。你想让他发展他的潜力，展现他的精神和梦想。真正意识到这一点，你将需要接受他的内在世界，即使他内在的某些想法不同于你。你需要理解他的想法、情感和愿望没必要是错的，为了彰显你的这些是对的。或许你们都是对的，只不过是基于你们经历、想法、观念、愿望、思想和情感的不同角度。

你需要信任你孩子不断发展的能力，知道他最大的兴趣是什么。这意味着你将不得不接受偶尔他会犯错误，并从错误中学习。对于他的发展来说这或许比替他做决定，防止所有的错误或者当他做错事时试图拯救他要更好。如果你很好地抚养他，他会形成自己自主的能力，知晓什么情况下做什么对他来说是最好的。

这意味着你将需要减少你控制他生活的欲望。如果你试图进行对他无所不入的控制，他就有可能面临依赖你的决定，不发展独立思考所需技能的风险。或许，他会抵制你对他的控制，做出一些只是为了维护他独立性的行为，即使偶尔他并不想做他正在做的。对他有信心，

[①] J.H.奥斯汀（Austin, J.H.）：《禅—脑反思》（Zen-Brain Reflections），第237页，坎布里奇，MA：麻省理工学院出版社，2006年版。

第五章
用无条件的接受进行家庭教育

你将会支持他成为他梦想成为的人。

我们会再次运用我们的想象力。这次我们将描绘乔恩和他15岁女儿瑞秋的谈话。她已经决定不加入学校的戏剧社。第一种情况下,乔恩试图说服他的女儿做了一个错误的决定。他怀疑她的决定,想要改变她的心意。第二种情况下,他接受了她的想法和决定,尽管他对这件事的看法不同。

乔恩:我不明白去年你在戏剧社那么开心,今年为什么就不加入了呢。

说这句话时,乔恩的语气暗示她的决定是错误的。

瑞秋:爸爸,不是戏剧社的问题,是因为那些想要控制戏剧社的孩子在拉帮结派。如果你不同意他们,他们就让你不好过。我不需要这些。

乔恩:但是你一生中总会遇到这样的人啊,瑞秋。你不能仅仅因为你遇到一些你不喜欢的人就放弃对你重要的事。

乔恩立刻试图通过说理说服瑞秋改变她的决定。如果他接受她的感受并充满好奇和同情地回复瑞秋,或许她会从不同的角度反思她的决定。然而,那还是她的决定。

瑞秋:我知道,爸爸,这件事我已经考虑很多了。我有一些好朋友在做其他一些有趣的事,我想多和他们待在一起。今年戏剧社的孩子太刻薄了,我不想因为他们而烦恼。

乔恩:但是会有指导老师啊。如果有问题你可以告诉她啊,她会管他们的。你这么喜欢戏剧,我不想让你放弃它。

瑞秋:不,爸爸,我已经决定了。我考虑得很全面,我就是不想加入了。

乔恩：我希望你知道你在做什么。快到戏剧上映的时候，我希望你不要后悔。

乔恩最后的评论的语气表明他并认可她的决定只是甘心屈服罢了。这样，他就传达了他的观点：她的决定是错误的。

乔恩对于他女儿的决定的回应很可能会挫伤她运用自己能力为自己做出最佳决定的信心。这可能会导致瑞秋不自信，太多依赖父亲或他人为她做决定。另一方面，当她未来做决定而挣扎时，她很可能不会了解父亲的想法。孩子需要有父母在身边引导，让他们从父母的人生经历中获益，而不是替他们做决定。

现在我们可以看看如果乔恩接受瑞秋为自己做出的最好的决定，又会有什么不同。

乔恩：我不理解去年你在戏剧社那么开心，今年为什么就不加入了呢。

这次说的话和上一次说的一样，但是这次语气更为放松了。他给人的感觉是一种不加评判的好奇心。他问问题是为了决定他女儿选择对错的这种感觉减少了。他对她的决定更感兴趣而不是想要为她做决定。

瑞秋：爸爸，不是戏剧社的问题，是因为那些想要控制戏剧社的孩子在拉帮结派。如果你不同意他们，他们就让你不好过。我不需要这些。

乔恩：哦，那太糟糕了。所以是你仍然喜欢戏剧，你只是不想在这样的情况下做这件事。听起来那些孩子很坏。

瑞秋：他们真的很坏，爸爸。他们对不喜欢的人都很刻薄。我见过他们这样做。他们对其中一个小孩儿说了一些残忍的话。

乔恩：因此，他们让每个人都不好过。指导老师知道这件事吗？

瑞秋：他们不太知道。这些孩子拍指导老师的马屁，这样他们就能得到最好的角色。当指导老师不在时，他们就取笑那些想得到这些角色的小孩。

乔恩：我很抱歉，宝贝。我知道戏剧对你来说很重要。我猜你一定为做出这个决定挣扎了好久。做出这样的决定对你来说不容易。

瑞秋：是的，爸爸。但是我做出决定后，我就松了一口气。现在我有更多的时间和我的好朋友在一起。我挺喜欢我现在做的事情的。

乔恩：既然你很快乐，宝贝，我也替你感到高兴。我敢打赌即使你不参加戏剧社，你这个学年也会很开心。

瑞秋：谢谢，爸爸。我认为我会的。

在第二个对话中，乔恩提出了同样的问题。然而这次他的语气表达了他的接受，在女儿做出这个艰难的决定时他提供帮助。他让她反思了她的举棋不定，想要理解她的矛盾，并无意改变她的决定。

接受帮助发展、组织并强化孩子的内心世界

你的孩子的行为展示了他是如何度过他一天一天的生活的，很自然地反映出他内心世界是如何发展、强化和组织的。有研究表明经历过虐待、忽视和遗弃的艰苦生活的儿童很难意识到或者表达他们的所

想、所感和所要[①]。他们的记忆通常是不完整的，他们很难形成计划、目标或者有意义的兴趣。他们在生活中的内在感受没有得到成年人的重视甚至没有被发现。结果，他们的行为通常是冲动、难以捉摸并且是杂乱无章的。他们很难朝着一个目标努力，管理他们的情绪状态。

与之相反的是这些拥有连贯的、自传性叙事的孩子。这类孩子的生活就像围绕一个有意义的故事组织起来的，他能够弄明白自己的感受。他能够意识到自己的所想、所感和所要。他能够以一种符合他自我感知，他对他的家庭和整个社会的感知的模式，来弄清楚已经发生的事和正在发生的事以及他所做的事。

当你认可你孩子的内心世界时，你让他放心地去探索他的内心世界，发现他的所想和所感，而不去怀疑他是否应该有这些想法或感受。

如果他没有感受到你的认可，他很可能不会接受他自己的内心感受。这也意味着如果他发现了不太符合对他来说重要的事情的其他方面的感受，他不太可能会弄明白、组织或纠正这些感受。如果他不认可自己的内心世界，他很可能忽视它或者对此感到羞耻。他行为的方式可能并不符合他更大的兴趣、欲望和价值观。结果他的行为变得更杂乱无章、乱成一团。

设想你5岁的儿子瑞恩跑到起居室哭喊着他恨他的哥哥安东尼。如果你想理解并表现出你对瑞恩导致他这种说法的内心感受的认可，你将需要抵制下面这些做法的诱惑。

[①] D.奇凯蒂（Cicchetti, D.）、S.托斯（Toth, S.）、M.林奇（Lynch, M.）："鲍尔比的梦又回到了原点：依恋理论在风险和精神病理学中的应用"（Bowlby's dream comes full circle: The application of attachment theory to risk and psychopathology），《临床儿童心理学进展》（Advances in Clinical Child Psychology）第17期，第1–75页。

- 为了纠正瑞恩的想法，问瑞恩发生了什么。
- 告诉瑞恩他不应该恨他的哥哥。
- 告诉瑞恩不要再让他的哥哥烦他了。
- 告诉瑞恩暂时不要跟哥哥玩儿，直到他们和好为止。

所有的这些做法都不会帮助瑞恩意识到他对他哥哥那种强烈而复杂的感情。如果你想要利用目前的情况帮助他进行确定、组织和表达他内心世界的重要的发展任务，你需要着重认可他的感受。这也会帮助瑞恩认可他自己的内心感受。他会对他的内心世界有更充分的认识，开始更加明白他自己，他的哥哥和他们的关系。在这件事中，你或许已经选择了下面应对瑞恩对他哥哥哭喊和怨恨的方式：

（用和瑞恩相同的语气）你现在好生安东尼的气啊！你和安东尼之间一定发生什么事了，而且是你讨厌的事！

这些评论或许会带着一些疑惑，用好奇心探索瑞恩所经历的。

（用一种想要理解而不是评价的语气）这是怎么了呢？你们之前玩得多开心啊，现在你们恼了！发生什么事了？

在瑞恩从他的角度告诉你发生了什么事时，你可以再次认同他的感受，对他的感受表示同情。

啊！是不是他在取笑你呀！如果是的话，难怪你生他的气呢。怪不得呢。

现在你能加深瑞恩对他哥哥的感受以及他们下一步的关系的感受的理解了。例如，你或许想知道以他们现在的关系，他是如何弄明白发生的事的。这会帮助瑞恩深入意识到自己的感受。

（用一种好奇的甚至是惊讶的语气）似乎是他在取笑你呀。我想知道他为什么那么做呀。你们两个经常一起玩儿得很好啊！

瑞恩会用一种对他哥哥很矛盾的表情回应你。这或许会让你接受他的这种矛盾心理，同时也说明你的感受兄弟之间的关系总是很复杂的。

有一个哥哥的日子偶尔确实不好过！而且很迷茫！有时候你好爱他呀，有时候又很生他的气。有时候他把你气得发疯，有时候他让你感觉开心极了。这就是兄弟之情啊！

在这个例子中，瑞恩对他和哥哥关系的感受被加深了。在这个过程中，他将变得更深入地意识到自己的内心世界，也会学到面对他的生活出现的事件时如何清楚自己的感受。相比你去管理瑞恩和他哥哥的关系，或者告诉他应该如何看待这件事，你做的事情对他的帮助更大。你在帮助瑞恩管理他自己和他哥哥的关系。这在未来会帮助他处理很多人际关系。

毫无保留地接受你孩子的内心世界会有助于他通过有组织的计划、兴趣和价值观发展他的自主性。他会更清楚他想的是什么、感受的是什么。玩耍、好奇心和同情当然有助于发展他的自主性，但是这所有的基础是你对他的认可。你可能也支持、甚至鼓励公开讨论你们关于很多事情的共同看法或分歧。这些讨论并不会决定谁对谁错。相反，它们能培养讨论者的思考和推理能力，并让讨论者意识到他们讨论的是什么。如果他放心并且自信地和你共同探索和交流他的想法，他在与他的朋友讨论时也会同样的自信。当他面临发展挑战和机会，你实在需要对他的行为设限时，再评价他的行为吧。用你的接受，包围他的内心世界吧。

通过接受、不加评判的好奇心和安全感来了解你的孩子

当你接受你孩子的内心感受时，他不仅能做出最好的准备发展和组织自己的内心世界，他也会更多地和你分享他的内心感受。当你的孩子相信不管他告诉你的他的想法和感受是什么，你都能接受时，他会对你更加敞开心扉，对你更加诚实，即使有时候他知道你不能接受他的行为。如果你评价他的内心感受，要么他就不告诉你了，要么他告诉你的是你想让他说的。如果你的孩子处于青春期，不管在他的思想和情感方面还是他的行为，他都会对你有更多的秘密，更不愿意和你交流。

这并不意味着你不得不赞同他的想法、感受和追求。对于一项学校规定，或许你思考的角度不同。或许你对夜间制造很多噪声的邻居与他的想法不同。你和他在家庭假期的开销上有不同的优先顺序。关键需要记住的一点是，当你们在这些事情上出现分歧时，不存在谁对谁错。

如果你的小儿子认为不给他买玩具，你就是非常抠门的，那就接受他认为你抠门的感受。如果你告诉他，他说出他对你的看法是对你的不尊重，那么你再告诉他你不关心他的内心感受。当然，你可能不会接受他告诉你的方式！他的行为可能显得不尊重你，但是他心里并不是这么想的。对他认为你是一个抠门的家长的感受表示同情和认可，会创造机会帮助他反思他告诉你的方式，以及他的这种想法是否强烈。

几年之后，你的儿子告诉你他不想上大学。与其告诉他不上大学

的计划是错的，你不如先接受他此刻的意愿。接着你可以思考他的意愿，帮助你深入地理解他而不是试图改变它。你的接受和与他开诚布公的交流会帮助他反思他的想法和感受。他或许甚至能够反思你的不同的意愿，认识到你与他想法的不同，并不是你试图去告诉他你该去做什么。这也能让他在深入理解你们两个的想法和感受的基础上，做出最佳的决定。

当他还是一个小孩子，因为得不到一个想要的玩具而挣扎时，你对他感受的认可和支持已经为他打下了基础，让他能够在青少年时期处理更加复杂的想法、情感、意愿和欲望。重要的是，他已经学会当需要做出复杂的决定时，他信任你会给他支持。他也知道如果他做出一些最后证明对他没有帮助的决定时，你也会在那里支持他、帮助他重回正轨。

你对孩子的认可也让你与孩子更加亲近。他会和你分享更多，和你一起大笑、一起做白日梦。他也会和你一起尝试他的想法和计划，他知道他可以放心地去做这些事情，因为你接受他告诉你的他的内心想法、感受、信念、意愿和欲望。情感上的亲密来自于不管此刻你脑子里或你心里想的是什么，你们彼此都能分享。

就像上面我们所提到的例子，接受孩子的内心世界并不意味着你不得不向他隐藏你的看法。接受和同意是不同的。如果你提出一个不同的观点，他可能会听你的并受你的影响，尤其是你谨慎地不简单地暗示你对他错。你只是提出了一个不同的观点。如果你真的理解并接受他不想上大学的意愿，然后你再说出如果他选择上大学你认为可能对他有价值的观点，他会更愿意聆听你的想法，知道你并没有贬低他的想法。

有时候你可能不仅不同意你孩子的想法，而且你或许需要限制任何可能由他的想法所带来的行为。有时关于你孩子的行为你需要做出选择，尤其是你相信这种行为对他有害无利。当你的孩子冲着你说你不给他买玩具太抠门时，你需要清楚的是他冲着你大喊大叫告诉你他的内心感受的方式是不被接受的。把接受和行为限制结合起来或许是充满挑战的，但是重要的是孩子需要知道内心感受是他自己的，而成人需要确保他的行为是安全的。如果你4岁的孩子想吃第二块曲奇，你可以接受他想再吃一块曲奇的愿望，但是同时坚定地告诉他不能再吃了。

如果你十几岁的孩子认为他可以被允许喝酒了，你要接受这是他的观点。然而你要让他知道你的观点和他不同，而你为了他的安全着想将依照你的观点行事。你很清楚即使他不同意那条规定或法律，你完全不想让他喝酒。你只是限制了他的行为，对他的行为有所期待。他拥有自由相信他可以被允许喝酒，但是他不能自由地按照他的想法行事。

接受面临的挑战

这一部分我们会探索作为家长，接受孩子面临困难的一些原因。你的希望和恐惧会让你对你的孩子的内心世界保持认可的态度变得困难。

害怕无条件的接受会导致自私的行为

你或许会担心当你对孩子表现出我们所描述的无条件地接受时，你的孩子会变得非常自私。没有经历适当的社会化，他是不会考虑其他人的。当然社会化是家庭教育的一部分，帮助孩子知道在他的家庭和文化中什么是可以接受的，什么是不可以接受的。但是只有仍然保持一种开放的态度，社会化才能实现。前一部分我们探索了如何将接受和行为限制结合起来。

或许让人欣慰的是他的大脑是与你站在同一立场的。所有的关于大脑的结构和功能显示大脑生来是为了合作，为了感受对他人的同情以及对他人感兴趣[1]。

从出生起，婴儿最初的兴趣是发现他自己，他的父母以及社会、文化和感情世界中最好的生活方式。他想变得像他的父母，他模仿他们的行为。更重要的是，他开始感受他们的内在世界，他们的想法、感受、他们的意图、兴趣和价值观，他模仿他们的内心世界。

你孩子的内心世界和你的不会是一模一样的，你或许会承认这是个好事情。如果你接受他的内心世界，你会强化它，让它与你的有联系，有利于他的发展和组织。如果你有同情心和能力与别人分享和合作，你的孩子组织他的内心感受的方式也会反映出这些能力。这不仅会通过你给他的奖励和惩罚反映出来，大部分会通过你和他的交互主体性关系发生。

因此，你孩子的大脑和你的互动会引导他朝亲社会的方向发展。你能肯定的是你和你孩子的关系是你影响他发展的首要方式。鉴于这两点事实，你就能放弃任何需要你控制孩子的思想、感受和意愿的企图。出于同样的原因，你可以影响他，但不需要控制他的人格发展、他的兴趣和梦想。你只需要提供基本的行为期待和限制，但是要特别留意他想要成为什么样的人。让他的大脑和心自己做决定。

---

[1] D.J.西格尔（Siegel, D.J.）：《人际关系与大脑的秘密》（*The Developing Mind: Toward a Neurobiology of Interpersonal Experience*），纽约，NY：吉尔福德出版社，1999年版。

你或许需要让你的孩子超越他的同辈

你或许发现自己经常性地将你的孩子和他的同龄人进行比较。这或许是由于你对他未来的焦虑。你想让他未来过得好，但是如果他的同辈比他取得的成就多，那么他会位于劣势。或许从某些方面来说就是这样，但是将他与他的同辈相比较不会增加他获得成就的动力或信心。当你真正认可你的孩子，你会放弃他要超越他的同龄人的目标。对比他和其他人的能力和兴趣只会让他感觉你认为他不够优秀。他或许会选择放弃而不是面对失败勇于尝试。或者如果他很优秀，他会认为你认可的不是他本人而是他所取得的成就。他或许会因为不能一直保持这些成就而感到焦虑。

你应该发现的是你孩子与其发展的独特之处，并表示完全接受他要成为的那个人。相比于你表现出处处将他与同龄人比较并担心他的未来，他更有可能发挥他的潜能。

你担心你孩子成就水平的另一个原因是如果他做的不好，作为他的父母你会被评价为差劲的父母。他的成就成了你的成就；他的失败成了你的失败。你作为家长的竞争力是与他的成功联系在一起的。这种倾向是可以理解的。毕竟你是人类，不是机器人。你有自己的疑惑和不确定性，这些疑惑和不确定性通常与你过去的经历以及你被别人评价的经历有关。你过去的感受太容易成为你孩子的未来。

对你孩子强烈的认可也会减少，你的价值是建立在他的成就水平上的意识。强烈地认可你的孩子，你就会能够充分地认可你自己。接受你自己内在世界的这一方面，你的这种想法就会减少。你会变得更加意识到作为他的父母那种深深的喜悦和满足感，并给他机会去选择对他来说重要的发展道路。你会对你在他成长过程中起到的关键作用感到无可非议的自豪，你给了他人生中需要的无条件的认可，让他对自己充满信心。

当然，这并不意味着你不能帮助你的孩子实现他能力所及的成就。恐惧取决于你对他未来的恐惧以及作为家长会导致的不必要的焦虑的大小。这些和想让他成为最优秀的本质忧虑是不一样的。你想给你的孩子机会发挥他的潜能，实现他的目标发展他的兴趣。如果他发展迟缓或者成长面临挑战，你的责任是意识到这些，为他提供一个环境，可能的专业干预，培养他发展的这些方面。这会帮助他在处理这些挑战时取得进步。

然而，你仍然需要接受这些挑战作为他的一部分。你的接受也会让他接受这些挑战。这不意味着他会努力减少这些挑战。反而，这意味着他会尽自己最大的能力面对挑战、处理挑战。如果成长的过程中总是面临着一些困难，他更可能学会为了有更好的生活该如何看待这些挑战，而不是拒绝它们，让自己因为失望而变得脆弱，并面临重复的失败。

结论

你给的最棒礼物就是无条件地认可和他的近亲——无条件的爱。别人或许会引导他、做他的心灵导师，支持他教育他，但是如果父母没有给予他这些，或许他的一生都不会感受到这些礼物。

或许有时候你发现自己几乎只关注他的行为，认为这是理所当然的，甚至没有看到这一行为下这个独特的孩子。这很容易处理，不要为难自己。只要意识到这一点，认可你正在做的，你就会回到有效家教的最基本的品质——无条件的接受。从你意识到他并接受他的那一刻起，不管是出生还是当他和你住在一起，你对他持续不断地认可将如"翼下之风"让他成为他注定要成为的那个人。

故事

条纹和野马群

世界上仍然有荒野，那里到处是山和草地，草丛很高，几乎刺破蓝天。夏天北边刮来的凉风让动物们感到更为凉爽，冬天南面刮来的暖风减少了严寒带来的冰冷刺骨。像这样的地方当然会有壮观的马群，充满力量和速度。这些马群有长长的金色的鬃毛，它们比月黑风高的夜晚还要黑。

这是一个关于马群中其中一匹马的故事。不是最强壮的那一只也不是最快的那一只。但是它对马群来说意味着什么呢？每匹马都为马群做出自己的贡献。每匹马都有自己的天赋，发挥自己千里眼、顺风耳、教授知识和团结互助的能力。但是只有这匹叫条纹的马，感觉自己没有任何天赋来为马群做贡献。她只意识到她和其他马匹是多么的不同。而且她厌恶这些不同。她变得开始讨厌自己。她恨她身上的条纹。她看起来像斑马，尽管马群不知道，因为他们从未见过斑马。他们只知道她有条纹，而其他人都没有。事实上，没有一匹马记得哪位成员身上有过条纹。更没有发生过长有条纹的马的故事。条纹知道这件事——她是唯一一只生来长有条纹的马匹。并不是她的条纹有让人发笑的颜色。这些条纹不是粉色或绿色的，而是浅棕色和深棕色的。但是他们仍然是条纹，一条挨着一条，布满全身。

因为她讨厌自己，所以她不愿意和其他马匹来往。其他马匹跳跃、狂蹬、向大山叫喊并听他们的回音，条纹也不参与他们其中。即使他们在高大丰美的草丛中吃草的时候，她也不靠近他们。她不想让其他人看到她，所以她经常一个人在厚厚的灌木丛边上吃草，那里的草并不好吃。反正她认为她也没有资格吃到那些好草，她认为她不值得拥有其他马匹拥有的任何东西。她认为她与他们不同。她不想与其他马匹交谈，也不想和他们玩耍，更不想教年轻的马匹本领。她认为她没有什么是值得教给其他马匹的。

一天其他马匹叫住条纹，原来是引导马群的智者——银条纹，想要和她谈话。是她做错了什么吗？她会因为与其他马匹不同，毫无用处而被赶走吗？她靠近正站在草原边上山丘上的银条纹。银条纹并没有生气，反而说话很和蔼。

"条纹，你看起来不开心。你不和我们一起吃草，你不在草原上玩耍，你也不向着太阳跳跃。你是马群的一份子。我们做的事情你也可以做啊。"

"银条纹，我不像其他马匹。我应该离开。我没有可以给予的东西。"

"条纹，你这样想我感到很抱歉。现在我理解你为什么不和我们待在一起了。你这样想自己真的很痛苦。我会让你和我待在一起。我希望你能发现我是如何看待你的，条纹。我的愿望是有一天你能接受你是谁，并发现你能给马群做出贡献的天赋。这是我从远方的古老的马匹身上得来的智慧。"

"我会按照你说的做，银条纹，尽管我害怕并不是你说的那样。"

"条纹，我很高兴你答应靠近我待着。我希望你会信任我和我的智慧，那一天我们都会发现你能为马群贡献的天赋。"

于是条纹就挨着银条纹一起吃草，马群在草原上缓慢地从一片草原移动到下一片草原。在银条纹身边，条纹有了安全感和满足感。她很享受银条纹的陪伴也很愿意和其他马匹挨着吃草。她甚至学会了一点玩耍，用她的前蹄搏击长空。她知道银条纹重视她的存在。她开始信任银条纹。条纹感觉似乎她是马群的一员。她开始认可自己。她开始接受她的条纹，所有的不管是深棕色的还是浅棕色的。

当白天和夜晚都变冷的时候，这一天银条纹决定了他们冬天应该待的地方。当风变得严寒刺骨，开始下雪的时候，吃草就会有危险。但是他们待的地方就有危险。他们能听到远处狮子的吼叫。银条纹为马群找到了合适的地方，在这里他们既可以免于寒风，也可以躲开狮子，并且有足够的水草度过漫长的冬天。

她找到了她认为安全的地方。她把马群聚集起来，然后把条纹叫了过来。

"你信任我吗，条纹？"

"我信任你，银条纹。"

"那么我把我们的安全委托给你。去草原的边上，那里的灌木丛很厚，你可以看到远处的平原。"

条纹按照银条纹说的做，其他的马匹突然都目瞪口呆了。条纹已经消失在暮色中。她棕色条纹的影子与俯视平原的灌木丛的影子颜色是一样的。

银条纹叫回了条纹。

"条纹，你会是我们的哨兵，保卫我们远离任何游荡的狮子。因为你的条纹他们不会看到你。他们也不会看到我们，在我们睡着的时候想方设法偷袭我们。如果你看到他们就告诉我们，这样我们就能跑到草原的远处边界。我们睡着的时候，你会保卫我们吗，条纹？"

条纹大声说道，"我会的"，这时所有的马一起发出感激的嘶鸣。条纹也开始明白她是谁，以及她的天赋。银条纹对她很感激。她也很感激银条纹。他们度过了一个安全的冬天，春天再次来临的时候，他们又开始在高高的草丛中漫步了。

第三部分
好奇心

第六章
好奇心——寻找一个不同视角

Creating Loving Attachments

创造爱的依恋

　　将心比心是一种发现行为。父母对孩子的内在世界感兴趣并想真正地去了解。随着不断观察孩子，与她聊天，互动，父母也会进行猜测，假设孩子正在经历着什么。这种由好奇心引发的假设使父母接受不同的结果，根据孩子的反应，准备摒弃或调整自己的猜测。如此，父母逐渐真正了解孩子的心智，能够把这种理解像礼物一样反馈给孩子，让孩子逐渐了解自己。

第六章
好奇心——寻找一个不同视角

潘多拉曾试着压制自己的好奇心，但最后还是控制不了。她打开了盒子，本来被上帝封印在盒子里的所有的病痛和苦难开始释放出来。潘多拉吓坏了，她看到所有的恶灵跑出来，想尽办法尽可能关上盒子，留下了希望在里面。①

人们对好奇心存在一种文化不信任，从潘多拉的盒子，夏娃的故事到神话里的好奇心害死猫，都警示人们好奇心的危险。潘多拉神话里好奇心被压制，希望被困在盒子里，就是一种讽刺。此章将从更积极的角度审视好奇心。我们应该积极利用好奇心，而非压制它。好奇心能帮助人们更好地理解，创造而非限制希望。

好奇心促进了17世纪西方科学革命的发展，产生了伟大的科学进步。芭芭拉本尼迪克特（Barbara Benedict）是研究英国的美国教授，她写过研究好奇心的文化历史的文章。她认为这与激发好奇心的当下认知和理解不符。我们想探索当下所知之外的知识。我们会好奇，然后问一些挑战现状的问题。"好奇心暴露了我们认知的欲望，继而超越自己。"这是对好奇心很好的阐释，把它只是看作提升的过程。②

在童年成长时期，好奇心是探索的基石，打开了孩子的视野，促进了成长和学习。好奇心和关系的结合是很强烈的融合，引导孩子进

---

① 可以在www.greekmyths-greekmythology.com/pandoras-box-myth 上查到，于2011年5月访问此网站。

② B.M.本尼迪克特（Benedict, B.M.）：《好奇心：早期现代探究的文化历史》（Curiosity: A Cultural History of Early Modern Inquiry. Chicago），第3页，芝加哥，IL：芝加哥大学出版社，2001年版。

入一个从未想象的世界，一个充满知识和理解的世界，但也是一个让内心感受，对自身和他人的期望和愿望有意义的世界，是社交成就和情感平衡的世界。

在养育过程中，没有好奇心，家长就无法了解自己的孩子。父母和孩子的真正关系建立依赖于好奇心的家长，时刻准备着看到更多的东西，发现孩子的内心世界。当父母觉察到孩子的独一无二，并对自己产生影响，就会在这个过程中发现自我。

无论是关于有自己独特成长轨迹的孩子还是孩子成长过程中牵着孩子手的父母，我们都需要考虑到故事的力量。好奇心就是讲故事。我们讲给自己的故事或者他人帮助我们理解和整合我们经历的故事。人类天生善于讲述故事。纵观历史，故事是让经历有意义的一种方式。好奇心帮助我们建构这些故事。

来自澳大利亚的临床医学家和同行迈克·怀特和来自新西兰的大卫·爱普生已经在研究，在治疗介入下，[1]这些故事如何得到构建并重建。在本章和下一章，我们会对来自父母和孩子之间的故事和带来不一样感受的好奇心和故事的力量。这能从根本上改变父母与孩子的关系。随着父母和孩子一起构建并重构他们经历的故事，想法可以彻底改变，关系也得到改善。

本章将探讨好奇心对孩子和父母的重要性。好奇心可真正地改变我们看待事物的方式，这对父母帮助孩子获得安全感至关重要。

萨拉（Sarah）的父母并非严酷，但对她要求很高。她的

---

[1] M.怀特（White, M.）、D.爱普斯顿（Epston, D.）：《叙事治疗的力量》（*Narrative Means to Therapeutic Ends*），纽约，NY: W.W.诺顿出版公司，1990年版。

第六章
好奇心——寻找一个不同视角

妈妈吉丽恩（Gillian）患有长期的抑郁，父亲比尔工作时间长以养家糊口。在教养的强势方面，比尔（Bill）希望萨拉，很小的时候可以能帮助妈妈走出抑郁，妈妈头痛卧床时能安静点，帮妈妈做家务。比尔陪萨拉时，很有趣很开心，但他厌倦时，希望萨拉不要对他提任何要求。有时，他确实让人捉摸不透。

萨拉努力讨好父亲，但她只是一个孩子。她并不总是能觉察到父亲的心绪变化。在她本应该留在家里做家务时，她有时会和朋友们外出，有时希望她安静点时，她却会有点吵。比尔很容易发怒，他告诉萨拉她很懒又自私。这就是萨拉的成长故事。她以父亲的眼光衡量自己，自私而又懒惰。

很多年后，萨拉才开始质疑这个观点。成年后，她努力独自生活，几次反复的失望和失望的预期后，关系很快结束。她也努力处理自己的性别问题和父亲对此的不满。萨拉对此毫无好奇心，只能无奈地觉得事情本应如此。

查理（Charlie）进入她的生活后，萨拉没有什么期待，但查理却不同。她对萨拉无条件的爱是萨拉之前从没体验过的。更重要的是，她唤醒了萨拉的好奇心。为什么她没有期待这段关系继续持续下去？为什么在查理看来萨拉可爱、大方，而她自己会觉得自身自私？当萨拉努力回答这些问题时，她意识到自己再也不是父亲眼中的那个孩子。她以新的眼光看待自己，新的故事形成了。好奇心引发不同的观点，这真得改变我们现在的状态和生活方式。萨拉和查理多年后依然没有分开。

何为好奇心？

先稍作暂停，想象今天让你感到好奇的事情。想得越多，你的列表越长。比如，金姆很好奇，为什么一首歌老是在脑海里。在山丘上阳光下愉快的散步，她会好奇为什么天气预报出错了。在当地幼犬培训课上，她也会对一只特殊的小狗带来的挑战感到好奇。她好奇冰箱里有什么食物可以作午饭。她绞尽脑汁思考本章节，到底怎样激发读者的好奇心。这个列表上的内容会越来越多。

我们一生都在怀疑，思考，追忆，发明，解释和理解。没有好奇心，这些事情我们都做不了。好奇心是构成自我的一部分。它伴随我们度过一生。研究和描写好奇心的美国心理学家托德·卡什丹（Todd Kashdan）认为"好奇心就是对自己所知之外的的东西持开放态度并予以接受"。[1]

好奇心和呼吸一样，是自然而然的事情，因为我们生来对新奇事物有天生的好奇心，有探索和认知的内驱力。看一下身边的婴儿和孩童，你会发现世界上睁大眼睛的奇迹。研究情感神经科学的潘克赛普（Panksepp），认为好奇心是人们都有的探究态度。[2]我们天生就有认知的需求，这是激励所有哺乳动物去探索，研究和了解世界的基本动力。好奇心让我们与生活的世界积极地联系起来，用这种联系让我们的经历更有意义。

潘克赛普将好奇心的这种动力称为"探索系统"。他将之描述为一种心理系统，一旦激发，会使动物对探索世界产生极大兴趣，当愿望

---

[1] T.卡什丹：《好奇吗？》，第26页，纽约，NY: 哈珀柯林斯出版公司，2009年版。

[2] J.潘克赛普：《情感神经科学：人类和动物情感的基础》。

要成真时变得兴奋。因此部分探索系统激励我们寻找保证生存的资源，比如食物，温暖和陪伴。潘克赛普继续推理："这也许是可以产生并保持好奇心甚至是思想追求的主要脑系统的一部分。"①

但它的功能远非如此。探索也与我们了解周围环境，寻找可预知性密切相关。当事情以可预见性的方式发展，我们会感到放松，对B会随着A发生充满信心。好奇心可以帮助我们找到新的可预知的事情，转而使我们有安全感，进而打开新经历和未可预知世界的大门。正是可预知和不可预知之间的平衡让我们具有灵活性。丹·西格尔已经对此做了阐释。②可预知的太少会导致盲目混乱，反之会导致僵硬死板。这些情况都不能带来增进探索和前进的安全感和信心。混乱与死板的中间点就是灵活。灵活来源于可提供安全感的充足的可知性，赋予我们好奇心和认知与发展的需求。

最后部分的探索，系统描述了我们对知识的渴求。我们有好奇心、我们对事情会感兴趣、我们寻找意义。

潘克赛普③认为，好奇心作为探索系统的一部分，是一种基本的感情状态。一旦大脑探索系统被激发，可产生对事物浓厚的兴趣，无尽的好奇心，热切的期望这种状态。这也与我们的认知发展息息相关，认知又关系到思考和理解事物。当好奇心点燃思想的火花，带来创新思想，它便充实了我们的认知内容，导致认知变化。好奇心连接着我们的所思所感。

了解养育过程中好奇心的重要性，有助于探索人际交往的好奇心。对他人感兴趣是一个积极的过程。第六章前面讲过萨拉和父亲比尔的

---

① J.潘克赛普：《情感神经科学：人类和动物情感的基础》第53页。
② D.J.西格尔：《人际关系与大脑的秘密》。
③ J.潘克赛普：《情感神经科学：人类和动物情感的基础》。

故事，我们看到如果父母对孩子缺乏好奇心而又苛刻，会产生什么样的后果。比尔无法停下来，考虑萨拉的意见。他自以为萨拉懒惰又自私，刻薄地评价她，这转而影响了萨拉的自我评价。

父母和孩子主体间的关系，本质意味着孩子的自我意识的形成依赖于父母对孩子的意识。萨拉的自我理解是受父亲评价的影响。苛刻的评价将持续给萨拉带来痛苦，让她产生保护自己的需求。如果了解自己令人痛苦，你就会停止探索这个过程。萨拉父亲之所以这样评价，是因为他缺乏好奇心，实际上抹去了萨拉自己的好奇心。从不发现这些评价的意义，导致他们的关系恶化。如果比尔之前能够停下来，考虑萨拉的感受，他会形成不同的观点。当然，萨拉有时候会有自私懒惰的行为，但人皆有之，谁能说她不是一个善良、大方和努力的女孩呢？

如果比尔对女儿有好奇心，关心了解她，也许他也可以看到这些优点。如果没有苛刻评价，他本可以以开放的心态了解萨拉的各个方面。他本可以了解她、指导她，而非把自己的意愿强加给女儿。比尔和女儿的关系比较淡薄、不融洽，萨拉对自己的认知也比较淡薄、挑剔。

好奇心是客观的，真切地希望去理解，而不是根据猜测和偏好形成偏见。我们应该坦率看待他人，顺带理解他，以他的视角看待世界。我们对他人的经历感兴趣。我们想要发现他人如何看待自己的经历。好奇心是由理解而非改变的渴望激发的，有了理解，也许会发生改变，但改变并不是主要目的。因此，好奇心与设想，评价和答案关系不大。

第六章前部，我们说到讲故事是了解生活中事件和经历的重要方式。我们讲述故事或叙述，通过交流这些故事来讲述自己的经历。如

第六章
好奇心——寻找一个不同视角

果有兴趣，我们会涉及别人的故事，同时也对故事产生影响。我们可以激发他人对自己故事的更深刻理解。随着他人对自己经历的深入理解，这也许会使故事更加连贯。当我们和他人共同创造这个故事，故事会发生变化，变得更加丰满。好奇心并非取代故事创造，我们并不告诉他人我们的所思所感，这一点非常重要。相反，我们应该帮助他人更充分理解她的经历，形成她自己的好奇心，这样她的故事会更丰富，更完整。

让我们继续了解萨拉和查理的故事。当他们探索萨拉经历的时候，我们会偷听。

萨拉：我知道你总有一天会离开我，所有人都是如此。

查理：萨拉，你是怎么知道的？你怎么会知道还未发生的事情呢？

萨拉：因为结局总是如此。所有的关系都会在三个月内结束。这次怎么会不同呢？

查理：我在思考这个。我相信当人们那么肯定未来的事，肯定与过往有关。我们可能会预测，但无法肯定未来会发生什么，但每个人都有过去。这次对你来说是一样的吗？你会因为过去的关系没有结果而觉得我们不会有结果吗？

萨拉：我之前所有的关系都是那样的。短短几个月之后便结束。为什么这次会不一样呢？

查理：在我听来这种解释就好像是绕圈圈。过去的关系结束了，因此这次也会结束。因为所有的关系都会结束！

萨拉：这样说并没有多大意义。但为什么我总是和其他人相处不好？

查理：我不知道。你是怎么想的？你认为是什么把事情搞砸了？

萨拉：好吧，我也不知道。我猜是因为我太自私了。因为我不体贴他人，别人不喜欢和我待在一起。

查理：哦，萨拉，这真让我惊讶。为什么你觉得自己自私？

萨拉：我之前从没想过为什么。这种想法我一直都有。我自私，我爸爸经常这样说。这种想法伴随着我的成长。

查理：萨拉，我为你感到很伤心。我知道你与父亲关系不好，但他这样说你，真令人伤心。我无法想象在那种批评下成长是怎么样的。

萨拉：就是如此。我只是相信他告诉我的。之前从没有质疑过。我只是猜测每个人都知道我自私，所以离开了我。

查理：那你觉得他们为什么离开你？当你一直被告知这不会长久，是很难留下来的。你有没有觉得，也许是你把他们推走了？也许，你无法相信，而且你也不允许其他人相信。

萨拉：我从没有这样想过。天呐，真的是这样吗？我不知道该怎么想了。难道是因为我对自己的看法才造成这种局面？

查理：我认为并不是因为你自私。想想看，每周你都会拜访贝克夫人。我都无法忍受她无休止的抱怨，但是你却并不在意。

萨拉：她只是没有任何亲人的孤单的老太太。我无法让她孤单一人。

查理：自私？对我来说可不是这样！

萨拉：你知道吗，也许我并不总是自私的。但是，如果不是这样，是因为什么呢？我不确定，我准备好接受颠倒的自我世界。

查理：也许我们可以共同努力。毕竟，关系不就是这样，发现另一个人，同时更了解自己。也许，当我们生活在一起，我们会以不同的眼光看待自己。

萨拉：等一等，我正在想也许关系并不会结束，慢慢来，好吗？

查理：看吧，现在是我太自私了。当然，让我们慢慢来，但我们肯定有未来。萨拉，我相信。

萨拉：好，是吧。我正在试着想象自私其实是我们有时都会出现的。这并不能让我觉得自己自私。你知道吗？我转变了对自己的看法。我父亲有很多事情需要解决，你知道，妈妈生病了还有其他的事情，他很不容易。我觉得他一直在试着维持这一切。我会更多得考虑到这些。我知道他的评价对我影响很大，歪曲了我对自己和曾经的关系的看法。经过这些年后，重新考量自己有点奇怪。

你会注意到，上面的例子并非仅仅收集信息，而是用好奇心来理解这件事。超越事情表象，探索对他人内心世界更深层的理解。所以好奇心不仅仅是质疑。像审问一样，问那么多问题只停留在经历的表面。一个人问，另一个人答。好奇心更是一次合作的冒险。两个或更多的人同感地分享各自的经历，共同发现经历的更深层意义。

但我们对他人怀有好奇心，我们承认自己并不知道。即使我们经历过很多次相同的事情，我们仍然不知道面前个体的个人经历。每个人都是特殊的，他的经历也是特殊的，我们对其他人的经历意义怀有真正的好奇心。

之前我们探索过潘克赛普①是怎样理解好奇心的自发属性，作为一种感情状态和情感系统激励我们寻找理解。这意味着好奇心是理性的也是感性的。理性暗示思考，掌握知识，使用大脑的认知进程。感性暗示使用理性时带有感情色彩，使用大脑的情感进程。通过我们兴趣的情感状态，认知欲望，对他人故事的兴趣和对其经历的同理心，我们可以了解（理性）。当我们兼具理性和感性，我们会对他人的故事产生强烈的兴趣，促进沉思，传达对他人经历的移情和尊重。

好奇心和文化

好奇心在文化和发展上有重要意义。设想好奇心是人之为人的重要部分，很奇怪我们对其感情相当复杂。人们说"好奇害死猫"，这暗示好奇心包含一些破坏性的东西，看不到的东西被巧妙藏匿，我们不应该解开未知的知识。

从神话故事可以看出，潘多拉打开了盒子，亚娃吃了苹果。她们都增长了智慧，但也遭受了损失。本尼迪克特解释道，在之前的世纪，②人们对好奇心的看法是歪曲的。例如，17世纪早期，好奇心被看作不可控的冲动，泄露了想要知晓更多的欲望。好奇心被认为是诱捕人类的方式。

随着历史发展，出现了关于好奇心的矛盾观点，好奇心既是善的力量也能成为邪恶的源泉。另一方面，撒母耳·约翰逊（Samuel

---

① J.潘克赛普：《情感神经科学：人类和动物情感的基础》。

② B.M.本尼迪克特（Benedict, B.M.）：《好奇心：早期现代探究的文化历史》（*Curiosity: A Cultural History of Early Modern Inquiry*. Chicago），芝加哥，IL：芝加哥大学出版社，2001年版。

第六章
好奇心——寻找一个不同视角

Johnson)更积极地把好奇心看作是"强健大脑永恒和必然的特征。"①

这种争论仍然留存至今。未知知识可以看作被巧妙隐藏,弗兰肯斯坦(Frankenstein)创造的怪物,就是好奇心出错的语言。②另一方面,如亚瑟·C.克拉克(Arthur C.Clarke)在他关于好奇心的故事,2001:《空间奥德赛》③探索,好奇心带来了只是增长和理解,使得个人、社会和世界得到发展。好奇心贯穿从猿类开始的历史,给他们当中最好奇的带来好处,继续到月球上的发现,这导致伯曼(Bowman)的奥德赛结束,因为他探索到了从未体验到的世界。

本章将探索好奇心的优势。本尼迪克特说过:"好奇心见证了你走出自己的地方。好奇心具有超越性视角。"④这就是支持步调的好奇心观点。只有具备了好奇心,我们才会超越现有关系,迎来新的关系,给孩子提供更多的安全感和自由来摆脱过往的创伤。只有通过好奇心,我们才会找到更多的故事,帮助孩子们找到更多的出路:

下面这则故事验证了这一观点。

> 这是关于树的一个故事。秋天在英国是一年中的美好时光。随着叶子落下,叶子的颜色变得很美丽,但是对于金(Kim),看着秋天落叶也很令人悲伤。

---

① 转引自B.M.本尼迪克特(Benedict, B.M.):《好奇心:早期现代探究的文化历史》第23页。
② M.谢莉(Shelley, M.):《弗兰肯斯坦》(*Frankenstein*),伦敦,企鹅出版集团,2006年版,1818年第一版。
③ A.C.克拉克(Clarke, A.C.):《2001:太空漫游》(*2001: A Space Odyssey*),伦敦,哈钦森出版公司,1968年版。
④ B.M.本尼迪克特:《好奇心:早期现代探究的文化历史》第2页。

当看着树变得光秃秃，她想到的是黑暗的日子和长夜。她喜欢黑暗，雨天，在泥泞中和小狗散步。看见树叶子掉落于她意味着自己根本不喜欢冬天。

后来有一天，她听到有人讨论冬天的树，她的观点立马彻底改变了。他谈到当叶子落尽后，树很漂亮。金以全新的好奇心看树，便发现了它的美。漂亮的枝干，落下的光显现出从未注意到的色泽。

冬天依然长夜漫漫，有泥泞和雨天，但她冬天散步的喜悦被这则故事转变了。树的故事赋予全新的视角，转变了她的态度。

讲故事的人并未企图改变他人观点。他只是分享自己的经历并非影响他人，但当他讲故事时，金知道她不会再用同样的观点看待冬天的树了。通过好奇心，我们的观点和看法得到改变。

儿童发展时期的好奇心

在发展方面，好奇心驱动探索，补足儿童经历的情感需求。约翰·鲍尔比把这两种本能驱动都并入依恋理论，在孩子有安全感的前提下，证明了孩子如何本能地探索周围的外部世界。虽然失望和不适驱动情感，但好奇心驱动探索。[1]

写第六章时，金外出遛狗。好奇心挥之不去，她以全新的兴趣看

---

[1] J.鲍尔比（Bowlby, J.）：《安全的基础：依恋理论的临床应用》（*A Secure Base: Clinical Applications of Attachment Theory*），伦敦，劳特利奇出版社，1998年版，1988年原版。

第六章
好奇心——寻找一个不同视角

待它们。从下车到散步结束，一路上它们嗅着空气，好奇地探索着世界。对金来说。这是一条熟悉的、常走的路，但对狗狗来说却新鲜有趣。他们观察着、嗅着、听着、品味着并感受着。他们的感官沉浸在对周边世界的探索。所有哺乳动物生来就有探索的本能。

人类幼儿也是如此。本能的好奇心唤醒了他们对世界的兴趣，童年就是发现自我、他人和身边更大世界的旅程。与其他哺乳动物不同的是，婴儿对父母的依赖。特别是人类，好奇心是在关系中觉醒的。为了解儿童发展时期好奇心的重要性，我们必须注意到关系中好奇心的重要性。

幼儿生来便处于关系中。在另一本书中，丹评论道："从意识到子宫里的婴儿那一刻起，父母就很好奇他们的孩子是什么样的。"[①]当父母和孩子彼此吸引时，孩子们便浸淫在好奇心之中了。关系中的好奇心不久便会融合关系外部的好奇心。当孩子认识身边的真实世界和之后的社会世界，身边的父母会帮助激发孩子无尽的好奇心。无论是实在的、认知的、社会的或情感的，发展过程都会因亲子关系得到加强。世界通过父母的视角进行传递。

在发现过程中，孩子会慢慢了解自己。好奇心的共享对孩子形成的认知产生直接影响，这转而影响她进入关系和从关系中受益的持续能力。随着父母发现孩子的独特之处，孩子也会发现自己对父母的影响。孩子学着以积极的方式影响父母，父母也会帮助孩子发现自我。觉得孩子聪明而喜悦的父母也会让孩子相信自己聪明。被孩子行为吸引的父母，孩子也会对自己的行为感到自信。孩子沮丧时，能理解帮助孩子的父母，孩子也会理解并支持他人的内心经历。

---

① D.A.休斯：《以依恋为核心的家庭教育：照顾孩子的有效策略》第85页。

由好奇心激发的关系可以帮助孩子理解、学习，获得成长进步，关系中每个人彼此都会产生影响。此次论述清楚表明父母对孩子的敏感是孩子健康成长的重要前提。

第一章探讨过的依恋理论，讲述了敏感的教养对依恋安全感的重要性。清楚孩子表达的需求并准备满足这些需求的父母，他们的孩子会在这段关系中有安全感。当孩子有舒适的需求，她会很信任地求助父母。当需求得到满足，孩子就会满怀信心继续前进，探索发现周围的世界。父母持续不断地满足孩子随时的需求，来激励孩子完成探索。有安全依恋的孩子能够在与父母的关系中感到放松，确信父母会随时给予帮助。他们可以尽情探索学习世界，进而心理发展得到强化。

来自英格兰杜伦大学的研究心理学家，伊丽莎白·米恩（Elizabeth Meins）已经扩展了我们对敏感教养的理解，和其对依恋安全和儿童成长的影响。①她特别指出"将心比心"的重要性，即父母把孩子看作有自己思想、能力的个体。父母可以理解心理学家所谓的"心智理论"：他们的孩子有自己的心智、思想、感受和希望。从婴儿时期，父母就开始回应这些内在特点，帮助孩子理解自己的心智，来组织自己的经历，最后把自己的经历组织成语言。

将心比心是一种发现行为。父母对孩子的内在世界感兴趣并想真正地去了解。随着不断观察孩子，与她聊天、互动，父母也会进行猜测，假设孩子正在经历着什么。这种由好奇心引发的假设使父母接受不同的结果，根据孩子的反应，准备摒弃或调整自己的猜测。如此，

---

① E.梅恩斯（Meins, E）：《依恋的安全感和认知的社会发展》（Security of Attachment and the Social Development of Cognition），东萨西克斯郡，霍夫：心理学出版社，1997年版。

第六章
好奇心——寻找一个不同视角

父母逐渐真正了解孩子的心智,能够把这种理解像礼物一样反馈给孩子,让孩子逐渐了解自己。

  一个家长坐下来陪孩子玩耍。孩子修建自己的"动物园",他们开始聊天:
  这看起来像一个很大的动物园。大象要去哪里呢?是的,看起来为他们修建的围墙很好。呀,你也把守门人放进去了,你觉得他要怎么做呢?是的,我觉得他会给这些动物吃的。这些动物有很多食物吃会很开心。你想要一些吃的,是吗?你喜欢什么呢?是我们购物时买的动物饼干吗?我知道了,你想要猫咪饼干。你觉得狮子很饿吗?我不知道苏琪会不会介意我们把她的饼干给你的小动物?也许我们应该把饼干给她留着。你觉得这些狮子会喜欢她吗?好了,等会儿就要睡觉了,是不是该离开这儿了,这样你明天就可以再和他们玩了?今天建了一个动物园很开心,是不是?
  虽然,在这个场景中,你只听到了家长说的话,但我们清楚地知道孩子在做什么。家长和孩子正在一起玩耍,跟随孩子,帮助孩子扩展游戏。下面是一个反例,这位家长已经"知道了",并没有好奇心。
  这看起来像动物园。把大象放这,他们需要一个大大的围墙。不,看门人不会从这儿进去,把它放的离狮子远一点。不,你不能拿任何东西。你刚喝过茶,不可能现在就饿了。不,不要把这些猫饼干带走。太淘气了。来吧,把这些乱糟糟的收拾干净。现在该睡觉了。如果你再搞砸的话,我们就出不了动物园了。

这位孩子家长并不想知道孩子的内心世界。他没有发现就已经"知道"了。他指导孩子怎样思考、理解什么，同时也增长了孩子依赖他人告诉他怎样思考。这样孩子不会形成自我意识，只是学会了通过他人的视角了解自己，而他人会在并不了解他的基础上对他的经历做出评价。

在好奇心和开放包容的环境中成长的孩子，会成功地形成自我心智理论，不仅理解自己的内心，同样也会理解他人。有父母帮助的孩子会变得成功，善于思考、感知和社交。对自己的能力自信，愿意继续探索。父母的好奇心——理解孩子内心世界和外在世界的意愿，转而也可以预料孩子的好奇心。随着视野开阔，有好奇心的孩子会继续提升发展自我，开始了解学校的更广阔世界并拓展关系。

养育中的好奇心

好奇心在养育孩子过程中很重要。好奇心表现了家长对孩子本身，她对自己和他人经历的理解的兴趣。好奇心也表现了我们对孩子的爱、尊敬和重视程度。在搭建动物园的游戏第一个例子中，我们分享她的经历，帮助她组织自己的经历，促进她对自己经历的理解。通过我们的好奇心，我们促进了孩子好奇心的形成，有利于孩子的成长。

儿童，尤其是幼儿，大都不知道自己对一个经历思考什么、有什么样的感受。家长引导孩子进入好奇的状态，共同增长理解。这个过程称为"共建"，共同理解经历的创造性过程。这样，孩子不但学会如何去做，也学会了如何思考。她也会养成积极探索自己内心世界的习惯，学会如何思考和感受不同经历，组织语言描述经历，从而联系内心世界。

随着孩子成长，她会更擅长用语言而非行为表达这种经历。

第六章
好奇心——寻找一个不同视角

当好奇之门关闭

我们已经知道好奇心是具有自发性。孩子生来具有好奇心,渴望探索周围的世界。这种好奇心在关系中得到滋养。孩子长大,变成熟,但保留了好奇心,拓展成更广阔的关系世界。孩子和年轻人尝试搞清楚他们是谁,思考自己想成为怎样的人。成人后,他们时刻准备工作和为人父母时也带着好奇心。

考虑到好奇心的自发性,即使在最困难的环境中,孩子也保留着好奇心便不足为奇了。考虑到好奇心的社会性,我们会期待孩子与他人待在一起时更有好奇心。但当困难的环境牵扯到与孩子最亲近的关系会发生什么呢?

当孩子发现在依恋关系中很难获得安全感,他们的焦点就会变得狭窄。缺乏好奇心意味着自发和不受约束的探索变得更加困难。托德·卡什丹(Todd Kashdan)[①]认为,当焦虑压倒好奇系统,决定我们思考,行为和感受的是焦虑而非好奇。焦虑变成了驱动力,限制了我们的世界,阻碍了我们学习和发展的能力。

当焦虑得到控制,我们为避免焦虑带来的不安,行为更加有序。因为我们已经发现了更高级别的焦虑是可忍受的,在这个过程中,我们不是学习管理焦虑,而是学习避免更少量的焦虑。我们的重心在避免而非探索。我们不认为可以战胜焦虑或忍受不快。这意味着个人成长是受限的。

在下一章,我们会探索羞愧经历是怎么限制好奇心的。家长很容易感到羞愧,尤其是养育过程遇到挑战。当你感到挫败或做错事,感

[①] T.卡什丹:《好奇吗?》第26页。

到无法与孩子沟通时，会导致羞愧，觉得不是一个合格的家长。这对本身缺乏自信的家长来说更严重，这也许是因为自己被养育的经历，也许是因为了解孩子的难度。这种经历也会限制好奇心，父母在自己的养育角色中发怒、受挫或者失望，进而限制了他体验成功和孩子的关系失败。

在关系里没有安全感的孩子变得只着眼于关系。她试着组织自己的行为来增加安全感。这可能表现为急于吸引父母对自己的注意力，当孩子变得只专注表现对父母的需求，努力不让父母离开自己的视野，表现出让父母不断关注她的行为，探索便减少了。

这种孩子会把焦虑明显地表现出来，而其他孩子远离焦虑才会感到更安全。他们并非努力表现自己的感受，对探索舒适或安全更有兴趣而非寻找舒适或安全。而这种探索并不是好奇心，因为孩子的主要焦点是自己的安全感。

她努力隐藏自己的感受，探索的能量减弱。远离父母时，孩子会十分关注父母的需要和心情。明显的忽视或缺乏需求，实际上是孩子想要父母关注。当太多注意力用来控制父母的关注，压制负面的情感来维持这种关注，根本没有为好奇心留下时间。然而这些例子中，处于关系中的孩子的行为由回避不安的感受控制。关系中探索的好奇心关闭了。

关系成为习惯性状态。当孩子进入新的、潜在的更健康关系中，她会基于避免不安的需要做事。她从不会意识到这次的关系有可能是一次有趣的机会，来发现一些不一样的东西。孩子在新的关系中得不到成长。她考虑太多如何像在旧关系中一样，控制预期的不安。关系中缺乏探索，意味着孩子无法否定她仍持有的旧观念。托德·卡什丹认为，焦虑会扰乱好奇心，"如果感到焦虑，人们无法按自己的好奇心行动。如果早期生活遭受过分担忧，焦虑可能会毁掉关键发展阶段的很多机会。"①

我们了解过潘克赛普（Panksepp）②"探索系统"生物观点，激励孩子对世界充满兴趣。当孩子在于父母的关系中没有安全感会发生什么呢？英国心理学家格林·哈德逊·阿莱（Glyn Hudson-Allez）已经对此进行过探索，他认为在这种情况下，探索减少、孩子不爱玩、不爱探索。学习世界的重要性变得次于安全感。③和家长或照料者在一起时，一些孩子不仅会没有安全感，实际上也会感到害怕。这样的孩子正是在他们重要的关系中受到创伤，因为他们以其他方式表现出虐待，拒绝，忽视或令人害怕。"受过惊吓的孩子玩耍时不会放松，学习中也不会充分发挥潜力。"④

受过惊吓的孩子被自己对世界的经历限制住，局限于保障自己的安全感这一焦点。孩子无法依赖主要的恐惧来源——父母，便会依靠其他方式寻找安全感。脆弱的安全感来自对关系的控制感，孩子可能会变得咄咄逼人或唯命是从，自立或非常贫困。这些极端做法都是为了在不安全的世界获得安全感。这种状态的情感表达表现为恐惧或发怒。快乐的感觉，嬉闹和笑声从这些孩子的世界消失。他们没有能量对世界进行快乐的探索。

受过创伤的孩子与平静的孩子处理信息的方式大不相同。大多数孩子积极面对生活的挑战，乐于学习新技能，获得优势，而受过创伤

---

① T.卡什丹：《好奇吗？》第183页。

② J.潘克赛普：《情感神经科学：人类和动物情感的基础》。

③ G.哈德逊–阿莱（Hudson–Allez, G.）：《婴儿损失；成人寻找：精神病理学和性侵犯的神经和发展角度》(*Infant Losses; Adult Searches: A Neural and Developmental Perspective on Psychopathology and Sexual Offending*)，伦敦，卡拉克出版集团，2009年版。

④ G.哈德逊–阿莱：《婴儿损失；成人寻找：精神病理学和性侵犯的神经和发展角度》第42页。

的孩子挑战是害怕或恐惧的又一来源。

生活在害怕状态下的经历，也会影响他们大脑工作方式。孩子越来越不擅长使用更高级处理过程参与学习，解决问题和掌握技能有关的更复杂的大脑部分。这意味着这些孩子回应世界时未经思考，是被动和自发的。他们忍受的创伤正在扼杀与生俱来的好奇心。与其说享受新奇和学习的挑战，这些孩子对新奇感到害怕。所有新的、未知的，对他们来说都是潜在的威胁。失去探索的兴趣，好奇心枯萎、死亡。

下一章我们会继续探讨对缺乏好奇心的孩子的培养，思考怎样把好奇心融入孩子的培养。一切始于保持自己的好奇心。但如果孩子没有安全感或受过创伤，则很难。当孩子不断拒绝你、缠着你或控制你，很难在养育中保持信心。这恐怕会逐渐侵蚀你的信心，增加焦虑感，感到无望或发火。如果和孩子相处时感到自信和快乐，很容易保持好奇心。如果你有受挫感，很容易丧失好奇心。你开始关注自己的不满足感，失去对孩子更多的好奇心。这种情况下，很容易脱离孩子，父母和孩子都会增加焦虑感。

照顾受过创伤的孩子时，保持好奇心更难，你有可能因她的创伤而深受其害。这称作二次创伤。英国社会工作者和经验丰富的养育家长凯特·凯恩斯指出，在孩子经历创伤时，家长也很容易受到创伤。[1] 你不需要直接感受这种创伤，你对孩子的同理心会产生和创伤经历相似的反应。二级创伤，就像原始创伤，对好奇心有害。创伤出现，好奇心离开，你会发现自己不经过思考做出反应。

---

[1] K.凯恩斯（Cairns, K.）：《依恋，创伤和心理复原力》(Attachment, Trauma and Resilience)，伦敦，英国收养和寄养协会（BAAF）。

如果父母有未愈情感经历，二级创伤的危害更大。如果父母支持并受到孩子创伤的影响，就会引发早期经历的关系创伤。家长不得不解决两种创伤，过去的和现在的，增添了现在的压力，因这种压力而受到创伤的概率增大。在第七章，我们会再探讨如何管理这些创伤反应。

结语

与主导文化信念保持一致的几个世纪中，关于好奇心的观点几经变迁，关键是好奇心植根于我们的生物学中。我们保有好奇心，好奇心就会成就我们。

好奇心是儿童发展的重要组成部分，也是养育的关键。好奇心是儿童探索自身，他人和周围世界的动力。一旦我们的好奇心和孩子的好奇心相匹配，我们就会理解他们并真正和他们联系起来。这种联系让我们对孩子有更深刻的理解和同理心，并对孩子的内在体验和外在行为产生更为响应性的、更自发的支持。

此章以警告好奇心的潘多拉故事开始。然而，好奇心与此相比更有希望。让我们在对好奇心评估的基础上，重新改写这个故事：

潘多拉已经忘了怎么去好奇。她一生都未曾思考，脑袋充斥着自己的失败，害怕自己的不充分。

她害怕打开盒子，觉得这只会揭露她更多的失败。潘多拉很害怕，她就把盒子藏起来了。

一位智慧的朋友注意到潘多拉，对她很关心。她很好奇为什么潘多拉那么害怕。后来知道了潘多拉的故事。她并没有去费力改变潘多拉，她没有试图改变她，但很同情她面临的困难。即使有失败感，她还是激发了潘多拉坚持的勇气。

潘多拉往前看，发现了她早已忘记的世界。有一天，她拿出盒子，在朋友的帮助下，打开了它。好奇心就在里面。潘多拉拥抱了它，瞧着她。她注视的同时，世界也在扩展。

潘多拉知道，她有时会失败，但是她现在也期盼自己有一天能成功。

第七章
养育子女时保持好奇心

Creating

Loving

Attachments

创造爱的依恋

阻碍孩子好奇心的另一个问题就是总是感到羞耻，这会导致不好的感受。如果早期关系不好，孩子会总是觉得不被喜欢。没有和谐的关系，无效的训导，当关系破坏时不去弥补都会让孩子有过度的羞耻感。

第七章
养育子女时保持好奇心

好奇心是PACE的中心，第七章我们会探索好奇心在保持PACE态度中的价值。

没有好奇心，我们就不太可能去接受或有同理心。好奇心帮助我们找到新的观点，更加充分了解我们照顾的孩子。这与理解行为有关，但也帮助我们了解行为背后的动机、信念、恐惧和担忧。我们需要深入孩子的心和大脑中，充分了解孩子的情感和激发孩子的想法。只有了解这些，我们才会得到孩子更多的认同，全面了解孩子。

凯特（Kate）想把14岁的女儿送到学校很难。每天早上，乔安妮（Joanne）蜷缩到被子里，不想起床。凯特骗她、发牢骚，然后她才起床、穿衣。

当把女儿送到学校，她感觉母女俩都很不愉快。当时她意识到她和女儿的关系很糟糕。日常的矛盾把好奇心逼到角落，凯特已经忘记了怀疑为什么女儿不愿意早上起床。在不满中，她把一切归因于青少年早期的懒惰和笨拙。

然而，好奇心和PACE可能会带来截然不同，或许会出现令人惊奇的结果。有一天早上，她去叫醒乔安妮：

凯特：乔安妮，现在要起床啦。

（乔安妮往被子后面缩）

凯特：我猜今天你不想起床，但我想知道为什么你不愿起床呢。你一直都起得很早啊。怎么了？

乔安妮：别理我，我只是想睡觉。

凯特：我知道你非常想让我离开，但是我得把你送到学校，这对我很重要，对你也很重要。

乔安妮：（生气的口气）我就不想去。好吗？别理我。

凯特：（配合乔安妮生气的强度，但自己并不发火）不去学校那么重要，是吗？你现在确实不喜欢学校啊。

乔安妮：（安静下来）是的，我讨厌学校。

凯特：我知道你多讨厌学校了。你能帮我理解为什么吗？你小时候很喜欢学校。

乔安妮：随着时间会改变的，不是吗？总之，你不会理解的。我就是不想去。好吗？

凯特：好的，我知道了。也许我知道一点了。你为什么不告诉我呢？

乔安妮：你只会说我必须去。这是规定，就像你一直告诉我的。有什么意义？

凯特：是的，我确实想让你去学校，但我不想让你不开心。我很好奇，学校发生什么事了让你那么不开心。

乔安妮：别管了，好吗。你不会理解的，我也不想让你插手。你只会让事情变得更糟。

凯特：你担心我会让事情变得更糟。这就是你不告诉我的原因吗？你觉得我会插手。比如去学校、找某人谈话。这是你担心的吗？

乔安妮：不，你不能去学校。我要起床了。好，别管我了！

凯特：乔安妮，你确实害怕我会把事情弄糟。你不想让我去学校。就是因为你怕我插手，把事情弄得更糟，你才不和我讲话吗？

乔安妮：我不和你说了。我会尽力早点起床。请不要告诉他们。

凯特：好，我知道这对你很重要，但我想知道是什么让你这么生气。你可以和我说一下吗？也许我不用去学校，也可以帮到你呢？

乔安妮：那你保证不告诉任何人？

凯特：我不能在还不知道情况的情况下做保证。我必须知道你是安全的，但我不想让事情变得更糟。我们可以一起找出原因吗？

乔安妮：（流着泪）我很害怕。如果他们知道我告诉你了，肯定会杀了我。这不是我的错，我并不想做错任何事。

凯特：（温和地）是很大的错吗？我会帮助你的，乔安妮。

乔安妮：和新来的男孩马克（Mark）有关，他上学期期末来的。我以为他喜欢我，但现在我也不确定。他让我给贾斯丁（Justin）一些东西。只是一个小包裹。我不知道是什么。现在我觉得那可能是毒品。他告诉我，如果告诉任何人，警察就会追查我。我知道你会告诉其他人，但我原本不想做坏事。对不起。

凯特：现在我知道了。难怪你不想去学校。你肯定吓坏了。我很高兴你会告诉我。我们一起吃早饭吧，然后商量接下来做什么。你真的很勇敢。我觉得咱们会解决的，并确保马克以后不会对任何人做这种事了。

凯特的好奇心帮助乔安妮说出了让她自己害怕的秘密。现在，凯特不再生女儿的气了。她知道这个过程是那么艰难，她会帮助女儿解决问题上一章苹果树的故事是我们与孩子关系的隐喻。如果我们想转变关系，我们需要坚持自己的好奇心，用它来寻找其他的故事，那种可以转换我们对各种事情，言谈和行为的认知。然后用这种理解来指导思考，促进反应的灵活性和关系的程度。

好奇心是帮助我们扩展与孩子关系的关键，帮助他们对我们建立信任。我们成为他们健康成长的基础，采取行动帮助他们探索不断广阔的世界。好奇心可以做到是因为它可以带来更深的理解。我们理解自己的孩子，他们感受世界的方式和表达经历采取的行为。这种理解带来自信：回应的自信、帮助的自信、帮助孩子的自信。没有这种理解，我们注定变得焦虑，体验失败，感到灰心。这些体验会关闭好奇心，远离回应性关系。没有好奇心，我们会做出急促的判断，做出不自省的行为。

金姆（Kim）在儿子14岁时，一家人去度假。大家都很放松，很有兴趣。他们开始想象未来，和艾利克斯（Alex）探索可能要做的事。他们开玩笑对他说将来他会让别人都处于老年状态。艾利克斯转过头来，很严肃地对他们说他觉得自己不会长大，他看不到自己有什么未来。

他的话让金姆产生极强烈的回应，充满焦虑和害怕——害怕失去他，害怕让他失望。她未经思考和沉思便回应："你以后当然会长大，别傻了。"她根据正如他所说的所作所为和自己的猜测做出判断，而不是真正希望了解他告诉她的话。

他告诉她害怕自己不会长大，而她把这看作对自己养育的批评，做出自卫式回应。她没有好奇心，而且也无法帮助儿子解决焦虑。在回家前，好奇心回来了。金姆想到这件事，

第七章
养育子女时保持好奇心

开始思考，好奇心回来了。她想到自己因为害怕失去和失败做出的疯狂回应。由于自己沉浸于自己的得失和恐惧，却无视了这对于孩子的意义。

什么样的故事可能帮助她更深刻理解儿子呢？艾利克斯本可以告诉她自己的恐惧和焦虑："你在让我想象一些我很难想象的事情。我不想承担大人的责任，我们停止谈话吧。这真的让我害怕，我总是害怕长大，害怕迈出下一步。"如果她有好奇心，就可以和儿子讨论这些可能的解释。共同解决他说的恐惧。金姆本可以更敏感一些，保有更多同理心。我们不可能总是充满好奇心。有时我们需要留些时间沉思，但好奇心让我们下次可以做好准备。

没有好奇心就找不到可替代的故事，和孩子相处中经历的不同解释。我们反而被自己的猜测指引，相信即使自己知道，也不会停下来去发现。没有好奇心，我们就不会沉思，做事不会思考，我们的反应更倾向于自己，而不是孩子的焦虑和恐惧。这样做的结果就是孩子不再尝试沟通自己的经历，感觉不受控制，变得无法预测，可能还会做出挑战性行为。

好奇心始于不知。当我们不知时，我们渴望探索、发现。这让我们的理论变得丰富、有深度。这不具评判性，我们可以更好理解他人和我们对他的回应。这导致更深入的联系，更强大的关系，孩子会更有安全感，更信任我们。

好奇心也许是以孩子的角度做一些事情，找时间考虑孩子、思考他的经历、了解他的行为。而且可以和孩子在一起时建立好奇心，你们共同思考不同经历的意义。这两种方法在养育中都很有意义。

对孩子充满好奇心可以在很多方面帮助你培养与孩子的关系。随着了解孩子更多，父母与孩子关系也会更好。它会帮助孩子感受到被接受和被爱的感觉，也减少了你的抱怨。孩子会觉得你真的"懂了"，在交流过程中也会更配合。

孩子会从你的好奇中学到更多。因为你帮助他理解并组织他的经历，孩子也在不断提高自己沉思、理解自己内心世界的能力，也会乐于探索他人的内心世界。这有助于培养他的管理能力。

随着孩子变得更加自省，他也更加懂得控制自己的情感。这些技能都很重要，孩子离开你之后可以帮助孩子成长，发展关系，在这些关系中获得成功。这也会促进他的自我理解。他会把自己的经历构成流畅的故事，形成过去、现在和潜在将来的意识，以此了解自己的经历和人生旅途。孩子不断建构自己的故事，当孩子来到更广阔的世界，这些故事会成为他的向导。

和孩子相处时充满好奇心意味着共同思考。父母和孩子共同弄明白正在发生的事情。尤其是发现事情发生的背后原因。这也许可以了解孩子行为特殊的原因。同样，它也可以了解孩子为什么对某些事情感到担忧或害怕。父母和孩子共同编织故事，来解释令他们感到担心或有趣的事情。

这是一种和孩子进行的非对立交谈。父母不会质问，或试着问一些直接的问题来表达不满。"你拿我电话了吗？"或"为什么来这么晚？"和以下说法完全不同，比如"我看到你今晚拿我手机了""我在想那是什么原因？"或"我注意到最近你有几次很晚还在外面，我很担心你是不是遇到麻烦了？"。前者的问题会让孩子觉得自己遇上了麻烦。他很有可能自卫，导致与父母的联系断开。而后者，父母在传递对孩子真正的兴趣，发现孩子的经历。这会减少对立、理解和联系得

第七章
养育子女时保持好奇心

以在他们中间形成。

当以这种方式和孩子交谈，不去批判非常重要，开始时表现"不知的状态"。如果你已经知道孩子做某件事情的原因，那你就不会有好奇心，你的猜测关闭了你的好奇心。这些所知并不会加深理解，而是偏离发现。家长不喜欢探究为什么孩子会以这种方式表现，而是以自己的感受或不快来理解这种行为。

注意一下对孩子不同交流方式的差别，"今晚你又没有写作业！"和"我发现你今晚没有写作业，你觉得那意味着什么？我觉得你在担心考试的事。"第一个例子，对话会终止，双方依旧都有怨意，孩子还觉得家长很刻薄。第二个例子，随着双方共同交流，家长可能会改变想法。孩子也许会说，例如，"我不担心考试考不好，但我真的不懂这一课。我试着问过史密斯老师，但他很忙。我不知道怎么办才好。"这种情况下，随着俩人一起讨论这一课，家长会转变原来的猜测。

这种类型的非评判性思考在于，刚开始期望眼下是不知道的，但我们可以一起弄明白意义。家长不知道，她也希望孩子不知道。意义来自俩人的交谈。当然，上述状况还是没解决，还是一个问题，但共同的理解更有可能找到方法解决，孩子和父母共同想办法。

要想成功，不要评判孩子的内心世界很重要。所有感受都是有"原因"的，家长要理解。当孩子的感受没被评判，而是被理解，那他就可以在行为不被接受的情况下自己解决，因为行为和他是独立的。他的想法、感受和意图都为人理解，这种理解方式让他感受到被爱和被重视。如第四章和第五章所写，这种深入的接受会给予他支持，让他在这种情况下尝试不同做法。

有时，孩子会在父母尝试和自己分析问题时感到不舒服。这可能与他之前的经历或期望不同。他也许会觉得家长以某种方式骗自己。

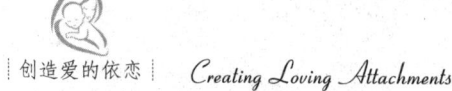

他会感到羞耻或没有价值，这很容易被看作是被父母问的简单问题引起的，导致挑战行为。这种情况下，间接地表示好奇心会有帮助。父母可能会表示很好奇，听到孩子来时和另一个人交流，或和家里的宠物说话。随着焦点离开孩子，他可能会忍住好奇心，保持这种状态，留足够时间经历别人想要理解他这件事。

吉姆想起在一位养父母的家里，养女丽贝卡（Rebecca）很不高兴。那一天过得很不好，丽贝卡脾气很暴躁、有对抗性、很难安抚。

当吉姆到达时，丽贝卡把自己锁在卫生间，拒绝出来。养父母尝试和她直接交谈，但情况似乎让她的反应变得更糟。家里的狗狗趁机来到她面前，想获取一些关注。吉姆用手抚摸狗狗的耳朵，开始和狗狗说话。她说道丽贝卡今天过得很不开心，很想知道其中的原因。她问狗狗是否觉得丽贝卡在担心某些事情，有可能是关于要面对的家庭契约。

她说要担心这些事情真不容易，也许丽贝卡会感到劳累。和狗狗的谈话持续了一段时间后，丽贝卡渐渐地冷静下来，慢慢地走出卫生间。她还是没有说话，但接受了养父母的安抚和安慰。

至此我们一直讨论与孩子带来的挑战相关的好奇心。好奇心成为我们训导方式的一部分，帮助孩子改善自己的行为，在家庭和更大的团体中得到认可。

好奇心自养育中所起的作用远非如此。我们也会对孩子表现出的积极方面感到好奇。与婴儿和幼儿一起相处很容易。他们对这个世界

第七章
养育子女时保持好奇心

持续不断的好奇也让我们对他们充满好奇。我们很高兴看到孩子为我们展开对我们来说充满新鲜感的世界。

随着孩子长大，很容易失去好奇心。我们开始关注教他们辨别是非。我们担心孩子一旦离开我们，不会受人欢迎或不会成功。这些担忧和猜测会扼杀好奇心。我们把积极方面视为理所当然，更专注于消极方面。训导和纠正会不利于好奇心。

所以，留出时间分享孩子的成就、鼓励他的兴趣和为孩子来到这个世界感到开心都很重要。而且我们做到这些，我们也会变得更加在意孩子的内心世界——他骄傲的事情，感到快乐的事情，想要做到的事情。因为我们对这些想法、感受、期望和愿望感到好奇，我们同时也在帮助孩子更加注重自己的内心世界。在我们的帮助下，孩子也会形成更好的自我意识。他会对自己取得的成功更加留意，自我尊重将会得到加强和成长。

关于警示的小贴士：对孩子保持真正的开放。我们很容易受到自己意愿和希望的影响，看不到自己孩子喜欢什么，期望孩子做到我们想让他做的事。孩子可能觉得有义务满足这些期望，把自己的想法、感受和兴趣放在一边或没有，以实现父母的期望。其他的孩子也可能采取不同方式。他们会反抗父母的愿望，为了保证自我，随着成长，离父母越来越远。

不幸的是，在这个过程中，通过反抗父母的意愿而不是发现自我，他们自己受到更多掌控。

对孩子充满好奇心很难。你必须站在自己的角度思考，时刻发现问题进行猜测，随时监测孩子对你所说的话的回应。对大部分人来说，这意味着期望孩子按被告知的去做，服从要求。

我们很容易就去唠叨或教训，尤其是担心孩子时。我们希望能说服他不做某事或做其他的事情。孩子就会觉得被评判了，变得固执，结果什么也改变不了。

如果家长想要在养育中有更多的好奇心，养成对孩子充满好奇心的习惯很有帮助。为孩子着想，思考他为什么这样做。在繁忙的生活中创造机会沉思成为一种挑战，但留出时间安静沉思以后可以节省时间，不必对孩子不停说教。

和别人共同沉思也很有益处。可以是伙伴、朋友、妻子或丈夫和可信赖的专业人员。沉思的时间是养育的重要部分。正是沉思充分唤醒了好奇心，加深了理解。

沉思时间会让你与孩子交谈时，获得优势。你会事先在头脑中有一些观点，帮助你们共同解决问题。重要的是，好奇的习惯会让你不那么执着于自己的想法。你会对眼前的孩子产生真正的兴趣。

对缺乏好奇心孩子的培养

儿童缺乏好奇心的原因多种多样。在之前章节我们看到创伤可以关闭孩子的好奇心，孩子对所处环境的潜在恐惧特别警戒，这让他们无法进行好奇的探索。

同时，他们的大脑因危险感到兴奋。这意味着面对危险大脑中更感性，反抗的部分占据主导，而更理性的，沉思的部分不太活跃。孩子反应时未经思考，思考的将会变少。保持对这些孩子的好奇状态很有挑战性。这些孩子不会和你共同好奇，而是当你的好奇心变成潜在的威胁时，他们会生气、愤怒或逃离。

养育的挑战就是帮助孩子感到安全，保持你的好奇心。保持回应的、可利用的养育方法，与众多方法和结构相连接。当孩子歇斯底里

第七章
养育子女时保持好奇心

时，你保持从容，孩子脾气也会降低。这会让孩子更有安全感，随着安全感增加，孩子会更少发脾气，变得更加平静。当情感的大脑出现高警觉时，大脑的思考功能就开始工作了。现在，孩子可以和你共同进入好奇心了。

当父母没有好奇心时，孩子的好奇心也会关闭。如果父母不好奇，对孩子的内心世界没有兴趣，那孩子也不会感到好奇。唤醒孩子的好奇心是一种交互的体验。孩子需要能感受对方好奇心的关系。这会带来共同的好奇心，让孩子可以站在自己的角度利用好奇心。当父母对孩子没有好奇心，孩子也更少可能对父母有好奇心。

阻碍孩子好奇心的另一个问题就是总感到羞耻，这会导致不好的感受。如果早期关系不好，孩子总是会觉得不被喜欢。没有和谐的关系，无效的训导，当关系破坏时仍不去弥补，都会让孩子有过度的羞耻感。

当孩子一次次感受这种破坏性的羞耻，羞耻成为他们自我的一部分，融入自我的核心意识。孩子会觉得自己很糟糕，也会猜测别人不愿帮助他们。他们也不愿拥有充满好奇心的关系，尤其不愿探索他人眼中的自己。当你觉得别人不以充满爱的眼光看你，甚至带着憎恶，为什么会有好奇心？

久而久之，孩子也不会对自己所做之事感到好奇，只会猜测自己很坏或淘气，在某些方面有缺点。可能泄露自身不好的好奇心会让人害怕。最好不去看，也不确认之前认为正确的事情。孩子没有好奇心，因为好奇心就像通向他羞耻的路途。孩子会觉得自己很坏，羞耻心意味着他不想去思考这件事。

他并非拥抱关系，而是拿起了盾牌。正如第四章所述，对抗羞耻的盾牌包含了阻止孩子不去看他人反应的行为。他拒绝或尽可能减少行动,当事情变糟时责怪他人,当所有这些没有作用时,对自己和身边的人发火。

虽然这些行为让孩子远离与羞耻有关的可怕感受,但却干扰了好奇心。孩子不再探索关系,所以从不会发现他人的兴趣。他与被爱、被重视和支持的感受远离。太快经历无法掌控的羞耻会很难信任他人,对意味着他们不好或很坏的信号过于敏感。

关于创伤,感到羞耻的孩子也需要可以保持他们好奇心的父母。此类孩子的行为很容易惹怒父母或让父母感到疑惑。他们担忧孩子经常撒谎或对自己行为不负责带来的后果。他们会觉得受到他人评判,孩子的行为反映了家长养育方式。上述反应让家长越来越远离好奇心,转化成反动性养育。如果成人未理解孩子内心深处的羞耻,就对孩子的行为做出回应,只会加强孩子的防御盾牌。关系变得越来越不密切,孩子的羞耻和愤怒继续下去,盾牌稳稳地留在原地。

图7.1 对抗羞耻的盾牌

好奇心能帮助家长透过羞耻导致的行为，了解到背后的害怕和悲痛。当自己被理解，孩子会感受到更强烈的联系，更加接受这种关系，把它看作支持和治愈的源泉。他会冒险降低盾牌，接受父母的支持。伴随着好奇心、接受和同理心，孩子会觉得被支持，最后羞耻感消失。有了父母的支持，盾牌力量削弱。

保持好奇心

如果父母提供的家庭环境缺乏好奇心，那么关系就不太可能得到发展。

如果没有理解，我们就会深陷一段毫无变化的关系中：孩子发出行为，我们给予回应。弗洛伊德认为"一件未被理解的事情必然会重现，就像未被安置的鬼魂，在解决谜题，咒语破除后才会安息。"[1]父母无法直接改变孩子的经历或用语言或者行为对其传达的方式。但父母可以改变如何回应自己的孩子。

当吉姆对已改变的树做出回应，树依旧如此。孩子不像树，和我们会有联系，我们的经历互相牵连。当家长改变了回应方式，随着时间她会发现孩子也会改变行为和沟通方式。这种情况的出发点就是好奇：探索了解不知道的东西。好奇心带来不一样的理解。你开始更全面地了解他人的故事。不同的理解让我们可以更好地接受孩子和他的经历。孩子通过同理心感受到不断地理解和接受，会在你理解他的过

---

[1] S.弗洛伊德（Freud, S.）："对一个五岁小男孩的恐惧症的分析"（Analysis of a Phobia in a Five-Year-Old Boy），《西格蒙德·弗洛伊德全集标准版》（第10卷）（*The Standard Edition of the Complete Works of Sigmund Freud*），第122页，J.斯特雷奇（J. Strachey）:1953–1973年编，伦敦，霍格思出版社，1909年版。

程中更有安全感。

当我们把孩子看作自己失败的证据,就会失去好奇心。我们受自己难以承受的失败驱使,忽视了孩子自己的故事,孩子在我们面前经历的故事。这对孩子和整个家庭来说都是灾难性的。

吉姆之前认识一个叫杰克(Jack)的男孩,对它的领养家庭产生影响。杰克的妈妈有很严重的精神健康问题。她总是全神贯注于自己的需求,然而忽视了孩子的需求。

因为害怕孩子被妈妈照顾时受到伤害,他被转移到养护中心。他比较快地适应了那里,并没有出现任何问题。两年后,杰克可以被领养,搬到了新家庭。杰克再一次很容易地适应了,与其他家庭成员相处很好。看起来是一个很快乐,会社交的小男孩。

父母和领养的儿子很好地相处8个月,成为成功的故事——这个小男孩注定成为他们家的一员。没有人帮助他们对他之前的经历对他的影响感到好奇。当他们继续和杰克保持亲近,爱意的关系,杰克开始有所改变。他拒绝这种关系,尤其是他的妈妈。他开始排斥,变得自立。他不想让别人喂饭,帮忙洗澡,被照顾。自立需求最有说服力的时候就是杰克试着自己换尿布。

他的父母很疑惑,焦虑,担忧。他们成功故事受到威胁,新的失败故事正在出现。以前一直进展得很顺利,现在不是了,他们肯定会在某些方面失败的。这种情况造成的担忧关闭了好奇心,整个家庭陷入焦虑和担忧的螺旋。他们无法想象这次领养会失败,因为这个家庭也失败了。当父母只关注

第七章
养育子女时保持好奇心

自己的害怕和挫折，杰克也变得更加害怕。

杰克的任务就是帮助他们找回好奇心，考虑与杰克相关的所有经历。也许"母亲"对他来说仍是恐惧的来源，与他早期与母亲的关系和曾失去其他的母亲有关。一个孩子需要多久才可以把照顾他的人看作母亲呢？被妈妈照顾引发了他什么样的恐惧呢？

随着家里人了解捷杰克的经历，开始想象他的恐惧隐藏的问题，能够理解他控制和自立的需求。他们理解了对孩子来说，接受需要新母亲这个需求很困难，他们能够理解孩子对亲密关系的害怕。父母继续给予孩子关心照顾，虽然他未曾要求，他们已经适应了孩子的忧虑。杰克再也没见过父母生气，受挫，而是继续很友善，有同理心，及时回应。他的恐惧开始减少，慢慢学会信任他们，也敢于依赖他们了。杰克的领养很成功。

我们希望这个例子能够说明好奇心和对他人的深入了解如何支持他人，可接受、充满同理心，最后巩固这段关系。关系可以带来安全感，支持成长和探索。最后，这段关系会鼓励孩子的好奇心。孩子不再害怕，可以探索周围更广阔的世界。

正如沃特·迪斯尼（Walt Disney）所说："我们不断前进，打开新的大门，尝试新事物，因为我们充满好奇心，好奇心引领我们到达新的路途。"①

---

① 沃特·迪斯尼，转引自电影《未来小子》的结尾。

养育和社会化

当我们尝试把孩子社会化时，在PACE态度的好奇心极其重要。帮助孩子学习可接受的行为和减少不可接受的行为是养育的强大动力，是父母能参与的最低限度的思考行为。

当孩子做一些令我们骄傲的事情，当我们一起开心玩耍或愉快地参与，当我们应孩子要求指导他，很容易保持思考的状态，对孩子充满好奇，想知道他在做什么和他的想法。在孩子看来，我们看待这些经历时，仍然保持不去评判的态度，真正地融入到他的经历中。

当我们训导时，如果有阻止孩子不去做某事的强烈欲望，就会很快失去好奇心。我们就会以自己对孩子行为的猜测做出回应。他们这样做是因为他们淘气，自私，说谎。

我们不去想办法理解孩子行为背后的想法、感受和目的。而是评判行为，进而评判孩子。正如丹（Dan）曾经在之前的书里写的，我们还没有理解就尝试改变孩子的行为：

在养育社会化角色里，我们经常丢失或减少自己的好奇心。训诫时，我们总是着眼自己对某种行为的渴望，忘记了思考正在发生的行为。我们忽视了这样的事实，孩子的行为，至少部分行为，反映了想要构成一个衔接的故事付出的努力。我们不是参与到他的努力中，而是经常把自己的故事强加于他[1]。

---

[1] D.A.休斯:《以依恋为核心的家庭教育：照顾孩子的有效策略》第86页。

第七章
养育子女时保持好奇心

养育和二级创伤

养育受过创伤的孩子的父母有很高的风险会遭受二次伤害。因孩子的创伤受到伤害会导致好奇心减少，对孩子产生更加严重的反抗性回应。有时，父母会变得异常活跃，狂热地试着避免正在经历的焦虑感。其他的父母会更加沉默，无法做日常的事情。无论哪种方式，父母都会失去好奇心，与孩子的联系断裂，孩子受到孤立，缺乏支持。

很难注意这个过程正在你身上发生。当父母觉得养育带来创伤，她会变得固执，不灵活。忽然，这个不重要的事情必须解决，根本没有时间做其他事。当她想办法去掌控，思考便停止了。更多的行动，较少的思考意味着父母做法越来越没有效果，与自己、孩子和周围的人脱离了联系。这个时候父母就需要来自朋友和家庭的支持。他人会比自己更快发现事情现状。保持好的支持关系网，为自己留一些时间，留时间放松是压力增加期间最需要做的。即使有时你会觉得根本没时间做这些事。

玛格丽特（Margaret）照顾山姆（Sam）3年了，之前有过两次失败的收养经历。他现在12岁了，几乎要逃离学校，有过出走历史。之前经过虐待和忽视的经历，山姆现在牢牢地控制着所有的人和所有的事。

他把每一件事都搞得和吵架一样，争论黑的是白的，黑夜是白天。最严重的是，山姆强制性偷窃，撒谎，也不感到后悔。以转变问题孩子的能力为骄傲的玛格丽特失去了信心。她觉得自己无法深入了解山姆，山姆也不再像刚来她家那时信任她了。

玛格丽特的成年儿子盖瑞（Gary）回家探望后很担心。玛格丽特看起来疲惫不堪，非常受挫。她忙于整理自己的文件，更新所有的记录，但看起来只是循环往复地做这些事。她很厌烦做这些事和准备晚饭。盖瑞建议点外卖，玛格丽特训斥了他。

如果一直点外卖，怎么能吃得健康呢？她已经实行了一套复杂的奖励机制和后果策略，试着控制山姆偷窃，但结果次数太多，她也束手无策。盖瑞试着建议她和之前的社会抚养人员谈谈，但却遭到生气地回击，她怎么有时间和别人见面呢？

第二天，盖瑞打了一两个电话。他给社会福利工作者谢莉（Shelley）姐姐打了个电话。他给山姆安排了周末休息，让姐姐邀请玛格丽特在同一周末去她家。刚开始，玛格丽特不愿意，但盖瑞和谢莉一起做到了。

周末进展得不错。他们让她有时间休息放松，然后他们坐下来和她交谈。他们平静温和地告诉玛格丽特他们所看到的和对她的担心。玛格丽特感动哭了，她认同照顾山姆左右了自己的情绪。他们三个拟定了一个计划。第一，安排一次多方会议。事情得不到解决，她需要更多的帮助才能继续。她向盖瑞和谢莉保证会首先保证规律的休憩。

玛格丽特很幸运有这些孩子支持她，站在她的角度帮忙。这很不易，尤其是你习惯了独立，不习惯请求他人帮助。需要帮助就像失败一样，没有满足他人对你的期望。然后，没有比这种理解更偏离事实的了。支持就像救生索，尤其是照顾受过创伤的孩子。帮助孩子获得

第七章
养育子女时保持好奇心

安全感，避免二次创伤取决于你所在的关系，几乎和你在养育中的技能同样重要。

没有可信赖朋友和亲人的支持，父母几乎不能辨别出自己经历着创伤，也不在意采取行动从中恢复。关系能够提供治愈创伤所需的安全感。当好奇心恢复，家长以后就可以重新面对养育挑战。

结语

好奇心有助于促进好奇心，接受和同理心。使关系变得有意义，当父母根据孩子的内在体验给予回应，孩子也会感受到与父母的联系。

孩子有时做出的令人疑惑和执拗的行为会不利于保持好奇心。这转而会引发复杂的，未经思考的想法，感受和行为。

坚持反思可以保持好奇心，形成另外的故事，加深理解。你不能直接改变孩子的体验，但你可以以不同的方式给予回应。这会给孩子带来不同的体验，转而孩子也会给予不同的回应。好奇心是PACE的关键，睁开眼睛接受新的观点和新的回应。

故事

懂得世上所有知识的男孩

很久以前，有一个小男孩。他叫大卫（David），是个特别的男孩。因为他记得所有听到过的事。这让他变得很聪明。随着长大，他听过的越来越多，储存了越来越多的知识。不久，他就知道了世界上所有的知识。

现在大卫是个友善的男孩，他很乐于助人。他喜欢帮助他的朋友解决问题。有时帮他们解决作业难题和他们的爱好。大卫很高兴能帮助自己的朋友。他喜欢解决别人的问题，看到他们因此而开心。

大卫也很喜欢帮助自己的妹妹。这是一个恶作剧。有时她让他帮忙，有时不想。她也想变聪明，她不喜欢大卫会做她不会的事情。她做事尽量靠自己，当大卫想帮忙时会很生气。大卫也很生气，因为他想帮忙而妹妹不让。

大卫也喜欢帮助爸爸妈妈。当大卫帮忙时，父母很高兴，但他们有时也很想帮助大卫。这成了一个问题。大卫知道自己懂所有的知识，但他们不理解这件事。他们认为大卫很多事情都需要帮忙，但实际他不需要。有时，大卫也会对他们生气。他们会想办法和他谈谈，但大卫无法解释他不需要帮助，因为他知道世上所有的知识。

有一天，大卫在学校，他的朋友西蒙（Simon）需要帮忙。他有一个大麻烦，知道大卫很擅长解决各类问题，他便找到大卫。这个问题很麻烦。大卫搜索大脑所有的知识，想帮助他的朋友。他寻找了一遍又一遍答案，却找不到解决的方法。这让大卫很焦虑。这件事很难解决。他讨厌焦虑的感觉。焦虑让他觉得很奇怪。他尽量不焦虑。所以，当西蒙一直问他答案时，大卫焦虑感不断增强。他不喜欢这样，便对西蒙发火。他冲西蒙大喊，西蒙就跑走了。

现在大卫也很伤心。伤心和焦虑一样都很不好。如果你感到伤心，脑袋里所有的知识都帮不了你。大卫尽量不去伤心。他希望西蒙能回来，但自己不能给他解释。他不去面对，

第七章
养育子女时保持好奇心

而是自己认为是西蒙的错。西蒙不应该有这么一个问题,世上所有的知识都解决不了。

那天放学后,大卫很脸红也很心烦。他回到家,跟妈妈生气了。他不再吃零食,也不和其他孩子一起玩耍了。

那天,他上了一节柔道课。现在,大卫很喜欢上柔道课。他喜欢所有的动作都在控制之内,他用功学习,希望获得更高级。今晚,他不想去了。他一直努力不去焦虑或伤心,感到很累。大卫的妈妈很聪明。她看出大卫有很大的烦心事,她觉得去柔道课也许会有帮助。她鼓励他去上课,还把他送到大厅。

做柔道动作确实让他感觉好多了。他非常专注,发现不感觉生气了。休息期间,柔道老师找他聊天。他注意到大卫很专注,猜测他有一些烦心事。大卫感到心情稍微放松了,告诉老师他不能解决的棘手问题,还有他朋友跑走这件事。大卫告诉他这让他感到伤心,焦虑,自己很生气。他觉得说出这些,老师可能会嘲笑他,但老师没有。他思考了一会儿,说有时问题比世界上所有的知识都多。有时,很多问题都没有简单的答案,你需要在那陪着你的朋友。

大卫眼睛噙满泪水,但很快忍住了,没有让眼泪流下来。他一个答案也没有怎么和朋友在一起呢?这让他觉得焦虑、伤心,怎么能留在那儿呢?大卫的老师帮助他理解,虽然他很聪明,但并不总是有办法。有时,大卫可能需要有人帮他。大卫想到了爸爸妈妈。他们有时会伤心,比尔(Bill)叔叔心情恶劣时,爸爸也会着急。也许自己伤心、焦虑时,父母可以帮助自己。然后自己也可以帮朋友。

当晚大卫和父母聊了很久。他告诉了他们朋友的事。他们告诉他想到大卫独自处理事情，他们也很伤心。他们知道生活很不容易，但有时好像父母并没有任何帮助。大卫觉得眼睛酸酸的。第一次没有强忍眼泪，而是让它们落下来。妈妈紧紧地抱住他，也落泪了。大卫突然觉得很安全、温暖、舒适。他抱得更紧，享受自己不必独自解决问题这种感受。大卫发现流泪也并不总是坏的，有父母安慰是世界上最好的感受。知晓世界上所有知识的男孩又学到了全新的东西。

大卫发现，变聪明有很多方法。他知道了有情感并不是弱点，伤心和焦虑会让你发现你需要来自他人的帮助。他的父母能比他更好地理解一些事情，在需要时陪着他，安慰他，支持他，或在他没有办法的时候帮助他。大卫很开心他并不孤单，他有爸爸、妈妈和柔道老师帮助。第二天，大卫到学校找到朋友，告诉他对他发脾气很抱歉。大卫解释说他没办法解决问题，但他会尽力，并一直陪着他。大卫告诉他，他不会感到伤心、焦虑，但会正视它。大卫的朋友笑了，对他说："看起来我们都有麻烦，也许我们可以互相帮忙。"大卫也笑了。即使拥有全世界的知识，还是需要别人的帮助。大卫很聪明，但有时这并不足够。

第四部分
同理心

第八章
同理心——联系情感世界的桥梁

Creating

Loving

Attachments

创造爱的依恋

很多时候我们可能失去或无法形成同理心。但一个人压力过大，短暂失去同理心的情况时有发生。遭受由脆弱的遗传因素和痛苦的早期经历导致的个性紊乱的人，会永久缺乏同理心。早期发展创伤尤其导致同理心发展问题，常见于被诊断患有个性紊乱。比如边缘型人格、自恋的人。

这一章我们分析构成PACE重要的最后一部分，同理心，即感受他人的能力。同理心是维持PACE的胶水。

我们怀有同理心去开始了解别人。对他人的同理心激励我们与别人联系。没有一定程度的同理心，我们就不会玩耍、接受或好奇。同理心和好奇心是一对伙伴。像双胞胎，表现一枚硬币的两面。没有好奇心，真正渴望理解，我们就不会想要了解自我和他人，但没有同理心，好奇心也无法为我们展开关系。

同理心成为终结点。没有同理心，玩耍、接受和好奇心也是徒然。通过爱、感情、保护的欲望，帮助孩子成长的动机和需要时的疗伤，同理心把我们互相联系起来。同理心是联系玩耍，接受和好奇心的纽带。它是非评价性的，让我们得以融入对孩子情感成长和幸福非常重要的主体间关系。恢复能力来源于同理心。没有同理心，玩耍、接受和好奇心都会失去。

此章将探讨同理心的意义和发展，发现同理心的力量和失去同理心的毁灭性后果。

什么是同理心？

赫敏看着他们俩，表情近乎遗憾。

"难道你不理解周（Cho）当时的感受吗？"她问道。

"是的。"哈利（Harry）和罗恩（Ron）回答。赫敏叹口气，脾气缓和。

"显而易见,她很伤心,因为她之前喜欢塞德里克(Cedric),现在喜欢哈利。她也不知道最喜欢谁了。她会觉得愧疚,觉得亲吻哈利是对之前塞德里克记忆的侮辱。她会担心如果和哈利约会,别人会怎么看她。她可能也弄不清楚对哈利的感觉。总之,因为塞德里克死时,他就和他在一起,所以这很混乱,令人痛苦。她还害怕被踢出莱文克劳·魁地奇组,因为她一直飞得很差。"

他们说完后沉着地令人吃惊,罗恩说:"人们无法立刻感知一切,他们会爆发。"①

正如哈利·波特系列中的年轻人所发现的,人类是有情感的生物,有各种复杂的情感。同理心就是识别这些情感并给予回应的能力。

西蒙·巴伦·科恩(Simon Baron-Cohen),英格兰心理学和精神病学教授,很擅长理解别人的同理心和不知因何种原因失去同理心的人。他把同理心定义为"可以识别他人所思所感,以合适的情感回应他人的想法和感受的能力。"②

同理心依赖于表达同理心,为他人着想,因他人的经历受到情感驱动的能力,但同理心不止于此。但同理心是对他人情感的自发回应,同理心是努力了解他人的意愿行为。我们积极地建构"为他人着想的感受"之上的"和他人共感受"的同理心。同理心是共享的情感。我们不仅观察,还会进入他人的情感世界。这种能力可以看到隐藏的东西,感受他人的内在体验,让我们能够互相影响彼此。

赫敏,罗恩和哈利也在不断发现,同理心是想象的行为,当赫敏

---

① J.K.罗琳(Rowling, J.K.):《哈利·波特与凤凰社》(Harry Potter and the Order of the Phoenix),第405-406页,伦敦,布鲁姆斯伯里出版社,2003年版,版权©J.K.罗琳2003。

② S.巴伦·科恩(Baron-Cohen, S.):《零度同情:人性残忍的新理论》(Zero Degrees of Empathy: A New Theory of Human Cruelty),第11页,伦敦,艾伦·莱恩出版社,2011年版。

问他站在他人角度是什么感受，或更准确地说读懂他人的想法是什么样的，罗恩正是进行此种尝试。

同理心是人社交的关键。通过好奇心，我们与他人建立关系，给予我们联系感。同理心依赖于能够理解他人的能力。当我们对他人表示同理心，我们就是在表示对他人的理解。传递给他们是被人理解。这个人至少可以理解我。

西蒙·巴伦·科恩通过我们照顾自己和他人的方式，帮助描述了好奇心。[1]注意力单一的关注并不会带来同理心，但当我们为双方着想，考虑自己时，也为他人考虑。换句话说，我们可以同时关注自己和他人当下的想法和感受。

巴伦·科恩还描述了同理心的范围。由于基因和经历，我们所有人都在这个范围的某一位置。大多数人位于中间位置，感受中度的同理心。研究数据表明，女性比男性的同理心高一点。J.K.罗琳（J. K. Rowling）也倾向于描述赫敏理解他人的能力相比哈利和罗恩高很多。

当然，数据背后有很大的个体差异，一些男性表现高度的同理心，一些女性同理心则很低。一小部分人处于这个范围很高的位置，对他人的感受极为敏感，努力理解他人。

在同理心范围底端的是很难感受同理心的人。例如，患有孤独症的人。这是阻碍心智理论发展的基因问题。

3至4岁时，孩子可以发现心智。他们发现自己内心有想法、感受、信仰和欲望。他们也发现别人也有心智，别人的想法、感受、信仰和欲望和自己的不同。

---

[1] 同上。

心理学家用一个特别理论探索了心智理论的发展。那就是"聪明豆测试"（聪明豆和M&Ms豆相似）。给一个孩子展示一个聪明豆盒子，问他里面有什么。聪明的小孩，尤其看到糖果时，会很确信盒子里就是巧克力豆。研究人员会打开盒子，里面其实不是聪明豆而是铅笔。

然后再问孩子原来的想法。当第一眼看到盒子，她觉得里面会有什么？换言之，就是测试孩子已经知道事实的情况下，能坚持自己原来的观点吗？较小的孩子不能，她会说她刚开始就觉得里面是铅笔。较大的孩子完全没有问题，知道自己本来认为里面是聪明豆。

所有年龄段的有孤独症的测试者都无法完成任务。当知道事实，他们很难理解之前和之后的观点转换。他们更难理解他人的观点。

他们可能不知道，进入房间的其他人会对打开的盒子里面的东西有不同的猜测。这些人很难对他人有同理心。社会就像一个大迷宫，他们很难操控。他们经常孤立自己，藏在自己擅长的组织能力背后，找到事情规律。他们很多擅长计算机或有逻辑的事情，相比于不确定性，他们倾向于可预测的事情。有孤独症的有能力的人会利用这些技能为社会做出贡献，找到与他人的某些联系。

另外缺失同理心的一组有个性混乱。大多数占幼时养育的早期环境经历加上天生的敏感导致特殊的发展障碍，削弱了情感发展。此章后面部分会深入探讨这些问题。

与同理心有关的两个方面：

1. 认知方面。这涉及认知，对自己感受和想法的理解和我们行为的原因。这种能力让我们能够理解他人，理解他人的体验。正如心智理论实验所示，这依赖于我们理解他人观点，站在他人角度的能力，这样我们才可以从体验上升到理解。这是对孤独症患者来说最难的部分。

2. 情感方面。这是同理心得体验部分，是我们的回应来源。这是我们对他人的情感回应的源泉。我们感受他人的感受，然后理解，至少情感上理解他们的感受。有一定程度个性混乱的人，比如精神障碍的人，情感方面会削弱。他们利用认知，接受观点的能力了解别人所想，了解别人行为的原因。然后，利用这种知识获得他人帮助满足自己需要，对他人可能产生的情感影响没有印象。

因此，同理心将我们与他人的关系紧密联系起来。不仅限于和他们产生联系，它也决定了我们的联系方式。正如上述例子那些有精神病倾向的人，没有同理心，人就像物品一样，我们生活中各种各样的物品没什么区别。只是满足了他们的需求。比如，人可以是有性别的物品，受批评的物品，承受身体暴力的物品或金钱物品。

同理心让我们把别人看作有自己想法和感受的主体对待，人成为一种特殊的"物品"，可以独立思考和感受的物品。当人成为主体，他的需求就会被看到，被重视，就像自己的需求一样。两个主题就产生关系，他们的目标是满足彼此的需求，而不只是其中一方。

神学家马丁·布伯（Martin Buber）在20世纪20年代早期写道，当我们和与我们不同的人处于一种关系，我们会受到他人特殊性的影响。[①]布伯称之为"我——你关系"。他把它与"我——它"关系，即关系中另一人对我们来说是物品，区别开来。"我——它"关系里，我们在生活中利用他人的价值，而不去发现他的独特性，也不受他的影响。他在实用方式之外，对我们不产生影响。同理心是"我——你关系"的一个特点，他人的体验会对我们产生影响。我们会站在他的角

---

① M.布伯（Buber, M.）：《人类知识：散文选》（*The Knowledge of Man: Selected Essays*），M.弗里德曼编，纽约，NY: 哈珀与罗出版社，1965年版。

度，因为和他在一起而受他影响。

同理心可以给个人带来很多优势，以某种方式和成功的关系相关。巴伦·科恩①认为同理心让我们有能力理解他人和他所持有的观点。对自我和他人的理解促进解决矛盾问题，有利于协商和解决问题。

同样，同理心帮助人们理解他人做某件事的原因，或推理他人如何回应你的行为。当表达同理心时，我们也对他做出评估。他体验了自己的想法和感受被别人聆听、了解和尊重。

同理心的理解

同理心将我们与行为背后的体验联系起来。什么样的内心希望、想法、感受、欲望和信念指导着我们以某种特殊方式行动呢？

理解并接受这些内在动机可以让我们对他人有更深的同理心，反映了更深刻、联系更密切的关系。同理心反映了"我们懂了"，我们理解并接受了他人的内在世界，准备好进入他人的内心世界并以某种方式和他分享。

同理心让这种感受保留得更久一些，避免了想要确信，让事情变好或解决问题的急躁欲望。我们分享这种体验，这带来更深的关系，也许最终可以提供帮助，为理解和接受提供更巩固的基础。

> 吉姆正在帮助8岁男孩皮特（Peter），他和养母的关系很糟糕。由于早期被生母忽视并抛弃，而且失去有意愿领养家

---

① S.巴伦·科恩：《零度同情：人性残忍的新理论》。

第八章
同理心——联系情感世界的桥梁

庭,他发现很难相信这位母亲以后不会抛弃他。他为了保护自己,不让她和自己太亲近。他拒绝她对自己的爱护,当她制定行为规范,他对她十分责备。

有一天,皮特不愿离开学校回家。皮特也不知道为什么会这样。他对她很生气,但却很难明白其中的缘由。早期,没有人帮助他理解婴儿时期的体验,现在他内心的信念、期望和欲望对他来说仍是个谜。

这次,吉姆需要帮助皮特理解他自己的体验。和其他父母对待自己孩子一样,吉姆需要给出和这次经历相符的解释。这说明她没有只停留在行为表面。给他提出了一些控制怒气的方法,并为他妈妈提出管理他对抗行为的方法,不至于让他们的关系太疏远。皮特因自己的经历感到羞耻。他如果通过指责和愤怒表示这种复杂情感,会封闭自己。

与此相反,金姆和他一起探讨了这种行为的意义。他告诉她他妈妈以前不让他把收藏卡带到学校。现在老师禁止在她课上带收藏卡,因为这可能会引发孩子之间的冲突。吉姆帮助皮特建构了这个经历的故事。

他们共同探讨他对妈妈不让他把卡片带到学校,以及认为妈妈不喜欢他,很爱生气的看法。吉姆对此表示了同理心,觉得妈妈不爱自己因此对你生气令人太难受了。吉姆鼓励他把这些想法告诉妈妈,当他找不到合适表达时帮他说话,当体验过于紧张时替他解释。

可爱的妈妈也能够倾听并同理心儿子。她并没有试图让他相信自己很爱他,并没有生气。这只会封闭他的体验,让他觉得妈妈并不理解他。相反,她认同他的体验,觉得自己并没有做得足够好。当皮特感受到妈妈的同理心,他大脑的"同理心电路"复活了。皮特能够感受自己的同理心,这让他能够得到更好的情感发展。自我,终将形成他人的内心世界在皮特现在慢慢觉醒。

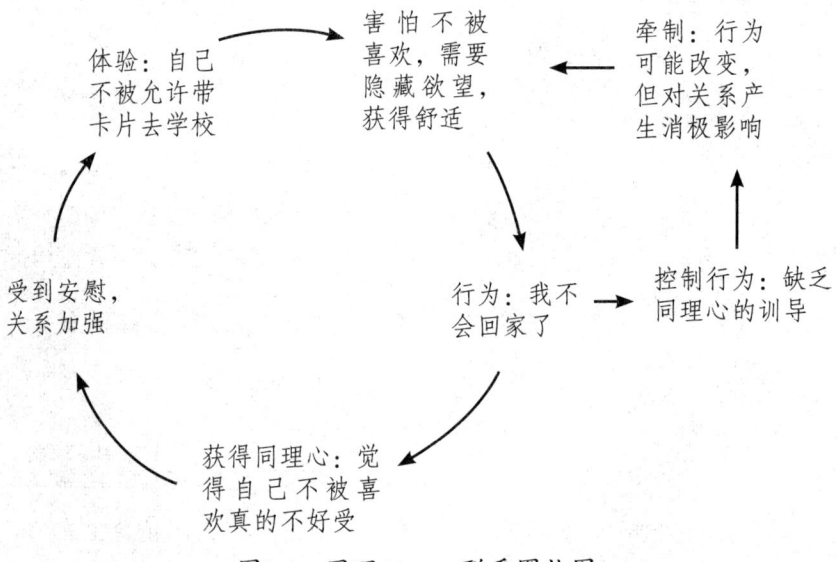

图8.1 同理心——联系圈状图

图8.1提供了皮特和母亲关系进展的视觉表现。他的同理心体验会帮助他了解母亲的动机是好的:她想要帮助他解决在学校的问题,他对自己的情绪很在意。

圆圈右面是行为的管理。缺乏同理心的训导,行为可能改变,但儿子与父母的关系不会加深。实际上,当实施情感管理时缺乏好奇心,对关系有害。孩子也许会因为害怕结果或企图达到某种结果而顺从,但他会憎恨父母使用权利获得期望行为。

同理心和爱：同理心是怎样产生的？

"我们能活下来是因为我们能爱。我们能爱是因为我们有同理心，即站在他人角度，设身处地考虑他人的感受。"（塞拉维茨和佩里）[1]

我们生来就倾向于照顾他人，这是我们基因遗传的一部分。然而，我们需要关系实现这个潜力。同理心的形成发展源于爱和联系。孩子在关系中产生对他人的好奇心，和通过同理心获得了解并回应情感体验的能力。

身为记者和神经系统学家的塞拉维茨和佩里，联合探索同理心。在《生而为爱》（*Born for Love*）一书中，他们强调了关系对同理心发展的必要性："尽管我们生来倾向于照顾他人，但同理心的发展需要长达一生的关系介入。"[2]

《来自养育的鬼魂》（*Ghosts from the Nursery.*）一书对关系的需要进行了深入探索。作者是美国临床医学家罗宾·凯丽·摩尔斯（Robin Karr Morse）和梅雷德斯·威利（Meredith Wiley），对社会暴力和侵犯发展研究很感兴趣。关系和联系对构建健康和平的社会的重要性显而易见。父母与婴儿的原始联系尤为关键："如果以正常和健康的方法建立关系，'这个关系'就为同理心或建立与他人的联系感打下基础。"[3]

同理心发展于早期的先天能力，在哪一种经历成为基础部分已经

---

[1] M.塞拉维茨、B.D.佩里（Perry, B.D.）：《生来为爱：为什么同理心重要而危险》（*Born for Love: Why Empathy is Essential - And Endangered*），第4页，纽约，NY：哈珀·柯林斯出版社，2010年版。

[2] 同上，第14页。

[3] R.卡尔-摩尔斯（Karr-Morse, R.）、M.S.威利（Wiley, M.S.）：《来自育儿室的幽灵：追溯暴力的根源》（*Ghosts from the Nursery: Tracing the Roots of Violence*），第145页，纽约,NY：大西洋月刊出版社，1997年版。

注定。如此，婴儿生来就能够体会"情感传染"。让很多婴儿处在同一所房间，就很容易观察到了。当一个婴儿开始哭，其他的婴儿就会受到情绪感染，跟着哭。这种情感传染属于社会联系的一部分，对需要生存的年轻人类很重要。当与婴儿交流时，我们就会发现这种联系。例如，吸引婴儿注意，让他们参与到吐舌头游戏中，谁会拒绝呢？大人伸出舌头，等一会，看婴儿模仿同样的动作。这个简单的游戏就显现出联系的魔力。年龄大一点，我们会很高兴教孩子"挥手再见"。我们对孩子挥手，孩子也会对我们报以挥手。

14个月大时，初学走路的孩子就表现出同理心的痕迹了。这与自我的不断发展和区别自我与他人的能力相吻合。起初，学步的孩子无法分辨别人和自己的感受是不同的。随着长大，年幼的孩子形成理解他人观点的能力，并开始给予回应。例如，两岁的孩子可以看出别人的不愉快，给出一些形式的安慰，比如拍拍、拥抱或者给个小玩具。然而，获取观念只是最基本的，小孩子仍旧由自己对世界的体验主导。当要求为父亲选择一件礼物时，吉姆两岁的儿子艾利克斯（Alex）认为黄色的毛绒鸭子是最棒的礼物，这个选择是由自己的观点决定的而不是出于对父亲愿望的理解。

观点采择在入学前变得更加复杂，孩子开始不再以自我为中心，真正地以同理心回应他人。艾利克斯3岁时知道了爸爸想要一张音乐唱片作生日礼物。在伦敦工作的临床心理学家和研究人员皮特·福纳吉（Peter Fonagy）和他的同事研究过儿童学习技能的方式，正如艾利克斯那样：记忆，想象他人会有怎样的想法和感受，在想象的基础上进行推断。[①]

[①] P.福纳吉（Fonagy, P.）、G.杰尔杰伊（Gergely, G.）、E.L.尤里斯特（Jurist, E.L.）和M.塔吉特（Target, M.）：《情感调节，心理化和自我的发展》(*Affect Regulation, Mentalization, and the Development of the Self*)，纽约，NY：其他出版社，2002年版。

第八章
同理心——联系情感世界的桥梁

因此，儿童在早期成长阶段开始记忆照料者的想法。然而，他们只在安全的时候这样做。如果心理化让孩子感觉到照料者憎恶孩子或希望他不会以某种方式出现，孩子就会害怕或恐惧。这种心理化令人十分不适，以至于孩子停止了心理化能力的发展，孩子因此就会失去同理心形成的一个重要基础。

心智理论的发展和观点采择和记忆的能力是同理心发展的基础。这种发展不仅表现为成熟化。没有健康的关系体验，儿童很容易停止理解情感体验，同理心就会弱化。塞拉维茨和佩里写道：

即使我们生而为爱，我们需要在成长早期以某种特别的方式接收爱，以领受爱的馈赠。我们需要在不同的社会体验中实践爱，以充分地回馈。①

父母和孩子之间持续敏感的交流，为同理心健康发展提供了基础。第一章已经探索过。体验安全情感的孩子同理心发展更好，导致更为完善的好奇心。孩子体验到父母能准确评估他的需求，并给予回应来舒缓过度唤起或激励不足唤起。在此过程中，父母是孩子的一面镜子，以某种方式把自己的体验反射给孩子，帮助他组织自己的内在体验。孩子会感觉到来自父母的舒适，并建立信任。

失败的关系体验无法帮助孩子理解周围世界，不能促进健全的心智理论的发展，观点采择也会受限。

伴随理解并联系他人观点的能力的发展，羞耻和愧疚感也在发展。第四章已进行探讨，但它对同理心发展的重要性值得再次重申。如我们之前考虑过的，羞耻心和愧疚感的发展很大程度受父母和儿童关系的影响。实际上，不断形成的羞耻感帮助父母教会孩子什么样的行为

---

① M.塞拉维茨、B.D.佩里：《生来为爱:为什么同理心重要而危险》第289页。

是可接受的和不可接受的。

羞耻感随着儿童变得更灵活时，在成长中第一次出现，这并非偶然。孩子会接受一系列行为，但并不是所有都会受家长欢迎。把手放在热炉上，跑到马路上，对宠物粗鲁都是家长不欢迎或会阻止的行为。孩子把这种打断看作羞耻和"教学情感"，这样做，会令人不愉快，那样做，享受情感体验。孩子学着避免不快，以给人愉悦的方式做事。

这以关系为焦点，不仅仅涉及行为。敏感的父母会保证他们之间的体验并没有伤害父母对孩子的感受。他仍然爱她，任何行为都无法结束对她的爱。通过无条件的爱促进关系修复，可以减少羞耻感，重建协调关系。

羞耻感的健康发展同样为愧疚感，是非感，和把事情做好的欲望的发展做好铺垫。还记得之前说的单向和双向思考注意力吗？羞耻感是单向思考，它着眼于自我和我们的糟糕感受。而愧疚感有双向思考的注意力："我觉得很糟糕，我想和你一起把事情做好。"缺乏来自父母的敏感支持，孩子会保持单向思考，沉浸在羞耻感中。与协调关系重建相关联的羞耻感，使双向思维注意力和同理心联系起来。孩子就会体会到以他人为焦点的愧疚感。

如果孩子伤害到他人，感受到高度羞耻感，却没有形成强烈和持续的愧疚感，同理心发展就会不足。[①]愧疚感和同理心成正相关，而羞耻感和同理心成负相关。高度羞耻感通常与父母长期的虐待和忽视相关。父母很少考虑孩子，很少把她放在心上，因此会经常无法满足孩

---

① 参照J.坦尼（Tangney, J.）、R.迪林（Dearing, R.）：《羞耻和内疚》（*Shame and Guilt*），NY: 吉尔福德出版社，2002年版。

子的需求。当孩子感到羞耻，她的焦点就主要着眼于保护自己，经常导致否认自我行为。如果她觉得伤害了别人，会无法对他人形成同理心和健康的愧疚感体验。

同理心和大脑发展

同理心不仅与行为有关，它也是一种生理过程。简单地阐述一下大脑的发展，我们就会了解同理心发展的复杂性，同理心与我们大脑和神经系统的紧密联系和同理心联系个人与他人的方式。

同理心引起同理心。当你的大脑区域体验并表达对孩子的同理心，这就会激活并开发孩子大脑的相似区域。这让你的孩子体验到你的同理心，他的大脑也会准备体验对他人的同理心，包括将来她自己的孩子。

同理心需要激活三个大脑区域。情感与认知融合和与他人协调的关键，脑岛，从内脏部分获得输入。这个神经系统把大脑与心脏，肺和胃联系起来。你的心脏，肺和胃与孩子的肢体表达产生共鸣。它也会激发前部的色带皮质。这使与情感，计划，问题解决有关的大脑更多的认知区域相融合。这为依恋和意识形成提供了条件。这三个大脑区域刺激特殊的VEN细胞。这对社会——情感交流十分重要。VEN细胞只存在于少数哺乳动物，与同理心体验密切相关。正是这些细胞使你强烈意识到孩子的情感。

与这些细胞相联系的是镜像神经元。因为与其他部分同步，它们对身体协调性十分关键。他们源自与永恒运动技能相关的皮质区域，永恒运动技能可以融合感官接受和运动能力。这对回应孩子非语言交流并给予理解的前额皮质产生影响。在共同作用下，这些大脑区域使你可以有意识地理解孩子的情感状态和这种状态的意义。当你以与之相匹配的非语言表现表达这种意识，孩子会意识到你"懂了"，她会对你的非评判性意识和同理心回应感到安全。

因此，同理心需要与情感和认知有关的大脑各个区域的激活。这解释了同理心为什么会包含理解，"弄清楚"部分和"感受这个部分"的情绪的原因。

因为表达并接受同理心需要你和孩子大脑相似区域的共鸣，这也解释了为什么她对你的同理心的体验会激发她对他人的同理心。

保罗·吉尔伯特（Paul Gilbert）是来自英格兰的临床心理学家，并出版了大量与同理心相关的书籍，他探索了我们自身内部同理心自发能力的形成发展。[①]他还强调了孩子从潜在能力到接受并给予同理心的真实体验过程中，早期经历的重要性。

他说，儿童需要友善、温柔、温暖和同理心。有了这些体验，大脑的压力激素标准就会下降，大脑形成友善和同理心能力。被爱和被照顾的体验使大脑得以完善，有助于形成对自己和他人的友善表达。与之相反，成长在充满危险的环境会对大脑产生不同影响。压力激素便用来组织大脑通过自卫，抵抗、处理危险。孩子体验到焦虑，就变得好斗，作为自我保护机制。

毫无疑问，美国研究人员艾伦·肖（Allan Schore）对帮助我们理解亲子关系和孩子大脑发展的关系做出了巨大贡献。[②]他尤其强调了右脑眶前额区域的重要性。想象通过眼睛移动到大脑后部，你就到达了

---

① P.吉尔伯特（Gilbert, P.）：《慈悲心》（The Compassionate Mind），伦敦，康斯特布尔罗宾逊出版社，2009年版。

② A.N.斯科尔（Schore, A.N.）：《情感调节和自我的起源：情感发展的神经生物学》（Affect Regulation and the Origin of the Self: The Neurobiology of Emotional Development），新泽西，劳伦斯·厄本姆协会，1994年版。

第八章
同理心——联系情感世界的桥梁

这个重要区域。同时，还有与同理心相关联的数个相互联系的大脑区域，这正是同理心的发源地。此大脑区域含有一种影响神经系统的化学物质和结构，此结构接受孩子和照料者以情感为基础的交流并最终受其控制。

如上所述，另一种回应同理心重要部分是镜像神经元。这不仅与同理心有关，也是大脑建构的重要方式，以同理心回应。随着行为产生，大脑镜像神经元激活。当我们发现其他人发生行为，同样的神经元也会激活，所以出现镜像神经元。当你看到别人打呵欠，自己可能也会打呵欠。如果你没有打呵欠，就很难发现这个现象。这些神经元就像镜子一样，反射着我们观察到的，激活我们脑部的联系，使我们能够通过这种观察，理解他人的经历。而不必亲自经历一些事情来了解他人的感受。这些神经元向我们展示如何体验他人的感受，使我们具备向他人展示好奇心的必要认识。这样，我们可以正确地理解他人的感受。

虽然这些神经元在同理心体验中意义重大，他们本身并不构成同理心。回应是自发形成的，即使你知道观察到的不是真的，也很难改变回应。例如，当金姆看到一个年轻人正在玩的游戏，他就有着亲身体验。这款游戏就是控制虚拟人物，用头顶住飞过来的足球。有物体出现时，比如一只鞋，应该躲避而不是用头碰撞。每次球撞到虚拟任务的头部，金姆就会后退。即使她知道这只是虚拟动画，还是控制不住镜像神经元，做出后退的反应。

虽然反应是自发的，但如果要真正体验他人的同理心需要与这个人产生联系。联系产生同理心，产生这些联系的能力来源于我们的早期经历。大脑已经做好了同理心的准备，但需要与别人体验和谐的、回应性的关系，之后才能真正形成同理心他人内心经历的能力。

同理心和残忍

同理心使集体得以繁荣。塞拉维茨和佩里认为，有了同理心，共同生活和共同相处的人互相依赖、促进个人健康发展、提高创新、智力和生产力。①同理心让我们有洞察力和自知，让我们体验愧疚和焦虑。这让我们不仅理解自己和他人，也让我们以促进自己和他人感觉良好的方式去回应。

同理心的反面可以说是残忍。西蒙·巴伦·科恩根据残忍代表缺乏同理心这一观点提出了残忍理论。②缺乏同理心会导致功能紊乱、无人性和暴行。

有时候，同理心和残忍的界限并无清晰。想象以下情形。一位母亲来到儿子床头，给他注射了致命剂量的吗啡。这是残忍的明确例子吗？也许是，但了解到更多背后的信息，我们就知道了同理心和残忍关系的复杂性。这是BBC于2011年5月报道的真实故事。③儿子在车祸后遭受脑部创伤，现在昏迷不醒。医生对他仍抱有部分恢复的希望，他的父亲和孩子也不愿放弃。然而，他的母亲觉得这是枷锁，而不是生命索。她确信儿子饱受痛苦，未来无望，想办法结束了他的生命。

那这是同理心还是残忍？随着提供了更多的信息，也很难做出判断。有太多灰色阴影。这是有同理心，帮助解除痛苦还是否决了一个人生存的机会？这是由她对儿子痛苦的同理心驱使还是想要杀了儿

---

① M.塞拉维茨、B.D.佩里：《生来为爱:为什么同理心重要而危险》，纽约，NY：哈珀·柯林斯出版社，2010年版。

② "你是好人还是恶魔？"（Are you good or evil?），《视野》（Horizon），2011年9月7号BBC广播。

③ 大卫·莫利（David Morley）：《汤姆·英格里斯的死亡》（The Death of Tom Inglis），2011年5月20号BBC广播。

第八章
同理心——联系情感世界的桥梁

子？她是否害怕一生的依赖和需要变成了她的负担？

这个事件中，社会并没有探索这种内心经历，比如信念、希望、愿望和动机。此次犯罪事件被从表面价值评价，母亲因谋杀罪入狱。看透人类关系的复杂，探索何为同理心何为残忍，并非易事。但我们的惩罚意味着我们做出了简单的抉择，对包含很多灰色阴影的问题给出单一的答案。

很多时候我们可能失去或无法形成同理心。但一个人压力过大，短暂失去同理心的情况时有发生。遭受由脆弱的遗传因素和痛苦的早期经历导致的个性紊乱的人，会永久缺乏同理心。早期发展创伤尤其导致同理心发展问题，常见于被诊断患有个性紊乱。比如边缘型人格、自恋的人。

也许当我们想到残忍，缺乏同理心最严重的情况就是精神错乱。研究表明结构和基因相互作用，以及早期不好的环境经历共同导致精神病特征，影响脑部发展和同理心能力。因此，这些被认为是精神病发展的危险因素。

神经系统科学家吉姆·法隆（Jim Fallon）的一项研究明确指出，在认识诸如此类的危险因素过程中，环境的重要性。2011年，BBC《地平线》项目广播讲述了他的专题故事。[①]在他的研究中，他研究了自己的脑部扫描X光片和基因状况。他发现自己有同样的危险因素，和对精神病行为的人研究表明的一样，这种遗传也许可以解释他的家族出现杀人犯如此之多的现象。他认为自己未曾犯罪是因为自己度过了一个美好童年。

有精神病特征的人确实会有同理心因素，例如根据心理理论，

---

① "你是好人还是恶魔？"《视野》。

他们能够接纳观点。这意味着，他们可以在心理上设身处地，预测他人的观点。然而，他们缺乏从心理上与他人建立联系的能力。他们无法体验对他人的同理心和关心：塞拉维茨和佩里称之为同理心的核心。①他们无法对他人产生感情，因此感受不到同理心，没有同理心他人的能力。这些人用理解他人的能力操控他人，而不是与他们建立联系。精神病患者能意识到自己在伤害别人，但不受这种意识的影响。

文学作品中，《呼啸山庄》（*Wuthering Heights*）②中的希斯克利夫就是有这种精神病特征的例子。希斯克利夫是养子，过去不为人所知，也许很痛苦并被忽视。他和凯瑟琳的感情是这本书的中心爱情故事，但他表达爱的方式却极端残忍。表现最明显的是希斯克利夫娶了凯瑟琳丈夫的妹妹，伊莎贝拉，而后又虐待她。希斯克利夫折磨伊莎贝拉，作为对凯瑟琳的惩罚，这些表现了他完全缺乏同理心。

拜伦勋爵是一个真实的例子，也许是艾米莉·勃朗特书中形象的来源。像小说中的希斯克利夫一样，拜伦与妹妹奥古斯塔有乱伦关系，但后来娶了她并虐待她。后来，他还把女儿从后来自己的情人，她妈妈那里夺来。这并不是父亲慈爱的关心。然而，她度过了被父亲抛弃的短暂生命，和各种替代父母一起生活，四岁半时，她死在所在的修道院里，还是一个孩子。③从希斯克里夫和拜伦身上，我们可以看到同理心混乱的所有特点。清楚怎样伤害别人，并对自己犯的坏事完全没有感觉。

---

① M.塞拉维茨、B.D.佩里：《生来为爱:为什么同理心重要而危险》。

② E.勃朗特（Brontë, E.）：《呼啸山庄》（*Wuthering Heights*），伦敦，企鹅出版集团，1994年版，1847年第一版。

③ E.奥布莱恩（O'Brien, E.）：《热恋中的拜伦》（*Byron in Love*），伦敦，猎户星出版社，2009年版。

第八章
同理心——联系情感世界的桥梁

如果孩子早期生活经历残忍和忽视，孩子成长早期表现出缺乏同理心的现象。这些孩子仍然在发展自己的个性，但决不能称之为精神病的。显而易见的是，他们缺乏好奇心，开始变得残忍。

下面以汉娜（Hannah）为例进行说明。她4岁时就已经亲眼看到并经常遭受残忍。但她受到收养家庭照顾，几乎没有体验过充满爱和同理心的关系。她小时候很聪明，已经开始观察周边的世界，形成接纳观点的能力。她能看透人的心理，进而操控他们。由于缺乏对他人的情感理解，她无法施以同理心，这削弱了她与人交往的能力。这个相互主体间性的世界对汉娜来说很陌生。她看到到处充满危险，用这种预见指导自己的行为。由于无法理解他人让自己安全，为了获得一定程度的安全感，她欺骗并操控他人。这加剧了已经形成的残忍行为。比如，当她嫉妒弟弟获得关注时，她会把弟弟的头踩到脚底。

吉姆发现了当领养家庭有聚会时，汉娜害怕和操控他人的惊人例子。聚会结束时，汉娜从托儿所回来。汉娜来到所有人汇集的房间，养母和她打招呼，但她却置之不理。她径直走到房间里唯一不认识的艾米莉（Emily）身边，还没有进行眼神交流或用其他方法建立联系，汉娜就以令人惊奇的诱惑方式拥抱艾米莉。艾米莉被突然地亲密吓了一跳，觉得必须回应这种看来对舒适迫切需要的行为。然后，汉娜头也不回离开了艾米莉，来到养母身边，叫那个女孩的名字。

这次交流有很多令人惊奇的因素：汉娜进入并扫视房间的速度很快，识别出最大威胁，即当中的陌生人；对至今一起生活了六个月，给她提供安全和保护的养母完全没有期望。以自理的方式，自己做出反应，最大限度减少陌生人可能施加的威胁。

为了让自己看起来弱小，需要别人帮助，汉娜欺骗性地引发了他人天生的保护欲，但与他们却没有建立任何真实联系。汉娜对人的认知理解指导着她的行为，但她的情感盲区使她无法在情感上感受他人。她无法引发或使用养父母给予的同理心。

她没有进入相互主体性关系，因此无法获得与他人的联系可能带来的益处。后来的两年中，汉娜的养父母努力为汉娜提供她早年缺失的经历。他们培养她的认知能力，更重要的是，他们带她进入情感世界。他们教她认识并回应自己和他人的情感体验，通过这些行为，他们为汉娜打开了通向真实关系的大门。

回应孩子的残忍

也许最难回应孩子的时候就是当他们对他人和动物表现出残忍的时候。

这引发了我们激烈的回应。我们害怕年轻人和她可能做到的事。如果认为我们让别人失望了，自己就会有失败感。如果我们成功地将她抚养长大，她就不会那么残忍了。对表现残忍的孩子做出回应虽然很难，但应该有同理心。这会帮助他们对别人形成敏感和联系，从误解、残忍和没有同理心的互动的错误轨道转向。

第八章
同理心——联系情感世界的桥梁

　　以下例子会帮助我们更充分地理解这个含义。桃莉·海登（Torey Hayden）在她《她只是个孩子》(One Child)一书中描述了她作为一个情感障碍儿童的特殊教育老师的经历。①这个小女孩已经因为总是攻击其他孩子，陷入了麻烦。因为至今没有可利用的地方使她远离封闭机构，她被安置在桃莉的特殊教育课堂。

　　她在课堂的第一天就出现了混乱的小插曲：这个小女孩残忍地把教室鱼缸里所有鱼的眼睛捅了出来。这个行为很可能导致目击者激烈的回应，更加确定了这个孩子应该被管制，远离社会的想法。与孩子在一起时，桃莉竭尽全力和孩子建立联系，同理心她、回应她，了解她反抗背后的恐惧。

　　为了对小女孩建立同理心，桃莉首先处理自己对这件事的强烈回应。她必须控制她的怒气，才能保持镇静，理解这件可怕事情的背后原因。桃莉需要对这个深感恐惧的女孩建立同理心，而不是对她这种表达恐惧的方式表示生气。因为她理解孩子正在经历的害怕和恐惧，她的怒气减少，才能表达好奇心，孩子紧张的感觉才会消减。

　　如果桃莉继续生气，她就不会理解孩子的经历。没有理解，就无法体验同理心。有的方法也许在某种方式可以终止这种行为：影响、原则、惩罚，所有这些我们认为都是不能接受的。

　　然而，处理这种行为时，我们会失去联系和同理心的机会。这种行为可能会减少，但对首先导致这种行为的羞耻感

---

① T.L.海登（Hayden, T.L.）:《她只个孩子》《One Child》，纽约，NY: 普特南森出版公司，1980年版。

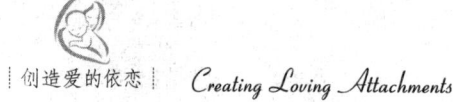

和失落感毫无帮助。桃莉提供的这个例子很好地表述了同理心如何真正地允许我们接触他人，开启治愈和成长的过程。

结语

同理心是PACE的重要组成部分，没有同理心，就无法与孩子和他们的内心经历产生联系，给予回应。

这一章已经探索了孩子情感成长，提高建立联系和相互关系的能力所需的同理心发展情况和对关系的要求。没有这种早期经历、操纵、欺骗和时而的残忍影响孩子的成长。一旦拥有同理心和回应的关系，孩子会真切感受他们的遗传，凭借自身成为极好的，友善并具有同理心的人。

第九章
用同理心和你的孩子互动

Creating

Loving

Attachments

创造爱的依恋

家长也会担心同理心会加强不恰当行为。孩子做这种事越来越多来博取父母更多的同理心。除非这个孩子经常被忽视,这种情况不会发生。如果你的孩子有大量的时间,相互相处愉悦,和你有共同爱好,他不必要这样做来获得不费力气已经得到的东西。

第九章
用同理心和你的孩子互动

简（Jane），是6岁的山姆（Sam）和7岁的琳达（Lynda）的妈妈，听到孩子和他们临街的朋友苏（Sue）和戴文（Davon）玩耍的地方有噪声传来。

她从窗户看去，正好看到山姆拿个小棍子敲击琳达头后部。他抓到她头发时，琳达大叫。简飞快跑出去，检查女儿伤口，拥抱了她，抹去她的泪水。同时，山姆在路上骑车，好像妈妈和妹妹不在那里。她叫他一起走，但他却置之不理。

于是，简陪山姆来到屋里，轻轻地用手抱着他，这样他就不会跑掉。他轻声反抗。简觉得他不想在苏和戴文面前太失落。她和山姆来到厨房聊天，了解刚才的情况，决定怎么解决。

简：山姆，我看到你用棍子打你姐姐了。

山姆：我讨厌她，她又刻薄又蠢！

简：你真的那么对她很生气！生气到非要打她！

山姆：是的，她太小气。我一点也不在乎打了她！

简：那你告诉我为什么你觉得她很刻薄？为什么你那么生气？

山姆：她叫我小宝宝！苏和戴文都笑我！我不是宝宝了，但现在他们觉得我是。现在，他们不和我一起玩了。我不是小宝宝，她不应该那么说！

简：这对你来说太令人伤心了！如果琳达叫你小宝宝，

你的朋友笑话你，我可以理解你那么生气。你是对的！你不是小宝宝了，你已经6岁了。

山姆：她不应该那样叫我！

简：山姆，如果她那样叫你，我也不同意。但她一般并不那样说。你觉得她为什么那么说？

山姆：我不知道。她应该和我在小屋里玩。但她想在沙子里玩。

简：你想在小屋里玩，她想在沙子里玩？

山姆：是的，然后苏和戴文就和她一起玩了！

简：那你想让他们和你一起玩？

山姆：是的。她本来可以和我们一起玩的。

简：所以他们和琳达一起玩，你很生气、那接下来发生了什么？

山姆：我踢了她用沙子做的路和房子。然后她叫我大宝宝！

简：我现在知道了，你为什么这么生气。你真的很想和朋友们和琳达在小屋里玩。但，她不想，你的朋友就和她一起玩了。

山姆：是的，他们总是同意她的意见！为什么他们从来就会想和她一起玩？

简：真的是这样吗，山姆？他们从来不想和你玩，总是同意她的意见吗？

山姆：是的，我觉得他们更喜欢琳达！

简：山姆，如果你这样想，对你来说真的很难过！他们也是你的朋友，但看起来他们更想要做琳达的朋友。

山姆：为什么他们不喜欢我？

简：多可怜！你觉得他们甚至不喜欢你！好可怜！

山姆：为什么他们想做琳达想做的事？

简：如果我知道就好了，山姆。我觉得他们有时也想做你想要的，但现在很难想起来那些时候，因为你今天太想和他们一起在小屋玩了。

山姆：我不知道。

简：你太失望了，所以用棍子打了琳达。

山姆：是的，这就是我打琳达的原因。

简：你有可能打伤她，山姆。

山姆：我没有！

简：你是没有打伤她。但你打她时，虽然没有流血，也没有伤口，但很疼。我检查她时，很害怕。因为你很强壮，棍子很大，有可能伤害她。

山姆：我并不想伤害她。

简：我知道你不想伤害她，真的。她在沙子里玩你很生气，但我觉得你并不想伤害她。你只是想表现你有多生气。

山姆：是的。

简：你觉得这样表现你的生气好吗？

山姆：不好，我有可能伤害她。

简：山姆，这就对了。你有可能伤害她。现在你觉得应该做什么比较好呢？你怎么让琳达知道你现在的想法？

山姆：我可以说对不起。我可以和他们在沙子里玩。

简：这个计划看起来不错。但是，如果琳达还是很生气呢，如果她不想和你说话，你会有耐心吗？

山姆：我觉得会。我希望她不会生气。我不想她生我的气。

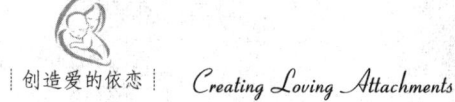

简：我知道，山姆。我觉得你们俩都很喜欢对方。

简：是的，妈妈。

简并不总是有时间和儿子进行这样的谈话。但她如果做到了，她和儿子的关系就会更进一步。这会帮助山姆对自己的内在生活和行为形成好的反思能力。结果，他和姐姐的关系会加深，更加令人满意。而且，简仍然需要教育山姆。对山姆的经历施予同理心会更加有效。

同理心并不是我们可以给予孩子的东西。它不是一个橘子或一台电脑。那它是什么呢？父母对孩子表达同理心的经历是什么呢？上一章对此已经做过探讨。现在我们探索你以什么方式表示同理心，孩子能够感受到？我们会探索你的孩子是如何感受好奇心，还有当父母在养育中采用同理心方式，出现的一些挑战。

探索养育中的好奇心

我们更认真看一下此章首篇例子。你会发现主要事件就是简对山姆表示同理心。了解了山姆拿棍子打琳达的背后原因，简能够理解他当时的感受。她可以理解他当时的不适感和担忧导致了他做出生气的反击。

这种同理心又继续教会山姆该怎样做，思考他的行为带来的后果。首先对他和他的经历产生同理心，然后她知道如何以更好的方式解决这件事。努力理解他的经历意味着她不太可能带着自己的怒气和失望来解决他的问题。否则，这只能加剧山姆的反抗，无法帮助他反思或从这次事件中学习。

第九章
用同理心和你的孩子互动

怀着好奇心,简在训导他时也会更加柔和。这不是仁慈。山姆知道了他的行为是不可接受的,并更愿意接受她的教导。当山姆知道他的妈妈理解他,不去评判他打姐姐的动机,他会更愿意和妈妈一起改变自己的行为,和姐姐和好。

因此,同理心并不是放纵。当父母更深入思考同理心,他们会担心同理心愈多,孩子会偏离越远。我们注意到上面的例子,简是清楚地知道山姆并不应该打琳达来抒发怒气。

训导孩子时表达对他的同理心并不会加强他的不恰当行为。相反,这会帮助他处理与训导相关的情感。如果他可以更好地处理这些情感,他也会更有可能记住你通过训导想要表达的信息。

家长也会担心同理心会加强不恰当行为。孩子做这种事越来越多来博取父母更多的同理心。除非这个孩子经常被忽视,这种情况不会发生。如果你的孩子有大量的时间,相互相处愉悦,和你有共同爱好,他不必要这样做来获得不费力气已经得到的东西。

这个例子清楚地解释了PACE组成部分的相互交织,虽然玩耍再次并不十分明显。这件事并不十分适合讨论玩耍因素。接受和好奇心对这次谈话和同理心发展非常关键。简显然接受了儿子这次过激行为的内心世界。她接受了他对姐姐的愤怒和他认为姐姐刻薄愚蠢的想法。她还接受了他不在乎,也不后悔打了姐姐的话。这并不意味着她同意这些想法和感受。接受并不代表赞同和反对。她只是接受了这些是他的想法和感受。她并没有评价它们,但她明白它们确实存在于他的脑海。接受帮助建立信任。通过接受他的想法和感受,山姆会更愿意告诉她他的想法和感受。他不必担心她会不会因为这样生他的气或不喜欢他。

一旦简表示接受,她就会对这些想法和感受感到好奇。为什么他

创造爱的依恋 | *Creating Loving Attachments*

会生气？为什么他觉得姐姐很刻薄？为什么他不在乎打了姐姐？她的好奇心也是非评判性的。当他说因为她叫他宝宝所以她很刻薄，她没有和他争论。那些是他那些想法和感受的原因。现在她对双方和事件背景都更好地了解，而不是和他争论或吼叫"你觉得生气也没有权利打她！"这些话会引发山姆自卫回应，因为他觉得她只是认为这是一个借口，与此事无关。当山姆认为妈妈接受了这件事中他的想法和感受，他就更有可能接受自己打她的行为，甚至生气是不恰当的。他能反思自己可能会伤害到姐姐，而自己很爱她。

简对山姆的情感和想法让山姆在他打她时她的疼痛和有可能被打伤产生同理心。这个例子传递了我们的信仰，众多研究者和临床医学家的信仰，那就是同理心招致同理心。如果孩子没有体验到他人对自己的同理心，也很难对他人表达自己的同理心。

协调的舞蹈

我们经常认为养育中的同理心就是当孩子沮丧时，对他表达理解和同理心。然而，同理心不至于此。这是父母在亲子关系中感知自己的一种更为普遍的方式。始于孩子诞生之时。如果父母和孩子彼此喜欢相处，他们就会注视、交谈，与跳舞一样同步律动，一个人的身体和谐地伴随着另外一个人。这涉及整个身体，尤其是面部表情、声音、胳膊、手部和躯干。父母和婴儿彼此关注，很快表现出同样的面部表情、音调和措辞、身体动作。即使不在一起，其中一人与另一人的表情也会变得相似。看起来令人激动，而亲身体验更是如此。

相似模式的同步动作使父母能够在孩子沮丧时，体验并对孩子表示同理心。孩子能够用语言表达沮丧或通过非语言形式，比如面部、声音和姿势表达沮丧。当父母能通过孩子眼睛和耳朵接收这些信息，孩子会以接受的方式公开表现。她的大脑因同理心而激活。如上章所述，部分前脑岛（和静脉细胞），大脑皮层知觉运动区（和镜像神经元），前额皮质（与感官系统输入结合，开始理解）变得活跃，父母开始体验孩子的情感。如果她允许自己随着身体所想，对他的沮丧回应，表现出同步的躯体动作，他就会感受到她的同理心。

最重要的一点是如果家长想体验并表达他对孩子沮丧的同理心，他需要：

- 更多思考她如何表达自己而不是他说什么
- 允许她接受她自己的身体回应，而不阻止
- 不要去试图表示同理心，而不是给出建议
- 更多思考她如何回应他，而不是她说什么

例如，如果女儿告诉父亲她很生气，他可能这样回应：

"那看起来确实很让你心烦。"（以陈述事实的语气）

或

"那看起来确实很让你心烦。"（表述时有曲折变化，以同理心的语气）

第一个回应，他的女儿知道父亲理解她的失落，但可能不知道他对此事的感受。她也许会感到他的同理心，但不会觉得抚慰和支持。第二个回应，他的女儿会真正地感受到父亲"知道了"她会觉得无论需要什么，父亲都会支持她。她不太会觉得自己独自面对，也许会变得更有信心，觉得自己能够理解，成功地解决事情。

持续的调整

  如果家长能够以我们所述的协调方式回应孩子,在她第一次尝试回应中大部分会接收错误。但这并不导致情感不安全,也不会让孩子受挫,和父母的关系减弱。这是什么原因呢?因为当孩子以不易察觉的方式表达出他没有以那种交流方式产生共鸣,父母就会改变方式,继续努力。第二次比第一次更为成功,孩子很满足,对话继续。

  孩子不喜欢什么?父母是怎样与孩子的表达产生不协调的?这些也许大都是小事情,但对亲子交流非常重要。父母的语言表现也许有一点超过孩子的表达。父母的行为表现对孩子来说也有点过快。父母表达的重复性特点很僵硬,持续时间也很长或者变化太大,孩子无法体会到这种慰藉的重复模式。孩子的回应会变得更不安、易怒或者更消极并更有距离。这些反应暗示他没有回应父母的表现。他们并没有进行互相的交流。

  同理心也是如此。当父母感受并表达对孩子的同理心,她需要立马体验孩子对同理心的回应。他的回应会告诉她,她的第一次表现和交流是否准确。如果她表现出同理心,他的回应却是毫不关心或持续的不安和失意,很有可能他没有体会到她的同理心。如果他没有体会到,她会修正自己的表达。

  最为微妙的就是父母开始相信她的直觉,产生于她和孩子之间和谐的、回应的、非语言的交流。这种知识并非理性的,经常是无意识的。这要求接受孩子这种微妙的、清晰的、非语言的表达和她自己对这一切的回应。但父母的回应传递同理心,孩子就会减少不安,这会在他后来的非语言回应中表现出来。

第九章
用同理心和你的孩子互动

相信同理心

父母通常认为自己对孩子的首要责任就是为处理孩子的问题和解决自己的问题给出建议。她也许会不太倾向于在给出建议之前表达同理心。似乎同理心被看作是一种技巧，让孩子更容易接受建议。如果出现这种状况，很有可能家长运用同理心帮助孩子管理情绪，反思他失意的来源，了解对如何更好地管理这种状况没有信心。如果同理心对孩子大有裨益，父母应欢迎同理心。假以时日，同理心带来成功体验，父母会适应着汇总表达，认同她对孩子的同理心或许是能够带来帮助的最有效方式。

丹给一个9岁男孩（布莱恩）和他的养母简（Jean）治疗有几个月了。简很有能力、有条理、有毅力，对养子照顾有加。她的期望和结果清晰明了。

但是，布莱恩经常和她争执，不听从指导，不接受她的要求，简对此很苦恼。她不理解为什么这些准则不起效用。丹早期和她聊过PACE，简似乎对此理解并赞同。丹和简一起探讨她是如何对布莱恩的行为表达同理心的。她回答她告诉他遵守这些规则很难，但是你还是要去做。丹建议她这样说，"让你照着我说的去做对你来说很难，太难了。"简可以加上这样一句并非评判性的问题"你觉得是什么让这件事变得难呢？"

重要的是，丹建议简让同理心表达孤立，然后表现出想要了解是什么让这件事如此困难的好奇心。简已经表达出好奇心作为主要信息的铺垫，也就是他需要做那些要求的事。

简现在理解了，在表达同理心时，她的意图只是简单地表现她体会到他的失意，仅此而已。如果布莱恩能够体会到她的同理心，她也会更深入地理解他的失意，这样做帮助他更好地理解他的失意。后来，简真正地体验到在解决任何行为困难之前，感受和表达同理心的重要性。

养育中给予同理心

我们已经探索了何为同理心，和相信同理心的力量来深入地帮助你的孩子和你与孩子关系的需要。此部分将继续探索在日常的养育中给予同理心。

关注体验，而非事件或行为本身

为了使你的同理心对孩子和你们的关系产生最有益的影响，你的注意力需要关注他对一件事的体验而非事件本身。

如果你只关注事件本身，你会倾向于寻找更多事实，就像更深入了解发生的事情会帮助你了解如何解决问题。事件本身会告诉你这件事更多的信息，但这并不总是了解孩子的事件体验的一种直观方式。只关注事件本身，你就不太可能很好地了解孩子对这件事的体验。你不会了解他的不快真正是什么，也不会体会并表达同理心。关注他对这件事的感受，你就会感同身受。一旦他感受到了你的同理心，才有余地探索发生了什么。他才会更能够反思整件事情，以新的角度看待如何处理这件事情。

第九章
用同理心和你的孩子互动

现在深入思考以下例子。我们听到一位父亲聊起11岁的女儿。她因为和朋友发生冲突,现在心情很低落。这个对话的第一部分,我们看到这位父亲关注的是事件而非女儿对这件事的感受。

父亲:你们在争吵什么呢?

女儿:我们周末去做什么。

父亲:她想去做什么?

女儿:去简家里。

父亲:她去那儿想干什么呢?

女儿:这不重要,爸爸。我们只是想做不同的事情。

父亲:好,如果你不告诉我你俩在争吵什么,我也帮不了你了。

女儿:爸爸,不用担心,我自己可以解决。

这位父亲没有做好帮助女儿解决不快的开始。他试图了解发生了什么,关注事件本身而非女儿对这件事的感受,这次对话开始有一点像谈判。她感受不到理解,沮丧也没有消减。这是位好父亲,也意识到这并没有进行得很好。所以,他改变了策略,开始更关注女儿的感受。

父亲:(音调和她的一致)这真的让你很心烦。

女儿:是的,爸爸。我们几乎没有像这样争吵过。这应该是第一次。

父亲:啊,这是你们第一次对彼此生气啊。

女儿:是的,我不喜欢互相大喊大叫。

父亲:她是你很重要的朋友。你们那么多年都是亲密的朋友!

女儿：是的，我不想因为周末去哪儿这种愚蠢的问题毁了我们的友谊。

父亲：你担心小小的争执可能伤害你们的友谊。而你不想这样。

女儿：是的，爸爸。我觉得我可以打个电话，解决这件事。谢谢爸爸。我希望她也是这样想的。我觉得我可以的，会吗？

父亲：你处理好，我会在这儿的。

现在，女儿真正感受到父亲的支持，她感到自己变得更强大了，决定想办法解决这个难题。同理心加强了她与父亲的关系，同时支持了她的友谊。

在他沮丧时坐在他身边听从他的想法

同理心的核心就是协调和非语言情感表达的契合。当孩子的声调缓慢、迟疑，你的声调也应该缓慢、迟疑。当他的声调激动，你的声调也要活跃，与他的节奏和韵律相符。他会深刻感到你理解他此时的情感状态。在核心上，持续地表现同理心的交谈可能有不同的表达，这取决于你如何最好地帮助他，他对你非语言和语言的回应。

当你想支持孩子管理情感，选择合适的语言，关注他的情感状态。你可以在声音中传递信心，相信事情多么紧张，他也可以解决。

"这对你来说很难，太难了。"

"真令人伤心。"

"你这么想要它，你现在肯定很失望。"

你也许想帮助孩子了解正在发生的事。这种情况下，改变你的措辞。选择关注理解行为的措辞。

"它就这样持续下去。你也许想知道它什么时候停止。什么时候呢？"

你感到和他如此亲密。你也许会想，"正在发生着什么？为什么会发生？"

"她朝你吼叫时，你肯定很伤心吧？为什么她那么生气呢？"

有时候，你只是想帮助孩子接受他现在的感受，无论这有多难受。当你这样想时，在他挣扎的时候，你静静地和他坐在一起或一起走走。沉默会传达你明白他需要时间安抚不快，与不快共处，然后开始决定如何处理。正如我们前面看到的那样，接受，提供了一个好的平台，我们可以选择一个最有用处的方法。

少即是多：考虑你使用的语言

当你对孩子表达同理心时，你总是用语言传达出你对他的体验的感受。假以时日，当他似乎回应你同理心的表达时，你会想要滔滔不绝地讲下去，觉得是语言本身缓解了情感，拉近了关系。诚然，语言本身有所帮助，但只作为比较大的借助物。语言支撑了作为非语言交流的同理心的主要焦点。更重要的是，你或许会认为同理心会促进感情，现在"真正的"父母帮助开始了，即使是给建议。你会发现很难信任同理心。

同理心主要是通过非语言传递。如果你记得这些，那么就会意识到孩子是如何回应你的呼吸、运动、音调调整、韵律和面部表情。你会注意到，你的语言会表现当你和孩子在一起时的感受，或许会有一点强调这个或那个。如果你开始使用更多语言，你就有可能发现同理心体会变明显，你与孩子的关系基本变成认知型，关注思考而不是感觉。思考和沉思取而代之，但是如果这个过程发生太快，可能会阻碍体验更多的同理心情感经历。

如果你真的希望帮助孩子反思自己的体验，最好先用一般性语言表达自己，然后越来越具体。这会让孩子有机会定义自己的经历，有你的支持却不会被你接替。你并没有告知孩子该想些什么，而是支持他反思自己的体验。如果你刚开始表达太具体，你的猜测可能不完全是对的。这可能会让孩子觉得你"没有理解这件事"。如果出现这种情况，他就会更不愿意接受你的同理心表达。如果他首先接受了同理心的一般表达，即使你更具体的猜测不太准确，他也会更有可能为你阐述他的经历。

比如，这里有一些普遍的例子，如果孩子可以接受，可以更加具体一点：

首先："这对你来说太糟糕了！"然后"你看起来那么（伤心、担心、疑惑、失望）。"

首先："那太令人疑惑了！"然后"太令人疑惑了，根本不知道他想要什么"。

首先："你看起来很沮丧！"。然后："你那么想要它！"。

记住陪伴，而非评价和解决

当婴儿6个月大时，他就能正确地读出父母很多的意图。例如，如果你指着一张墙上的图，小婴儿很可能也会看着你的手指。而6个月大的孩子知道你想要他做什么，会看着你手指的方向。看过图片之后，他会再看着你，也许是确定你想让他看图而不是图片旁边桌子上的花瓶。

如果你肯定了你想让他看得是图片,他会再看一次图片,会表现出眼神交流和愉悦的表情,说明他对之很感兴趣。孩子在婴儿早期就很善于理解为什么你以某种方式和他们交流。他们很善于看出你的动机。

孩子也同样地清楚你表现同理心的目的是什么。如果你的意图只是保留他的经历,与之分享、抚慰并支持他,他也会知道的。而如果你的意图是吸引他的注意力,之后告诉他你对他所做和要去做的看法,他也会知道的。前者意图与后者相比,会有利于更充分、更有意义地让孩子体会到同理心。

如果想要有效果,你需要专注于和他一起体会他的经历。这是同理心的核心。如果你专注于表达同理心而非陪伴他,理解他和他一起分享经历,他不会体会到你语言中的或陪伴中的同理心。他反而会觉得,也许是因为你想要他改变他的行为,你需要他来配合你。

当你给他带来沮丧,记住表达同理心

当你拒绝孩子的请求或让他做他不愿做的事情,孩子通常会十分沮丧。这是养育中的正常部分,但你处理沮丧的方式可能很大程度上强化你与孩子的关系。

当你,而非与你无关的事情,成为孩子不适感受的来源,表达同理心变得更难。也许你的孩子因你的教导或指导而感到沮丧。你也许觉得孩子表达对你的不满是一种不尊重。你对他不尊重态度的关注超过了他生气状态下隐含的体验。

另一种情况是,也许他会用眼泪和悲伤表现沮丧,你会因为自己导致他不开心而感到不适。这种不适促使你尝试说服他喜欢你的决定。你也许会试着和他讲道理,展示它的价值。但他还是不同意,你也许会因为他不讲理而生气。最后,你也许会减少他的沮丧,让他好受一点。这些对你来说可理解的回应让你更难对孩子的经历保持同理心。

当沮丧来源于你对孩子教导或指导的要求,而不是来源于与你无关的事情,同理心甚至会更有价值。同理心会帮助他处理他的不快,维持与你的亲密关系。初学走路的小孩经常会因为父母的限制而不开心,然后向父母寻求安慰。同理心会帮助他处理他的不快,让他冷静下来。这种行为有利于帮助学步的小孩理解父母对他行为的限制是为了他好。他不喜欢限制,但仍会相信并接受设置限制的父母给予的安慰。

孩子长大后同样如此。如果你对孩子的行为设限后,对孩子表示同理心,他会更愿意接受你的限制和你设限的决定。这比你对他生气或劝他走出这种沮丧更有用。如果没有同理心,你的孩子很有可能愤怒或远离你。包含教导的同理心经常使孩子和你的关系更亲密。

让我们再回顾一下父亲和女儿的对话。我们听到父亲在设置限制,同时对女儿对这种限制的体验报有同理心。

父亲:下午你不能骑自行车了。
女儿:爸爸,这不公平!我真的很想骑车。
父亲:我知道你今天很想骑车。你确实很沮丧。
女儿:是的,爸爸,我确实很想骑车去苏珊(Susan)家。
父亲:我知道你对此不开心。我也希望你能去,但真的不行。
女儿:爸爸,一小时行吗?
父亲:看你那么失望,真对不起。还是不行。

第九章
用同理心和你的孩子互动

女儿：明天行吗？

父亲：希望可以，但我们需要等等，看看接下来会发生什么。

这位父亲设置了清晰的限制，但是之后对女儿对这个限制的体验保持关注。她不开心，这可以理解。父亲在对女儿的设限保持不变的情况下，对女儿保持同理心。下一个例子中，母亲给儿子下了个指令。整理床铺是父母与孩子起矛盾的主要冲突。同理心回应再一次更好地帮助父母与孩子解决了冲突。

儿子：我现在不想整理床铺！房间挺好的！

母亲：也许对你来说还不错，但我不觉得。你现在需要整理一下，才能有自由玩耍时间。

儿子：但我就没有足够的时间拼装完我的模型了。

母亲：你对模型真的很兴奋。我知道你为什么不开心了。

儿子：我今天必须做好它。我想要等爸爸回来时给他看。

母亲：我觉得你可以等爸爸回来时向他展示干净的房间。但是你不想这样，是吗？对不起，儿子，今天房间需要清理。

儿子：妈妈！

母亲：我知道模型很有可能今天完不成了，你很失望。

儿子：我明天会整理，妈妈。

母亲：不行，儿子，必须今天。我希望可以，但这对我来说很重要。已经很久没整理过了。我知道这很难。

儿子：好的，我现在就开始整理，也许我会有时间。

母亲：太好了。我必须在你整理模型之前看一下。你对模型太着迷了，可能会忽略一些需要注意的东西。

虽然用言语更难表达，这种交流包含非语言的成分。孩子会通过面部表情和声调表达他们的感受。如果害怕这有些不尊重而禁止，你的孩子有可能开始对你封闭他的内心。等到他青少年时，你就会困惑他从不和你分享想法、感受和希望。关系中的这种距离会导致他不尊重你。

允许孩子用语言或非语言形式表达对你的决定的失望和挫败并不会减少他对你的尊重。相反，这传达了你对他内心生活的尊重，和你给予他诚实地，公开地谈论自己想法，感受和期望的价值。你的孩子会成长为懂得并乐于分享自己经历的年轻人。他会觉得和你的关系更密切，双方都会对彼此表示尊重。

体验并表达同理心：并不容易！

当我们努力从不同角度看待同理心，给你不同的观点形成体验并表达对孩子的同理心。也许最重要的想法之一就是：这并不简单。

在孩童时期，父母体会我们的方式会影响我们以后体会孩子的方式。在认知上、情感上，我们倾向于回溯到我们与父母的关系。这很有可能与父母在好的时期和坏的时期与我们相处的方式有关。

如果当你的父母尝试理解并指导你的行为时，没有体会你的观点，你很有可能也不会感受到他们对你的同理心。如果当年没有体会到父母的同理心，你更难形成同理心能力。通过重复性使用，与对孩子表达同理心的大脑区域得到加强。通过足够重复，同理心变成沟通的自然方式。通过从自己生活中支持型的关系中体验同理心，获得更多帮助。从同伴、好友或临床医学家获得同理心会帮助你更容易地体验对孩子的好奇心。

第九章
用同理心和你的孩子互动

但是持续地体验并表达同理心很难做到。同理心要求你关注孩子当下的体会。在当下时刻陪伴他，只是和他待在一起。但作为父母，你时常发现自己生活在未来。你考虑的是他需要掌握的技能。你想的是他可能面对的挑战或遭遇的偶然事件，生活中所有你无法预测或控制的事情。你的大脑时常考虑将来的事情，尝试做一些事情解决这些问题。

为了使自己确信自己实际上能更好地控制未来，你有可能会发现自己会很快解决问题或给出建议，好像理智和缜密的计划可以得胜。当你的大脑无论以任何原因沉浸在未来，你就不会准备好体验同理心。

丹和一位继父说了好几次，他的儿子有偷窃家庭成员财物的习惯。他的父亲非常担心儿子也在学校、邻居或商店偷窃。他担心这可能使儿子招惹上警察，阻碍他的前途。偷窃带来的潜在恶果对父子的压力越来越大。这会阻碍他们的交流，对这段关系毫无益处。从不能够改变儿子行为的绝望或对儿子的爱和责任出发，父亲都能够形成并维护一种新的意图。

丹帮助他体会儿子的偷窃经历。他的儿子对此是什么想法或感受？在偷窃时他又是怎样的想法或感受？感受到同理心的安全感，孩子能够持续地表达被父母拒绝和不得不搬走的怒气。他的偷窃行为表现了他想要努力靠紧自己的家庭，获得一些家里的东西，谁也不会给他抢走。孩子偷窃行为大幅减少，以后很少发生。

保持同理心也很难，因为我们很容易回到从前我们处理孩子沮丧或某些行为的旧方法。总之，我们也许以这种方式养育孩子很久了，正如前文所说，这种方式可能是我们成长中体验到的方式。我们会考虑使我们大家时常忽略同理心的一些常见方法。

安慰

当你发现你的孩子处于困难时期，你会忍不住安慰他。告诉他不必担心，他的想法或担心是放大的或不存在的。你也许是出于想让孩子开心的愿望，如果你能够改变他的想法，也许他就不再会体验到疑虑或沮丧。虽然这很容易发生，但通常没有效果，因为孩子的想法很难改变。如果他感受到你对他的想法怀有同理心，他更有可能对这种状况形成更加全面的体会，这会让他更容易改变想法。

下面这个例子我们可以看出，我们很容易落入安慰这种状况。

斯坦（Stan）觉得老师不喜欢他，他不想去学校。妈妈对此感到心烦，想办法怎样让他去学校。她希望能让他对老师感受好一点，这样就不那么反感去学校了。

妈妈：斯坦，你老师当然喜欢你。你这么棒，从不给他添麻烦。你怎么觉得他不喜欢你呢？

斯坦：当我需要帮助的时候，他总是忽视我！他从不像和其他孩子交谈一样和我说话。

妈妈：也许他有时很忙。听着，你是一个很棒的孩子！他不可能不喜欢你。相信我，斯坦。你没必要担心任何事。

斯坦：（以不确定的音调）我猜是吧。

妈妈努力说服斯坦，但看起来他并没有相信。想让他改变对老师的看法和老师对他的行为方式不大可能会成功。正

第九章
用同理心和你的孩子互动

如我们处理之前那个例子,我们会改写这段对话。看看当妈妈努力表达对儿子经历的同理心,事情是怎样发展的。

妈妈:斯坦,似乎你的老师不太喜欢你。这太令人伤心了。我知道你很喜欢他。

斯坦:他不喜欢我。当我需要帮助的时候,他总是忽视我!他从不像和其他孩子交谈一样和我说话。

妈妈:似乎你对他来说并不是那么重要。不是像其他孩子一样。斯坦,我对此也觉得很抱歉。你在他课堂上肯定很不愉快。

斯坦:是的,妈妈。有时候我不想去上学。

妈妈:你觉得他知道你认为他不喜欢你吗?如果他知道你觉得他会说什么?

斯坦:他也许会说他喜欢我。他不会承认的。

妈妈:但你还是觉得他不喜欢你。如果你不确定他对你说的话是真的,你能想出其他可能要做的事情吗?

斯坦:我不知道。

妈妈:这很难。你觉得下次你寻求帮助,他会忽略你,你可以告诉他你需要他的帮助,而他看起来并不想帮助你。他会说些什么?

斯坦:他也许会帮助我。但我不知道他是不是想这样。

妈妈:所以你还是不确定他是否喜欢你。这很难做到。我不知道如果你对他说出来那些话,是不是会更加确定一点。也许他并不知道虽然你成绩很好,但有时也需要帮助。也许他并不知道你很喜欢他。

斯坦:但他是老师,妈妈,他应该知道这种情况。

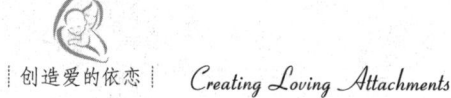

妈妈：即使他现在已经成年，但他也有疑惑。你很会处理事情，所以他觉得他对你没那么重要。

斯坦：嗯，确实如此。

这个基于同情心的谈话中，斯坦会怀疑原来的老师不喜欢他的观点，会通过与老师持续的交流更加深入探索自己的疑虑。他的妈妈从不会挑战他原来的想法来说服他。

劝他放弃这种想法

这是一种更具认知性的安慰。你可能会认为可以在孩子错误时给出足够的解释，他就会改变想法。所以你列举了很多事实，希望改变他对这件事的体验。在前一个例子，妈妈不是安慰他，而是这样说，试着劝他放弃原有的想法：

"你分数考得很好。"

"你在班级里表现得不错。"

"老师也没有告诉我们有任何的担心。"

"老师关注那些问题学生。他忽略你是因为你不会给他惹麻烦，他很喜欢你。"

"所有认识你的大人都很喜欢你。你的老师肯定也是这样。"

解决问题

当你的孩子表达沮丧时，你会忍不住告诉他该怎么解决问题。有可能他当时需要你的建议，会努力做到你的建议，最后获得成功。通常情况下，当孩子带着沮丧心情来找你，他是来寻求理解和同理心，而不是你的建议。

在他需要同理心的时候给建议有可能会导致他远离你，不会听从建议。他也许会觉得你只告诉他该做什么，并不是真的"了解这件事"。他也许会把你的建议看作是你把他的感受放在一边，或者建议他应该自己调和并解决。即使你给出建议，但是在这种情况下并不是独自解决，他还是独自一人面对这种状况下的情感沮丧。他也许会觉得到你不想招致这种麻烦。你只是想解决它，让问题消失。这或许不是你的意图，但如果你没有传达对他的沮丧的同理心，他就会这样想。

唠叨

唠叨指的是给你的孩子提建议，当他不接受时，你还是不停地说。当我们对孩子的沮丧特别担忧，特别想让它消失，我们就会很容易唠叨。当我们的第一次建议无效时，我们会变得越来越激动，也许会生气，努力消除孩子正在面临的问题。

唠叨是一个特别的问题，因为它会极大地转移孩子注意力，无法充分体验他对这件事的沮丧。他有可能会缺乏相应支持来控制任何与沮丧有关的情感，并找出解决问题的最佳办法。通过唠叨，父母的沮丧会让孩子的关注转移到父母身上，而非原来的状况。

最小化

当没有表达同理心的父母无法通过上述的任何其他方式解决孩子的问题，这时父母就会感到不舒适。她也许会因为自己没有成功帮忙感觉很不好。当自己的意图遭到抵抗，她甚至会有羞耻感。正如我们第七章探讨的抵抗羞耻的盾牌，一种解决这些可怕感受的方法就是尽量把孩子的经历最小化。以下是问题最小化时，父母有可能会说的：

"这并没有那么糟糕。"

"现在看起来很糟糕，但明天就不会啦。"

"你很坚强，你会没事的。"

"每朵乌云背后都会有条幸福线。"

"你会有更多的机会。"

在这个部分我们已经探索了在养育中给予同理心的很多挑战。在实施这些方法中，我们会认清自己。从同理心转移到这些方面，然后再回到同理心很容易。

结语

同理心就是在心理上和孩子在一起。参与到孩子的内心生活，与他共同体验。这样你才会准备好或能够感受到或回应他的情感和思考状态。

如此一来，你会帮助他规范他正在经历的任何情感。他不会独自体会它们。当他的情感得到控制，你也在帮助他更成功地理解他自己的内心世界。

对孩子体会并交流同理心很可能成为情感亲密的重要组成部分，而这正是你希望得到并保持的亲子关系。这种亲密为你们终生的关系带来愉悦和意义。它可以强化关系，经得起最严重的冲突或分离，融合变得更加强韧。他可以在好的时期深化关系，所以和孩子共同度过的日子会成为宝贵的财富。

故事

农夫和皇后

在世界上最肥沃的一块土地上有个皇后，名叫杰德（Jade）。她聪明、公正并勇敢。她对自己给国家带来的财富并不满意。她想要知道如何让国家在自己死后数年，数世纪之后依然强大。所以她把最智慧的人带到跟前，每人问了一个同样的问题。"国家永不衰败的来源是什么？"这些智慧人士给出了很多回答：

"陛下，是你的军队。"

"陛下，是你的黄金。"

"陛下，是你对公爵和公爵夫人的忠诚。"

"陛下，是肥沃的土地和珍贵的水。"

"陛下，是你勤劳的人民。"

皇后认为每个人说的都是实话，但她还是不开心。他们都错失了一样东西。是什么呢？

所以皇后穿越整个国家。她希望有一天能找到国家力量的源泉，这样就可以保护它、滋养它。它会昌盛起来，她的国家也会更强大。

数月来，使之数年来，她一直在路上，也更了解自己的国家，但当她入睡时，这个问题还在困扰她。

有一天，她看到一个富有的地主在用棍子打一个农民。她问那个地主为什么打他。

地主回答说："因为他在工作时间却不工作。因为他没有给我当初承诺的足够多的粮食。因为他无法向我兑现承诺，我就更难向您兑现承诺。"

皇后转向这位农民：为什么你不向地主兑现承诺？

农民回答："陛下，因为我有一位朋友乔治（George）"。

皇后很惊奇，问他：乔治是谁？为什么他不让你向地主兑现承诺？

农民回答："乔治是一位农民，他教给我怎么犁地、在最佳时间种庄稼、照顾牲畜，这样他们就会满足，好好生长。现在，他无法工作，因为镰刀而受伤，一条腿坏了。他没有粮食和木材过冬，他的房子也塌了，需要修理。所以我给了他一些粮食，就没有足够的粮食交给地主了。我花了一些时间修他的房子，给他带一些木头，所以就没有足够的木材给地主了。"

皇后很疑惑，说："为什么你把乔治看得比自己还重要？"

农民回答："因为他孤独、担惊受怕，也很痛苦。"

皇后回答："是什么让你那样做？"

农民说："因为他是这样，我也很孤独、担惊受怕，也很痛苦。"

皇后问："为什么呢？"

他回答："我能感受到他的感受。这没有什么特别的。他是我的朋友，我能感受到他的感受"。

"难道你感觉不到地主棍棒的疼痛吗？"

"我能感觉到，但那只是身体的疼痛，它会消失。而我朋友的疼痛只要不消失，我会一直感受到。"

皇后问："你不会让它消失吗？"

第九章
用同理心和你的孩子互动

"但我就不是我了。我的心将变得孤独,我没有东西能给予我的朋友,我的村庄甚至你的王国。我会接受棍棒的敲打,我会感受到我朋友的痛苦和孤独。我相信这是我们要经历的,我不会想要改变来避免责打。"

皇后不再旅行来问使国家强大的原因了。地主也不责打农民了。农民和他的朋友继续他们原本的生活。现在生活好一点了,朋友的屋子整修了,有木材生火了。他们经常在一起大笑,彼此讲述老故事。

第十章
把所有都连接起来以及另一个要素

Creating

Loving

Attachments

创造爱的依恋

我们为关系而努力，这产生了更多情感共鸣的关系，玩耍在其中变得很自然。对我们的日常生活增加一定程度的乐趣变得更加容易。养育依旧提供合适的界限和限制，还有温暖和鼓励。PACE 创造的亲子关系意味着养育被接受时是完全无条件的。孩子感受到爱和信任。他们也会爱我们并给予信任

第十章
把所有都连接起来以及另一个要素

我们相信用PACE方法指导养育是一种恩赐，这是对孩子和自己的一个恩赐。

PACE提醒你养育的核心：你与孩子的关系和孩子与你的关系。在冲突和分离过程中，PACE把你们的心灵紧紧地贴在一起，即使分离时也会帮你们恢复之前的关系。PACE让你坚持你最爱的动机和你对孩子最大的梦想。PACE使你看到冲突、问题和分歧之下隐藏的问题。PACE使你看到孩子的灵魂，和出生之时同样清新活力的灵魂。

PACE既简单又复杂，既容易又困难。它呼唤你的心灵去全面体验孩子的情感，从玩耍时的轻快愉悦到同理心和充满同理心的爱意。PACE让你的头脑活跃起来，对孩子的内心世界充满猜想、开放和持续的好奇，帮助你了解孩子对你、世界和她自己的体会。PACE使你全面、深入、无条件并无止境地接受自己的孩子，无论好坏。这种接受给你的孩子带来安全感，让她能够在最脆弱的时候以最意想不到的方式表达自己。

PACE并不会削弱纪律，相反，它会加强你指导并教授孩子的纪律，意愿和能力。PACE使你的教导也充满柔和和理解，即使强大和清晰也是需要的。PACE使你的孩子以更开放和信任的方式体会你的教导。她相信你对她行为的教导是出于好的意图，为她做最好的着想。最后，PACE让你重新回到与孩子的关系之中，一段和她永久的、多彩的、独特的、全面的关系。

丹想起一位养父，贝丝（Beth），她与养子亚伯（Abe）关系不好。养子对她们关系和她对他设置的纪律不断挑战，贝丝对此感到很费劲。她对PACE也举棋不定，不太相信它能让一个

充满怒气,不信任并自立的人做出改变。实施几个月之后,贝丝骄傲地说她不再需要控制他的行为,而是让他顺从他的权威。她能够欣然接受PACE。丹想知道亚伯是否有一些改变。她回答说没有,不过她已经做出了一些改变。"现在事情变得容易多了。我更加开心了。我能够更加接受他了。我正在把家庭的氛围调整到它需要的状态。"一个月之后,她平和并愉悦地说到,"他看起来好像开始喜欢我了。他现在也更加开心了。也更加接受我了,即使我告诉他需要做什么。我从没有想到我会说这些,但他看起来喜欢我和其他的家庭成员住在一起。"

PACE并不是神奇的解药。它只是把人们安全地团结到一起的简单方式,同时解决他们的分歧,发现他们的优点,体会,真正地体会他们对彼此的意义。

疗法:附加的成分

荷兰神父和国际知名作家卢云提供了对同理心的见解,而这也为我们提供了对这个疗法的见解。他写道,保有同理心很难,因为这要求我们在一个人最脆弱的时候陪伴他们。在他们最虚弱,最孤独的时刻陪伴他们。我们通常会急着寻找消除这种痛苦的快捷方法。因此同理心和其他人共渡更艰难的旅程。①

    吉姆和一位养父坐在一起,这位养父很担心一个遭遇过

---

① J.M.卢云(Nouwen, J.M.):《心灵之路》(*The Way of the Heart*),伦敦,达顿、朗曼与托德出版社,1999年版。

第十章
把所有都连接起来以及另一个要素

很长时间虐待和忽视而非常不安的年轻人。金姆已经帮助他有一阵子了，但现在他还是充满失望。

"如果你能见到他，吉姆，事情就会解决了。他出了一些问题。你需要看看他。"

这是很常见的重复，但很遗憾是错误的指导。相信这个方法可以解决孩子的问题是可以理解的。这个疗法可以成为不安的和受过创伤的孩子成长的一部分，但它是一个艰难的过程，本身也很麻烦。它无法"根治"孩子，但它是治愈孩子的其中一个方法，这种治愈始于养育，延伸至社会，最后只能进入治疗室。

当受过创伤的孩子受到治疗养育的支持，在学校时自己的困难得到充分理解和支持，他们就会开始养成自己童年缺失的安全感。这为增加疗法提供了坚实的基础。金姆在上一本书中这样写道：

对个人疗法太狭隘的关注会导致人们期望还没有准备好的孩子适应世界。这种疗法成为"让儿童学会适应"的方法。当这种疗法成为更广阔的以生态为基础的、全面的方法，我们都有责任帮助孩子感到更舒适，更有安全感。①

换句话说，我们需要介入，不仅限于为人们提供个人疗法来帮助他们生活中的孩子，提供治疗环境让不安的孩子开始恢复。

第一章讲过爱是一个重要的成分。爱是生存的一种方式，让养育中存在的PACE态度复苏。对一些孩子来说，这种治愈因疗法的增加获

---

① K.S.戈尔丁、J.福克斯（Foulkes, J.）和A.考特尼（Courtney, A.）："打开心扉：治疗如何帮助住在寄养和收养家庭中的儿童和年轻人" K.S.戈尔丁、H.R.登特（H.R. Dent）、R.纳西姆（R. Nissim）和E.斯托得（E. Stott）：《从心理学的角度思考那些被照顾和收养的孩子：反思的空间》（*Thinking Psychologically About Children Who Are Looked After and Adopted: Space For Reflection*），第306页，奇切斯特，约翰·威立父子出版社，2006年版。

得了更多的帮助。这种疗法有益于增加他们生活的治疗康复环境。这允许他们从面对的事情中获得更多的安全感，与过去的经历和谐相处。他们会知道他们是好人，坏事也会在他们身上发生，而不是活该遭受生活不幸的坏人。这转而会让他们更全面地接受现在，这样他们才能在自己拥有的美好事物的基础上茁壮成长。

创造治疗康复环境

在这本书中，我们已经探索过对用PACE来表达对孩子的爱是怎样为孩子提供好的家庭环境，让他们从过去的床上恢复。虽然父母不是治疗学家，但养育可以是治疗的。这个单独或结合疗法部分可以为孩子提供他成长和发展需要的经历。

下图需求金字塔（图10.1）总结了这种发展。

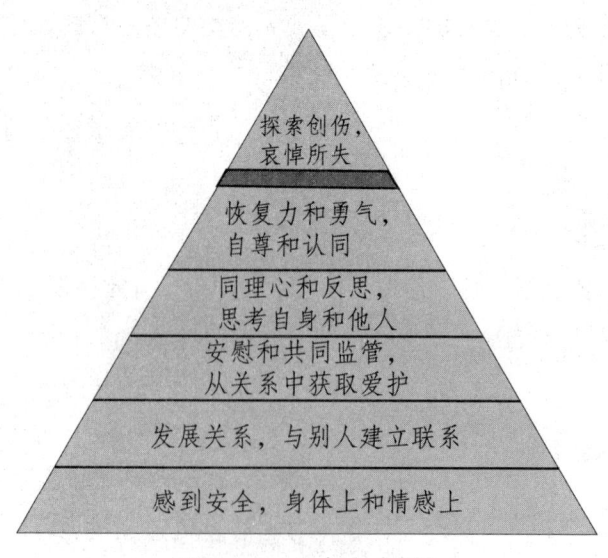

图10.1 需求金字塔

第十章
把所有都连接起来以及另一个要素

金字塔的基础为安全感。孩子需要在家庭中,在学校和社区里有安全感。孩子如果没有安全感,他们就无法放松。他们很容易把父母带入充满害怕和不安的心理世界。满足安全感的需求是帮助孩子成长和治愈的首要前提。养育中的安全感和疗法带来的安全感是帮助孩子治愈的起点。

正如本篇文章所述,安全感和关系具有两面性。孩子在不含支持的关系中不会有安全感,正面关系的不断增加可以提高他的安全感。在安全感和关系下,孤帆和反思的能力也会提高。

当孩子在父母和治疗医生的陪同下体会到舒适和协同调节,她就会感受到更深层的联系。这会将负面影响转化为正面影响,形成自我调节的能力。孩子懂得关系是舒适和安全的来源,她本身也会提高管控情感生活的内心勇气。孩子对自立和独立都会觉得舒适,面对问题时感到安全的机会也会最大化。

反思经历的能力也会在亲子关系中形成,并通过疗法得到加强。这种能力依赖于理解自身和他人的内心体验的能力。早期生活不幸的儿童通过不思考别人的内心想法来适应这种困难。正如福纳吉和他的同事所发现的,这些孩子需要帮助来安全地"找到自己的内心",而这又是在养父母脑海里反映的。[①]缺少这种帮助,同理心发展就会受到削弱,孩子就会努力地建构或维持各种关系。

帮助有这些需求的孩子会帮助他们提高恢复力和勇气。能够提高并增加能力的积极经历和机会有利于建立恢复力,积极的自尊和健康的自我认同。

---

① V P.福纳吉(Fonagy, P.)、G.杰尔杰伊(Gergely, G.)、E.L.尤里斯特(Jurist, E.L.)和M.塔吉特(Target, M.):《情感调节,心理化和自我的发展》(*Affect Regulation, Mentalization,and the Development of the Self*),纽约,NY: 其他出版社,2002年版。

通过康复养育环境，和学校老师的理解和健康关系，适合的、对关系敏感的治疗学家，这5种相互联系的需求得以结合。现在，孩子做好面对不幸过去的准备了。安全感缺乏时，创伤和失落是无法解决的。无法信任他人的孩子，无法在情感上规范或反思经历的孩子，恢复力和勇气都会低。这个类型的孩子无法承担理解他人的附加义务，无法处理早期创伤经历。当孩子在生活环境中需求金字塔得到满足，他们就会有能力做到。

这对有些孩子来说，已经足够从早期不幸经历中恢复。其他人还需要一段疗法辅助这个过程。如果需求金字塔已经得到满足，这种疗法成功的可能性更大。

金字塔代表了每个人首要的一系列需求，这是一个循环的过程而非先后顺序的过程。我们会随着环境不同，在金字塔上下移动。比如，回想你生活中压力增加的那段时间。安全感会随着你的压力变化而变化。你会注意到当你管控情感的能力受到挑战，你会发现自己"情绪化"，随着反思能力下降，你的思维会变得更为僵硬，不灵活。因为你的压力压制了你的勇气，过去的创伤和失落重新俘虏了你，加重了现在的压力。能够帮助你度过困难时期的关系日益重要。正是这段时期，你可以求助用PACE对待你的朋友。有了更多的支持，你会熬过这种压力，在这个过程中变得更加强大，恢复力更强。

需求金字塔从没有满足过的孩子需要帮助，以获得情感的成长，这样她才可以提高内在勇气来解决不断增加的压力和困难，学会在这段时期信任并依靠他人帮助她。在沮丧时期，你会发现她又回到了早期的失落。

养育和PACE疗法是支持并增加孩子内心勇气持续不断的过程，可以以增加安全感的累积方式。两者结合大于部分相加的作用。有时，孩子也许已经建立的安全感和父母的良好关系并不完整,过去的创伤阻止她更深层次的发展。这种情况下,用PACE疗法结合孩子已经建立的安全感和关系已经足够帮助孩子成功熬过过去的创伤。这转而使父母的安全感和关系得到发展。一个人帮助正在治疗中的另一个人。

下一部分会简单介绍一下我们的治疗室。我们想帮助你理解以PACE为核心的关注情感的家庭疗法。如果你和你的孩子决定参与到这种疗法,你会发现把PACE融入你的养育是治疗过程至关重要的基础。

关注依恋的家庭疗法

关注依恋的家庭疗法本来是由丹发明的治疗介入,旨在治疗领养家庭中遭受显著成长创伤和没有安全感依恋的领养孩子。它被称作双向发展心理疗法,把注意力放在与治疗师合作的孩子和父母身上的重要性上。他们共同为孩子提供正确的成长体验,帮助她情感成长和治愈。广义上的关注依恋的家庭疗法被用来强调作为关注依恋关系提升的家庭疗法,它可以帮助所有家庭、寄养家庭、领养家庭和血缘家庭。

这种疗法在理论上是基于依恋理论模型和交互主体性,我们第一章已经讲过。治疗师帮助家庭成员培养健康的关系和交流模式,帮助他们获得安全感和融入感。安全感和融入感会减少家庭成员感受到的恐惧、羞耻和压迫。通过这种疗法,家庭成员会接受彼此的内心世界和外在行为。这会建立安全感,增进家庭成员之间的关系,他们学会合作并分享他们的经历。

对安全感和健康互动的重视对遭受成长创伤的孩子很重要,他们往往缺乏情感管控能力和反思功能。随着这些能力在日复一日的PACE养育和疗法中得到增强,孩子能够通过灵敏回应当时和过去的经历,而不是之前习惯性的、僵硬的和重复性的回应。

加上父母的支持，这为帮助孩子探索现在和过去的不愉快和痛苦经历提供了基础。父母在治疗过程的参与是成功的关键。尤其是父母需要在家庭中支持孩子，有时需要帮助他度过一段充满沮丧和令人痛苦的时期。有一句古老的谚语"好事多磨"可以看作是孩子应对紧张和有时重新面对过去经历的充满压力的治疗过程的真实写照。不仅如此，通过让父母参与治疗过程，孩子获得安全感和与对她至关重要的父母之间的正确关系。这种关系会成为支持孩子在成年及以后时期的永久关系。

本章中吉姆治疗的是一个称自己为利亚姆（Liam）的男孩。这个体贴的、迷人的青少年允许我们和你分享他的治疗经历。部分治疗过程已经在另一本书中有所展现。①现在我们想和你一起回顾利亚姆两年的治疗过程，你会看到在敏感的和支持的养父母帮助下，在双向发展心理疗法辅助下，这个年轻人做出的努力有很大进步。

丹觉得有必要强调一下这个疗法对利亚姆和他的家庭很有效，金姆的能力和热情对此很有必要。关系是养育和疗法的核心。父母和治疗师为孩子提供了关系，安全感和独立性从中发展。

利亚姆和妹妹早期在家庭中遭受忽视、家庭暴力，有时会有身体虐待。利亚姆9岁时，他们被送到寄养家庭。刚开始，他们的安置是分开的，后来在简和汤姆家，他们得以重聚。

利亚姆9岁时，决定不再搬走了。由于父母和孩子双方相互喜欢并共同承诺，短期安置变成了长期安置。他们的关系受多次考验，因为

---

① K.S.戈尔丁："探索和融合：当现在遇见过去"（Exploration and Integration: When Present and Past Meet），A.贝克尔-韦德曼：《二元发展心理疗法案例》（The Dyadic Developmental Psychotherapy Casebook），第8章，华盛顿特区，杰森·阿伦森出版社，2011年版。

第十章
把所有都连接起来以及另一个要素

孩子把能保证他们在不安全世界里获得安全的策略带到了家里。这些策略已经不再适用，孩子很不会放弃自己来检验这个策略。利亚姆是一个非常自理的男孩，严格控制自己的情感生活。强烈的感受被封锁在内心的箱子里。利亚姆不会轻易交出钥匙。

如果你很熟悉哈利·波特电影，你也许会记得这样的场景，哈利费力去抓住一堆飞舞钥匙中的一个。这就是利亚姆对他的那把钥匙的设想。只有在偶然情况下，他会卸下防备，让简和汤姆拿到钥匙，帮助他流露出现在的情感。

在治疗利亚姆之前，金姆已经帮助珍妮和汤姆很多年了。他们为孩子创造了可以养育孩子并建立孩子所需的信任和安全的环境。虽然他们也觉得有了进步，但珍妮和汤姆还是担心利亚姆。他们看到了利亚姆自信、迷人外表下的脆弱。他们担心利亚姆会拒绝为他提供的帮助和舒适，通过娱乐或照顾别人来处理不好的经历。这需要付出一些代价。建立相互的友谊对利亚姆来说很不容易，有时他的生气和不安全野蛮地爆发出来。尽管珍妮和汤姆付出越来越多的信任，这并没有用，他们很担心他们的未来。我们决定在现有养育方法的基础上增加疗法。度过一段不确定时期之后，利亚姆决定和吉姆见面，这样可以弄清楚我们需要他做什么。

吉姆到他家里，和利亚姆而不是他的父母交谈。她告诉他这次治疗会涉及什么，他可以有什么样的期望。参与其中后，她发现他很聪明，急于给人留下印象。他在开始或者之后也是如此，利用机智并纯熟的能力，控制着与她间隔一臂之远。尽管如此，他倾听着她所说的，很快接受了她的类比，并对之展开发挥。比如，当吉姆把治疗比作洋葱，他会告诉她，是的，确实如此。通过层层叠叠对他来说太可怕了，有时就像切洋葱，会让他哭泣。吉姆会完成这件工作，给予他陪伴。

利亚姆同意展开这个工作。他也同意让珍妮参与其中。他希望这次治疗会帮助他管理自己的行为。金姆说他会帮助他做好,帮助他与父母在一起时更有安全感。她希望他能尽快愿意与他们分享自己的经历,让他们照顾他。利亚姆庄重地同意了,虽然他身体的每一个纤维都在大喊不,这不是一个好主意。

利亚姆和吉姆决定展开治疗的3个目标:

1. 帮助利亚姆和珍妮、吉姆在一起时感到更安全,让他们照顾他。
2. 帮助他直接地表达自己的感受,控制这些感受而不是被它们控制。
3. 帮助利亚姆回忆早期经历,找出它是怎样影响利亚姆现在的感受、思考和行为方式。

2周之后治疗工作要结束时,利亚姆和吉姆回顾了为准备最后报告所定的目标。他们把这个工作分为6个阶段(见下图10.2),这些阶段是无序的。但在一定程度上,他们在整个治疗过程都实施了这些程序,他们也代表了他们共同工作的深入。早期大多数时间他们位于初级阶段,随着治疗不断开展,其他层次对他们来说变得更加开放。

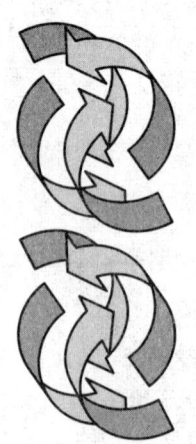

图10.2 疗法阶段

阶段1：剥开洋葱

这个阶段代表了他们共同工作的基础，安全感。当他们基于主体间经历形成治疗联盟，利亚姆能够展示他的防御，接受这些治疗。接受能帮助他获得安全感，体验情感共同调节，这又打开了对他们的探索。他们享受不断变好的关系，笑声不断，互相打趣。在阶段1，他们可以回顾情况极其艰难的时刻。

在这个阶段，他们可以共同发现利亚姆是怎么保证自己安全的。利亚姆需要自己可以掌控。当别人尝试照顾他时，他会非常不舒服。他利用自己的聪明、智慧让别人远离自己。他很乐于熟谙各种事情并照顾别人。他总是那么快乐、迷人，使人愉悦，把不舒适的负面感受藏起来。他看起来放松而又自信。他可以回忆过去的事情而不带各种感情。就像冰山一样，利亚姆体会的大多数只停留在表面。金姆和利亚姆共同探索他用来存储感情的箱子：当情感继续发展并流露的时候，发生了什么，当这些情感跑出箱子是多么可怕，利亚姆费了多大的力气把他们封闭起来。吉姆介绍这样一种观点被封锁的情感在掌控之内。利亚姆不太相信，当他们玩类比的时候，吉姆接受了他缺乏信念这一事实。

在治疗阶段中，珍妮很支持，让利亚姆控制治疗节奏，不批评他的分神，表现出和利亚姆关系的喜爱。他们有趣的，自在的关系也和双向发展心理疗法相辅相成。

阶段2：发现主要防御

阶段2说明探索的加深，因为利亚姆更加信任在阶段1发展起来的联合关系。这种信任使吉姆能够在真诚的接受中增加少许轻微挑战。

在探索中，吉姆就像"小猎犬"，不断探索情况，不错过任何问题。利亚姆就像小丑，当发现过于接近他的舒适区，他就会反抗。他们共同探索着反抗，利亚姆称之为主要反抗的范围。这帮助他获得安全感。当利亚姆娱乐别人，转移他人注意力，控制的时候，他学着观测。他会说一些有意义的话，之后像开玩笑一样结束。他什么都懂，害怕自己未知的东西。他发现当情感距离太靠近舒适，自己变得极度活跃、糊涂、粗鲁、生气。

这个阶段主要关注现在和利亚姆当下的关系。他的过去经历已经得到认同，但随着阶段深入，对之的探索还在继续。利亚姆正在学着怎样对付生气和害怕，随着探索深入，他会发现他害怕什么，这与出生家庭中的早期经历是怎样联系的。

在治疗阶段探索他的反抗是一件艰难的工作。他害怕在一起工作中自己会变成另外一个人，会失去重要的东西。他喜欢扮演小丑，娱乐他人。他不想改掉这个习惯。珍妮和汤姆帮助他理解他比部分之和更伟大，不会失去任何东西。不同的是他会掌控而不是反抗。

吉姆也用火山喷发来形容反抗的弱点。它们会让情感膨胀，直到最后爆炸。利亚姆学会认可当盒子里的情感不受控时，自己的冲动、过分的行为，这会以令他惊奇的方式控制他。

阶段3：变身侦探，理解情感

随着利亚姆防御功能的增强，探索不断深入。这个阶段的工作是理解激发主要防御的怒气之下隐藏着什么。利亚姆能够很快发现自己生气的时间，他知道担心、害怕和悲伤支撑着这些发怒的情感。吉姆和利亚姆通过指导下的想象，共同回顾日常情感。利亚姆惊奇地发现

第十章
把所有都连接起来以及另一个要素

被忽视很久的情感世界。

利亚姆发现他对自身的看法在一个令人害怕的世界仍不够完善。当他内在的工作模型对自己敞开，他也更容易改变。利亚姆冒险敞开了自己的情感经历，相信金姆和珍妮会保证自己的安全。

在这个阶段，当珍妮和吉姆帮助利亚姆认可并控制自己的感情，他们都是侦探。他们使用滑雪的类比。利亚姆只知道他是如何滑近，再远离这些情感的。利亚姆发现虽然他懂得很多词语，却缺乏很多的情感。他和珍妮、吉姆一道努力，希望能够同时拥有话语和他所需的情感。

阶段4：学会独立

有了更深入的理解，利亚姆能够和他的情感相处，开始让珍妮帮助他处理这些情感。这对利亚姆来说是最困难的阶段。他们都发现当珍妮照顾他时，他是那么害怕。如果他对她有情感需要，他会有羞耻感。他担心她不会喜欢紧张的或伤心的利亚姆。我们也看到利亚姆被遗忘时是多么害怕，有时会让珍妮到达忍耐"顶点"，这样就不会被遗忘了。他不相信珍妮会把自己放在心上，他不相信她不会伤害他。把情感封锁起来是他处理这些恐惧的方法。利亚姆告诉我们，我们都在必须穿过河的一条小船上。中间是带有一个小舟的一个漩涡。珍妮和金姆能引导我们通过，但利亚姆不确信。他试着在自己能够掌控的时候引导大家过去。

利亚姆逐渐开始在治疗中冒一些风险，后来在治疗当中让珍妮掌控，允许她照顾他。利亚姆试着像表面上一样在内心深入也相信珍妮。他慢慢发现珍妮不仅喜欢帮助者利亚姆和喜欢娱乐者利亚姆，在利亚姆生气、淘气、悲伤和担忧时，她也喜欢他。

阶段5：发现过去是如何影响现在的

所有疗法的背景是利亚姆的早期经历。这些疗法中，随着记忆或想法浮出表面，珍妮和利亚姆重新回顾了以前的经历。在第一次试验和概要里，这次探索随着时间发展。随着对珍妮的日益信任，利亚姆能够面对这些记忆，与他们分享情感的经历。

利亚姆懂得了过去的经历教会了重要的东西，现在还在继续影响他使用主要的防御，封闭自己的情感。他体会到激活了过去的经历的当下事情，学会注意这带来的强烈反应。随着意义被共同建构，情感受到共同调节，他对珍妮不断增加的信任促进了这种探索。

阶段6：平衡各个阶段——把它们都结合起来

在疗法晚期，利亚姆学会把他们所做的这些工作结合起来。他形成了连贯的故事，一种思考方式，来思考他的经历及其影响他的方式。这让他获得掌控。利亚姆现在可以持有不同的观点。比如，他接受了这样一个观点，他无法满足父母的期望，但父母也无法完好地照顾他这个观点使之平衡。这让他相信自己能够不辜负养父母对他的期望，也使他们能够给予他关心。

随着治疗过程开展，利亚姆冲动减少了，也减少了被从他的盒子里逃脱的情感的掌控，他开始体验情感，也在思考事情。从某方面来说，有的人会说这些盒子已经消失了，他们不再是大脑功能的一部分。他运用与珍妮和汤姆的关系来帮助他解决这些问题。利亚姆现在依旧那么体贴，但现在能够接受他人的关心了。利亚姆很独立，但也正在学会依赖。

随着利亚姆进入青少年时期，过山车式情感起伏不可避免，当他迈向自己真正独立时，他能够把自己与珍妮和汤姆的关系作为安全的基础，一种依赖的来源。

有了在家庭中更放松的态度并把它作为支持来源，利亚姆正在学着与青少年相处，发展不受控制和主导需求影响的真正友谊。随着金姆和利亚姆探索利亚姆把自己看作是不喜欢与人相处的孤独者这一想法，这成为后续工作的源泉。利亚姆努力在获得一种掌控，这让他很快厌倦，需要独处时间。他也学会理解，这与他早期经历有关：他害怕互相的关系中，自己毫无防备容易受伤。随着他学会放松自己对掌控的需求，更为宽广的友谊世界对他敞开了大门。利亚姆梦想到自己的未来，事业和家庭，未来他可以是一个小丑、一个娱乐者、一个知识分子、一位父亲。成为他人的朋友和伙伴，他感到舒适。也会伤心、疑惑，向他人寻求帮助，但一切都在他掌控之中，因为在他人的些许帮助下，他掌控着自己的过去、现在和未来。

结语

我们都会学习养育，这并非天生，而是来源于自己被养育的经历。对大多数人来说，这不包含，现在仍不包含PACE态度。

我们爱自己的孩子，希望给他们最好的。当我们试图将孩子塑造成我们设想的形象，这种美好的愿望可能会通过唠叨、说教、诱导表现。自然发生的养育就是我们其中之一的愿望。我们尽己所能为他们提供合适的界限，温暖和鼓励。我们的爱是无条件的，无论发生什么我们都会陪伴他们，但也许我们表达爱的时候好像爱是有条件的。孩子在我们的期望的重担下成长。

有些孩子满足了这些期望，享受到赞许，但赢来的期望也可能会失去。令人讨厌的不安全感依旧存在。甚至虽然父母的赞许依旧存在，维护代价可能很高。孩子努力取悦父母意味着他自己的发展自制权可能被遗留。部分自我得不到发展，无法追随自己的梦想。其他人反击这种期望，选择了另一条不同的路，这通常让他们觉得做得并不是很好，不确信我们为他骄傲。最好的情况下，孩子成长，变得成熟自信，体会到事业和关系的成功。他们与父母建立新的成人关系，互相对彼此有了新的了解。然而父母抱有的文化期望依旧不变。影响我的也将会影响你。孩子长大以后会有自己的孩子，循环往复。

这本书已经介绍了一种不同的养育方式。它的核心就是PACE态度。无条件的爱通过玩耍、接受、好奇心和同理心表达出来。这并不改变我们的所想或期望，但它确实给我们提供了表达爱的一种不同方式。

抱有好奇心，接受孩子的内心世界，理解这是如何影响更外在表现的行为，这都意味着我们对孩子有更深层次的同理心和信任。

我们为关系而努力，这产生了更多情感共鸣的关系，玩耍在其中变得很自然。对我们的日常生活增加一定程度的乐趣变得更加容易。养育依旧提供合适的界限和限制，还有温暖和鼓励。PACE创造的亲子关系意味着养育被接受时是完全无条件的。孩子感受到爱和信任。他们也会爱我们并给予信任。

安全是他们现在和将来的核心。他们知道他们可以形成自己的自主意识，同时与父母保持情感上安全的亲密关系。他们会继续受我们的想法，感受和信念的影响，同时完全自由地去体验与我们的不同。他们在我们无条件的爱里仍然安全。

运用PACE养育孩子可以受益所有孩子，为关系带来更强大的情感

第十章
把所有都连接起来以及另一个要素

健康和更高的互相独立的能力。虽然任何孩子都可以受益，但受过创伤的孩子更需要，尤其是经历影响他们发展的家庭创伤。美国研究人员，创伤专业人士贝塞尔·范·德·柯尔克（Bessel van der Kolk）将之描述为"发展创伤"。[①]

这些孩子体验到的不安全意味着他们挣扎于情感发展不顺利，与他人主体间的交往能力。如果这些孩子情感上又形成健康核心，他们会在后来阶段体验养育治疗。用PACE养育方式可以为孩子提供治愈环境，他们可以从早期经历中恢复。

这不是一个简单的过程。我们自己都是父母，都体会到我们的希望、害怕和期望有时会关闭玩耍、好奇心，接受和同理心基础薄弱。我们担心孩子的未来，很容易受到这些害怕得趋使，这又通过批评、反对和怀疑表现出来。在生活充满压力和困难之时，很难坚持核心价值观，坚守现在，相信这个过程。PACE引导的养育是可以培养的，也会随着练习变得更容易，但这是一个艰难的工作。如果我们要对孩子运用PACE，我们自己也需要PACE。如果你偏离了他，也不必责备自己。确保自己有强大的关系可以提供帮助，休息和放松。珍视和孩子真正连接的时刻，甚至并尤其是当这些时刻只是短暂出现。你的孩子会知道你在努力，他们会从你努力的意愿中获得信任和安全。

> 丹最近在和一位母亲交谈，她已经有好几个月为儿子治疗，但仍然引起他生气和退却的挑战行为，这是她小时候和父母的关系模式。

[①] B.A.范德科尔克（van der Kolk, B.A.）："儿童受虐和欺骗"（Child abuse and victimisation），《精神病学年报》，2005年第5期（共35期），第374–378页。

与丹单独见面时,她大叫她恨她的儿子从不体会她对他所做的一切。后来她信任PACE,满富同理心地回答很难意识到自己希望比自己母亲做得更好,为儿子那么辛苦地努力之后会恨儿子。她坐在那一言不发,哭了起来。

最后,羞耻感消失后,她目视着丹,以确信的口吻说道她比自己的母亲做得更好,她不会停止对儿子的爱,即使有时候会讨厌儿子。她不会放弃与儿子的关系。她希望丹能让她参与工作。丹没有给出任何建议,行为让她实施。他只是和她坐在一起,体会并表达PACE。

正如第三章提及的,丹和同事乔恩·贝林写了一本书,从神经心理学角度描述了养育的快乐和挑战。[1]丹和乔恩描述了父母过去和现在的压力是如何阻碍对持续和有效的养育至关重要的大脑五个系统的综合活动。

他们阐述了这个过程是如何产生了他们称为的"关心受阻"。它描述了当面对这些压力来源,为孩子提供不断的关心是如何艰难。工作中,他们谈到了重新给予关心,和大脑对准备关心做好了准备,PACE对重新开始给予关心的能力至关重要。

吉姆跟着一个愤然离开的孩子。她大喊让吉姆走开,不要管她。吉姆很快回顾了她们之间的谈话。

吉姆问她为什么对自己的朋友生气。她觉得被吉姆批评

---

[1] D.休斯、J.拜林:《基于大脑的家庭教育:为健康的依恋关系而照顾的神经科学》(Brain-Based Parenting: The Neuroscience of Caregiving for Healthy Attachment),纽约,NY: W.W.诺顿出版公司,2012年版。

了。吉姆大喊:"为什么你那么敏感?和你交流这些事情真的很难。"她深呼吸,在她身边蹲了下来,用和孩童说话的紧张口吻说道:"你觉得我是在责怪你。怪不得你对我生气。如果我觉得其他人认为我错了,我也会这么生气。"

金姆看到面前的孩子放松了。她们产生了联系。她满含泪水说:"我经常说错话!"现在表达同理心容易了。"你觉得自己总是说错话真是太令人难受了,当事情变糟糕,感到别人指责你,真的太令人难受了。"吉姆分享了孩子所有的害怕和无用感,她也哭了。"很高兴你能够理解。"孩子说。吉姆告诉她自己觉得她是一个勇敢的女孩,尽管有疑虑和害怕,她还是不断尝试。

因生活经历受创伤的孩子值得被爱、被珍视,被治愈。他们自身的适应和防御使之不易得到。我们希望你在自己的路上获得成功,无论它们是什么、无论它们在哪里。我们希望这本书,对爱的深层理解和PACE会为你提供一些灵感,你可以帮助遇到的受创伤儿童获得信心和安全。

术语表

依恋:在依恋理论中,这个词指的是孩子与照料者形成的特殊关系。依恋是一种情感纽带,孩子从成人那里获取安全和舒适。

协调:当两个人分享情感经历,他们就处于协调中。协调代表了他们之间的情感联系,一个人反映了另一个人的活力与情感(情感的生理反应)。所以,在协调状态下,一个人也许会适应生气的情感表达,但自己不会生气。

　　自制：在这个程度上，一个人体验独立，不依靠他人能够自己做决定。

　　共建：父母帮助孩子组织关于自己生活和经历的连贯的自传性故事。如果孩子开始没有在他人的帮助下形成对自己经历的理解，就会发现很难理解自己的经历。

　　连贯故事：这描述的是个人成功理解自己和自己的经历的这一过程的结果。我们可以努力形成有关自己生活经历的连贯故事。

　　共同调节：描述了父母帮助孩子学会规范自己的情感和情感状态的过程。当孩子变得调节异常，父母就会发现这种情感，把孩子带入调节状态。通过发现孩子感受到的情感表达，在保证自己在调节状态下，帮助孩子管理这种情感经历，可以促进孩子自我调节发展。

　　皮质结构：指的是专管推理的大脑部分的一部分，即大脑皮质区域。它涉及记忆、注意力、知觉、思考、语言和意识。它们是大脑"更高级的"功能，因为这些功能在动物中进化很低级。

　　发展创伤：创伤经常指的是对个人造成精神创伤的单个事件。为了区别多种创伤形成的发展创伤，研究人员和临床医生有时用复杂创伤来表达。近来，发展创伤也被用来指代发展受早期家庭复杂创伤影响的一类人。

　　调节异常：指的是无法进行情感调节。在这种状态下，情绪激发已经增强到个人无法控制并调节经历的程度。这种情感使个人无法承受，进入调节异常状态。

情感调节：指的是管理情绪激发的能力。当情绪激发时，情绪管控可以使你在不失控下管理情绪。好的情绪管控要求一个人在婴儿时期由照料者照顾，调节她的情绪、和她共同调解，长大后可以自我调节。

更高级大脑：这个大脑的理性部分有时是更高级大脑。这个大脑部分称为皮质。是大脑的思考部分，帮助我们处理事情、解决问题、管理由大脑其他部分引起的冲动。

激素：是神经系统组织分泌的化学物质或分泌腺，包括神经肽类，比如可以增加良好感觉的后叶催产素、催乳素和内啡肽类，比如可以减少痛苦感觉的内源性阿片肽。

过度觉醒：指的是情感激发过高，很难管理的一种程度。过度觉醒的人会很容易激动、反应过快，很难安慰并冷静下来。

过度警惕：指的是当一个人对环境里的潜在危险过度敏感，就会出现警惕增强状态。当一个人过度警惕，他就很难把查看环境找出危险的注意力转移到自己面对的其他任务上。

主体间性：指的是有共享经历的一段关系。这是互相的关系，因为彼此的经历都对对方的经历产生影响。这基于拥有共享的情感状态，共同的关注，一致的、互补的意图的经历。

边缘组织：这是与愉悦和普遍的情感回应最为密切相关的大脑部分。

类对话：指的是与会说话之前的婴儿的对话。婴儿和父母的互动已经显现了对话的现象，包括话轮转换和交谈节奏。

反思功能：指的是个人思考自己经历和他人经历的能力。有了反思功能，个人可以搞清楚事情发生的原因和自己和别人做出某种行为的原因。

社会化：这是个人学会自己的文化和如何在其中成功地生活的过程。当父母根据文化规范和期望，树立并明确地教给他们什么行为是可接受的和不可接受的，孩子变得社会化。

治疗养育：指的是不仅仅给予孩子爱和关心，也帮助孩子从过去的伤害和精神创伤中治愈。

无条件接受：不附加任何条件地对他人经历的接受。

致谢

吉姆（Kim）感谢同事、父母等许多人在她生活中给予的支持和帮助，同时也感谢自从从事领养儿童工作以来，在此探索路程中他们的陪伴。

在朋友、亲人和同事的关怀和全力支持下，把PACE运用到我自己的生活中变得更加容易。写出他们中的一些名字总会不慎遗漏另外一些名字，因此，我想在此由衷地感谢一路上对我的工作表现出极大兴趣以及鼓励我并给出有效建议的每一个人。我尤其要感谢二元发展心理疗法学会（DDP），通过学会我认识了来自全世界的拥有共同兴趣和激情的新朋友们，这段经历价值宝贵。我也要感谢2011年8月我在布里斯本和墨尔本遇到的热情好客的澳大利亚朋友：迪（Di）、克里斯（Chris）、吉尔（Jill），谢谢你们对我的精心照顾。我也想感谢路易斯·波姆博（Louise Bombér），他的努力提高了学校中关于爱的依恋的意识，这一做法是支持父母的重要补充。

我还要单独感谢我亲密的同事、挚爱的朋友和家人。ISL和2组的同事总是如此的友善和鼓舞人心。特别要感谢黛比（Debbie）、路易丝（Louise）、汉娜（Hannah）和海莉（Hayley），谢谢你们阅读了这些章节并给予评论。我想对我平行监督小组的朋友们表示感谢，简（Jane）、爱米莉（Emily）、苏（Sue）和卡斯（Cas），谢谢你们令人兴奋而又引人深思的讨论；我所有的受监督人，教会我的与我教会他们的一样多。我还要感谢吉娜（Gina）、米里亚姆（Miriam）和致力于受照料儿童和收养儿童工作的临床心理学家组织（CPLAAC）的所有工作人员，我们没有一个人是感到孤独的；乔安妮（Joanne）和收养＋小组的精力和付出鼓舞人心；还有我亲爱的朋友朱莉（Julie）以及那些所有努力让二元发展心理疗法在英国充满活力、发展壮大的人们。

同时我要感谢杰西卡·金斯利出版社的史蒂夫（Steve），谢谢他足够信任我让我出版这本书，我也要感谢丹和我一起写作，不管我的想法看起来多么异想天开，谢谢他对我一如既往地支持。

当然了，最后我要把最重要的感谢留给我的家人，不管我有多忙，克里斯（Chris），谢谢你的支持；艾利克斯（Alex）、莉莉（Lily），你们让我充满敬意和骄傲；我要特别感谢莉莉和格雷格（Greg）对于这本书的文学想法和贡献，还有艾利克斯在本书图表中给予的帮助。我的母亲，我的妹妹谢丽尔（Cheryl）和我的侄女夏洛特（Charlotte）、索菲（Sophie）和奥利维亚（Olivia），本来我应该经常去看望你们；以及克里斯一家，当我表达感谢时，我的脑海中想到了你们。

丹希望从吉姆结束的地方——家庭开始谈起。我的孩子们梅格（Meg）、凯里（Kri）和曼迪（Maddie），他们无条件的爱承载着我每天每时每刻的喜悦。我的孙女爱丽丝·罗斯（Alice Rose），是我欢乐和幸福的源泉。最近在匹兹堡待的一周捕获了我生活的故事。我的妈妈玛丽，抱着爱丽丝·罗斯、梅格和我的姐姐凯瑟琳共享了这一刻。那一天的温馨和满足让我体会到过去的这些年PACE对我意味着什么。

我还要深深地感谢梅里德（Mairead），她几年前从爱尔兰、都柏林和里格尔山来到美国，现在是我最知心的伴侣。

接下来我要感谢的是那些曾经运用并教授PACE的人们，以及现在在二元发展心理疗法学会理事会和我一起工作的同事：来自美国的阿特（Art）、德布（Deb）、米克（Mick）、帕姆（Pam）和罗伯特（Robert）以及来自英国的杰拉尔丁（Geraldine）、朱莉（Julie）、吉姆（Kim）和帕姆（Pam）。是的，另外一个吉姆完成了这本书的大部分工作。这本书的功劳大部分都属于她。我有点儿跑题了，但是我是负责任地说这话。

我必须再多说一下英格兰和苏格兰，以及最近的爱尔兰，包括南爱尔兰和北爱尔兰及威尔士。在我去过的这些地方，我都受到了热情款待。他们都是强健、富有智慧和爱心的人民。在第一站伦敦，我遇到了玛格特（Margot）、阿兰（Alan）和杰（Jay），在我们共同致力于理解和帮助困扰儿童和他们的家庭的过程中，我们成为了好朋友和同行者。接着我们又去了英格兰的许多其他地方，从朴茨茅斯到约克郡当中的许多地方，许多地名我已经忘记了，还有好多我根本不会发音。接着我又和艾德文娜（Edwina）、伊恩（Ian）以及一头流浪的大象北上去了苏格兰。我要对你们表示衷心地感谢。

最后，我想从金姆开始的地方结束。我必须感谢所有这些年一起工作过的优秀的教授和父母，因为你们让我开始看到向寄养和收养家庭提供帮助的必要和荣幸。之后的章节读者可以看到一些关于他们的故事。

参考文献

Introduction

1. In his book *Attachment-Focused Parenting* (see note 3 below), Dan describes his earlier use of PLACE and why he now prefers to describe love as separate from the attitude of PACE.

2. Hughes, D.A. (2011) *Attachment-Focused Family Therapy: Workbook.* New York, NY: W.W. Norton & Co.

3. See Hughes, D.A. (2009) *Attachment-Focused Parenting: Effective Strategies to Care for Children.* New York, NY: W.W. Norton & Co; and Golding, K.S. (2008) *Nurturing Attachments: Supporting Children Who Are Fostered or Adopted.* London: Jessica Kingsley Publishers.

4. See www.parenting.co.uk, accessed on 17 September 2011.

5. See www.bbc.co.uk/news/uk-14899148 and www.bbc.co.uk/news/education-14898614, accessed on 17 September 2011.

Chapter 1

1. Available at www.brainyquote.com/quotes/authors/l/lao_tzu.html, accessed on 30 August 2011.

2. Atkinson, E. (2008) *Greyfriars Bobby.* The Project Gutenberg EBook. Available at www. gutenberg.org/files/2693/2693-h/2693-h.htm,

accessed on 20 December 2011.

3. De Bernières, L. (2007) *Red Dog*. London: Vintage.

4. Homer, *Odyssey* (trans. Alexander Pope). Cited in F. Addis (2010) *Opening Pandora's Box*. London: Michael O'Mara Books.

5. Available at www.brainyquote.com/quotes/quotes/a/albertelli131212.html, accessed 30 August 2011.

6. Lewis, T., Amini, F. and Lannon, R. (2000/2001) *A General Theory of Love*. New York, NY: Vintage Books.

7. Armstrong, J. (2002) *Conditions of Love: The Philosophy of Intimacy*. New York, NY: W.W. Norton & Co.

8. Winnicott, D.W. (1957/1964) *The Child, the Family, and the Outside World*. Middlesex: Penguin Books, p.27.

9. Winnicott, D.W. (1957/1964) *The Child, the Family, and the Outside World*. Middlesex: Penguin Books, p.27.

10. Winnicott, D.W. (1957/1964) *The Child, the Family, and the Outside World*. Middlesex: Penguin Books, p.85.

11. See, for example: Sluckin, W., Herbert, M. and Sluckin, A. (1983) *Maternal Bonding*. Oxford: Basil Blackwell Publishers. R eferences 231

12. Sunderland, M. (2006) *The Science of Parenting: Practical Guidance on Sleep, Crying, Play and Building Emotional Wellbeing for Life*. London: Dorling Kindersley, p.192.

13. Sunderland, M. (2006) *The Science of Parenting: Practical Guidance on Sleep, Crying, Play and Building Emotional Wellbeing for Life*. London: Dorling Kindersley, p.184.

14. Rowling, J.K. (2001) *Harry Potter and the Philosopher's Stone*.

London: Bloomsbury Publishing.

15. Lewis, T., Amini, F. and Lannon, R. (2000/2001) *A General Theory of Love*. New York, NY: Vintage Books.

16. Descartes, R. (1637) *Discourse on the Method of Rightly Conducting the Reason, and Seeking the Truth in the Sciences*, Chapter 4. A translation by John Veitch is available at www.pinkmonkey.com/dl/library1/book0648.pdf, accessed on 20 December 2011.

17. Maclean, P.D. (2003) *The Triune Brain in Evolution: Role in Paleocerebral Functions*. New York, NY: Plenum Press.

18. Lewis, T., Amini, F. and Lannon, R. (2000/2001) *A General Theory of Love*. New York, NY: Vintage Books, p.84.

19. Lewis, T., Amini, F. and Lannon, R. (2000/2001) *A General Theory of Love*. New York, NY: Vintage Books, p.87.

20. Lewis, T., Amini, F. and Lannon, R. (2000/2001) *A General Theory of Love*. New York, NY: Vintage Books, p.144.

21. Panksepp, J. (1998) *Affective Neuroscience: The Foundations of Human and Animal Emotions*. New York, NY: Oxford University Press.

22. Bowlby, R. (2004) *Fifty Years of Attachment Theory: The Donald Winnicott Memorial Lecture*. London: Karnac Books, p.13.

23. Bowlby, R. (2007) 'Passionate about Attachments.' In K.S. Golding (ed.) *Briefing Paper: Attachment Theory into Practice*. London: Faculty for Children and Young People of the Division of Clinical Psychology, British Psychological Society, p.10.

24. Personal communication from Richard Bowlby to Dan Hughes, 2005.

25. Bowlby, J. (1953/1965) *Child Care and the Growth of Love*. Middlesex: Penguin Books.

26. Bowlby, J. (1953/1965) *Child Care and the Growth of Love*. Middlesex: Penguin Books, p.77.

27. Bowlby, J. (1953/1965) *Child Care and the Growth of Love*. Middlesex: Penguin Books, p.78.

28. Main, M. and Hesse, E. (1990) 'Parents' Unresolved Traumatic Experiences are Related to Infant Disorganized Attachment Status: Is Frightened and/or Frightening Parental Behavior the Linking Mechanism?' In M.T. Greenberg, D. Cicchetti and E.M. Cummings (eds) *Attachment in the Preschool Years: Theory, Research and Intervention*. Chicago, IL: University of Chicago Press, pp.161–182.

29. Dozier, M. (2003) 'Attachment-based treatment for vulnerable children.' *Attachment and Human Development 5*, 3, 253–257.

30. Trevarthen, C. (2001) 'Intrinsic motives for companionship in understanding: Their origin, development, and significance for infant mental health.' *Infant Mental Health Journal 22*, 1–2, 95–131.

31. Slater, L. (2004) *Opening Skinner's Box: Great Psychological Experiments of the Twentieth Century*. London: Bloomsbury Publishing.

32. This anecdote is described by Lewis *et al.* (see note 6 above) and also by Vera Fahlberg. See: Fahlberg, V. (1994) *A Child's Journey Through Placement* (UK edition). London: BAAF.

33. Lewis, T., Amini, F. and Lannon, R. (2000/2001) *A General Theory of Love*. New York, NY: Vintage Books. 232 Creating Loving Attachments

34. Perry B.D. and Szalavitz, M. (2006) *The Boy Who Was Raised*

as a Dog. And Other Stories from a Child Psychiatrist's Notebook: What Traumatized Children Can Teach Us About Loss, Love and Healing. New York, NY: Basic Books.

35. Perry, B.D. and Szalavitz, M. (2006) *The Boy Who Was Raised as a Dog. And Other Stories from a Child Psychiatrist's Notebook: What Traumatized Children Can Teach Us About Loss, Love and Healing.* New York, NY: Basic Books, pp.231–232.

36. Sunderland, M. (2006) *The Science of Parenting: Practical Guidance on Sleep, Crying, Play and Building Emotional Wellbeing for Life.* London: Dorling Kindersley, p.215.

37. Munsch, R. (1986/2010) *Love You Forever.* New York, NY: Firefly Books.

Chapter 2

1. UN Convention on the Rights of the Child. United Nations (1989), Article 31. Available at www2.ohchr.org/english/law/crc.htm, accessed on 2 November 2011.

2. Bruner, J. (1977) 'Introduction.' In B. Tizard and D. Harvey (eds) *Biology of Play.* Suffolk: SIMP, p.v.

3. Tizard B. (1977) 'Play: The Child's Way of Learning?' In B. Tizard and D. Harvey (eds) *Biology of Play.* Suffolk: SIMP, Chapter 14.

4. Brown, S. (2009/2010) *Play: How It Shapes the Brain, Opens the Imagination, and Invigorates the Soul.* New York, NY: Avery/Penguin Group, p.5.

5. Panksepp, J. (1998) *Affective Neuroscience: The Foundations of*

Human and Animal Emotions. New York, NY: Oxford University Press.

6. Panksepp, J. (1998) *Affective Neuroscience: The Foundations of Human and Animal Emotions.* New York, NY: Oxford University Press, p.280.

7. Feitelson, D. (1977) 'Cross-Cultural Studies of Representational Play.' In B. Tizard and D. Harvey (eds) *Biology of Play.* Suffolk: SIMP, pp.6–14.

8. Cited in: Faulkner, D. (1995) 'Play, Self and the Social World.' In P. Barnes (ed.) *Personal, Social and Emotional Development of Children.* Oxford: Blackwell Publishers/Milton Keynes: The Open University, Chapter 6.

9. Panksepp, J. (1998) *Affective Neuroscience: The Foundations of Human and Animal Emotions.* New York, NY: Oxford University Press.

10. Brown, S. (2009/2010) *Play: How It Shapes the Brain, Opens the Imagination, and Invigorates the Soul.* New York, NY: Avery/Penguin Group.

11. Brown, S. (2009/2010) *Play: How It Shapes the Brain, Opens the Imagination, and Invigorates the Soul.* New York, NY: Avery/Penguin Group, p.92.

12. Brown, S. (2009/2010) *Play: How It Shapes the Brain, Opens the Imagination, and Invigorates the Soul.* New York, NY: Avery/Penguin Group, p.87.

13. Panksepp, J. (1998) *Affective Neuroscience: The Foundations of Human and Animal Emotions.* New York, NY: Oxford University Press, p.281.

14. Brown, S. (2009/2010) *Play: How It Shapes the Brain, Opens the Imagination, and Invigorates the Soul.* New York, NY: Avery/Penguin Group.

15. Brown, S. (2009/2010) *Play: How It Shapes the Brain, Opens the Imagination, and Invigorates the Soul.* New York, NY: Avery/Penguin Group.

16. Brown, S. (2009/2010) *Play: How It Shapes the Brain, Opens the Imagination, and Invigorates the Soul.* New York, NY: Avery/Penguin Group, p.42.

17. White, L. (1977) 'Play in Animals.' In B. Tizard and D. Harvey (eds) *Biology of Play.* Suffolk: SIMP, pp.15–32.

18. Panksepp, J. (1998) *Affective Neuroscience: The Foundations of Human and Animal Emotions.* New York, NY: Oxford University Press. R eferences 233

19. Brown, S. (2009/2010) *Play: How It Shapes the Brain, Opens the Imagination, and Invigorates the Soul.* New York, NY: Avery/Penguin Group.

20. Faulkner, D. (1995) 'Play, Self and the Social World.' In P. Barnes (ed.) *Personal, Social and Emotional Development of Children.* Oxford: Blackwell Publishers/Milton Keynes: The Open University, Chapter 6.

Chapter 3

1. Cohen, L.J. (2001) *Playful Parenting.* New York, NY: Ballantine Books, p.2.

2. Stern, D.N. (1998) *The Interpersonal World of the Infant: A View*

from Psychoanalysis and Developmental Psychology. New York, NY: Basic Books.

3. Hughes, D.A. (2009) *Attachment-Focused Parenting: Effective Strategies to Care for Children*. New York, NY: W.W. Norton & Co, p.74.

4. Hughes, D. and Baylin, J. (2012) *Brain-Based Parenting: The Neuroscience of Caregiving for Healthy Attachment*. New York, NY: W.W. Norton & Co.

5. This short story has been written especially for this book. Gregory Delve is a secondyear, creative writing student at Bath Spa University, Bath, England.

Chapter 4

1. Shriver, L (2003) *We Need to Talk About Kevin*. London: Serpent's Tail.

2. Siegel, D.J. (2010) *The Mindful Therapist*. New York, NY: W.W. Norton & Co, p.xxv.

3. Brach, T. (2003) *Radical Acceptance: Embracing Your Life with the Heart of a Buddha*. New York, NY: Bantam Books, p.27.

4. Austin, J.H. (2006) *Zen-Brain Reflections*. Cambridge, MA: The MIT Press, p.237.

5. Porges, S.W. (2011) *The Polyvagal Theory: Neurophysiological Foundations of Emotions, Attachment, Communication, and Self-Regulation*. New York, NY: W.W. Norton & Co.

6. Tangney, J. and Dearing, R. (2002). *Shame and Guilt*. New York, NY: Guilford Press, p.120.

Chapter 5

1. Austin, J.H. (2006) *Zen-Brain Reflections*. Cambridge, MA: The MIT Press, p.237.

2. Cicchetti, D., Toth, S. and Lynch, M. (1995) 'Bowlby's dream comes full circle: The application of attachment theory to risk and psychopathology.' *Advances in Clinical Child Psychology 17*, 1–75.

3. Siegel, D.J. (1999) *The Developing Mind: Toward a Neurobiology of Interpersonal Experience*. New York, NY: Guilford Press.

Chapter 6

1. Available at www.greekmyths-greekmythology.com/pandoras-box-myth, accessed on 5 October 2011.

2. Benedict, B.M. (2001) *Curiosity: A Cultural History of Early Modern Inquiry*. Chicago, IL: University of Chicago Press, p.3.

3. White, M. and Epston, D. (1990) *Narrative Means to Therapeutic Ends*. New York, NY: W.W. Norton & Co.

4. Kashdan, T. (2009) *Curious?* New York, NY: HarperCollins Books, p.26.

5. Panksepp, J. (1998) *Affective Neuroscience: The Foundations of Human and Animal Emotions*. New York, NY: Oxford University Press.

6. Panksepp, J. (1998) *Affective Neuroscience: The Foundations of Human and Animal Emotions*. New York, NY: Oxford University Press, p.53. 234 Creating Loving Attachments

7. Siegel, D.J. (1999) *The Developing Mind: Toward a Neurobiology of Interpersonal Experience*. New York, NY: Guilford Press.

8. Pansepp, J. (1998) *Affective Neuroscience: The Foundations of Human and Animal Emotions.* New York, NY: Oxford University Press.

9. Pansepp, J. (1998) *Affective Neuroscience: The Foundations of Human and Animal Emotions.* New York, NY: Oxford University Press.

10. Benedict, B.M. (2001) *Curiosity: A Cultural History of Early Modern Inquiry.* Chicago, IL: University of Chicago Press.

11. Quoted in Benedict, B.M. (2001) *Curiosity: A Cultural History of Early Modern Inquiry.* Chicago, IL: University of Chicago Press, p.23.

12. Shelley, M. (2006) *Frankenstein.* London: Penguin Books. (First published 1818.)

13. Clarke, A.C. (1968) *2001: A Space Odyssey.* London: Hutchinson & Co.

14. Benedict, B.M. (2001) *Curiosity: A Cultural History of Early Modern Inquiry.* Chicago, IL: University of Chicago Press, p.2.

15. Bowlby, J. (1998) *A Secure Base: Clinical Applications of Attachment Theory.* London: Routledge. (Original work published 1988.)

16. Hughes, D.A. (2009) *Attachment-Focused Parenting: Effective Strategies to Care for Children.* New York, NY: W.W. Norton & Co, p.85.

17. Meins, E. (1997) *Security of Attachment and the Social Development of Cognition.* Hove, East Sussex: Psychology Press.

18. Kashdan, T. (2009) *Curious?* New York, NY: HarperCollins Books, p.26.

19. Kashdan, T. (2009) *Curious?* New York, NY: HarperCollins Books, p.183.

20. Pansepp, J. (1998) *Affective Neuroscience: The Foundations of*

Human and Animal Emotions. New York, NY: Oxford University Press.

21. Hudson-Allez, G. (2009) *Infant Losses; Adult Searches: A Neural and Developmental Perspective on Psychopathology and Sexual Offending.* London: Karnac Books.

22. Hudson-Allez, G. (2009) *Infant Losses; Adult Searches: A Neural and Developmental Perspective on Psychopathology and Sexual Offending.* London: Karnac Books, p.42.

23. Cairns, K. (2002) *Attachment, Trauma and Resilience.* London: BAAF.

Chapter 7

1. Freud, S. (1909) 'Analysis of a Phobia in a Five-Year-Old Boy.' In J. Strachey (ed.) (1953–1973) *The Standard Edition of the Complete Works of Sigmund Freud* (Vol. 10). London: Hogarth, p.122.

2. Walt Disney, as quoted at the end of the movie *Meet the Robinsons* (2007).

3. Hughes, D.A. (2009) *Attachment-Focused Parenting: Effective Strategies to Care for Children.* New York, NY: W.W. Norton & Co, p.86.

Chapter 8

1. Rowling, J.K. (2003) *Harry Potter and the Order of the Phoenix.* London: Bloomsbury Publishing, pp.405–406. Copyright © J.K. Rowling 2003.

2. Baron-Cohen, S. (2011) *Zero Degrees of Empathy: A New Theory of Human Cruelty.* London: Allen Lane, p.11.

3. Baron-Cohen, S. (2011) *Zero Degrees of Empathy: A New Theory of*

Human Cruelty. London: Allen Lane.

4. Buber, M. (1965) *The Knowledge of Man: Selected Essays*, edited by M. Friedman. New York, NY: Harper and Row. R eferences 235.

5. Baron-Cohen, S. (2011) *Zero Degrees of Empathy: A New Theory of Human Cruelty*. London: Allen Lane.

6. Szalavitz, M. and Perry, B.D. (2010) *Born for Love: Why Empathy is Essential–And Endangered.* New York, NY: HarperCollins, p.4.

7. Szalavitz, M. and Perry, B.D. (2010) *Born for Love: Why Empathy is Essential–And Endangered.* New York, NY: HarperCollins, p.14.

8. Karr-Morse, R. and Wiley, M.S. (1997) *Ghosts from the Nursery: Tracing the Roots of Violence.* New York, NY: Atlantic Monthly Press, p.145.

9. Fonagy, P., Gergely, G., Jurist, E.L. and Target, M. (2002*) Affect Regulation, Mentalization, and the Development of the Self.* New York, NY: Other Press.

10. Szalavitz, M. and Perry, B.D. (2010) *Born for Love: Why Empathy is Essential–And Endangered.* New York, NY: HarperCollins, p.289.

11. See Tangney, J. and Dearing, R. (2002). *Shame and Guilt*. NY: Guilford Press.

12. Gilbert, P. (2009) *The Compassionate Mind*. London: Constable & Robinson.

13. Schore, A.N. (1994) *Affect Regulation and the Origin of the Self: The Neurobiology of Emotional Development.* New Jersey: Lawrence Erlbaum Associates.

14. Szalavitz, M. and Perry, B.D. (2010) *Born for Love: Why Empathy is Essential–And Endangered.* New York, NY: HarperCollins.

15. 'Are you good or evil?' *Horizon*. Broadcast by the BBC on 7 September 2011.

16. *The Death of Tom Inglis* by David Morley, broadcast by the BBC on 20 May 2011.

17. 'Are you good or evil?' *Horizon*. Broadcast by the BBC on 7 September 2011.

18. Szalavitz, M. and Perry, B.D. (2010) *Born for Love: Why Empathy is Essential–And Endangered.* New York, NY: HarperCollins.

19. Brontë, E. (1994) *Wuthering Heights.* London: Penguin Books. (First published 1847.)

20. O'Brien, E. (2009) *Byron in Love.* London: Orion Books.

21. Hayden, T.L. (1980) *One Child.* New York, NY: G.P. Putnam's Sons.

22. Hayden, T.L. (1980) *One Child.* New York, NY: G.P. Putnam's Sons, pp.40–41.

Chapter 10

1. Nouwen, J.M. (1999) *The Way of the Heart.* London: Darton, Longman and Todd.

2. Golding, K.S. with Foulkes, J. and Courtney, A. (2006) 'Opening the Door: How Can Therapy Help the Child and Young Person Living in Foster or Adoptive Homes?' In K.S. Golding, H.R. Dent, R. Nissim and E. Stott (eds) *Thinking Psychologically About Children Who Are Looked After and Adopted: Space For Reflection.* Chichester: John Wiley & Sons, p.306.

3. Fonagy, P., Gergely, G., Jurist, E.L. and Target, M. (2002) *Affect*

Regulation, Mentalization, and the Development of the Self. New York, NY: Other Press.

4. Golding, K.S. (2011) 'Exploration and Integration: When Present and Past Meet.' In A. Becker-Weidman (ed.) *The Dyadic Developmental Psychotherapy Casebook.* Washington, DC: Jason Aronson, Chapter 8.

5. van der Kolk, B.A. (2005) 'Child abuse and victimisation (Editorial).' *Psychiatric Annals 35*, 5, 374–378.

6. Hughes, D. and Baylin, J. (2012) *Brain-Based Parenting: The Neuroscience of Caregiving for Healthy Attachment.* New York, NY: W.W. Norton & Co. 236